JN096906

事件類型別
弁護士会照会

愛知県弁護士会 編

第2版

日本評論社

はしがき

　今回、当会の『事件類型別　弁護士会照会』を約6年ぶりに改訂し、発刊させていただくことになりました。

　弁護士会照会制度は、示談交渉、訴訟の提起、訴訟追行、強制執行等の弁護士の全ての職務に関する調査を目的とするものであり、弁護士にとって極めて重要な制度です。

　このため、弁護士として弁護士会照会に精通していなければ、依頼者の権利を十分に実現することはできませんし、弁護士が実現すべき社会正義たる真実発見も困難となります。

　そこで、本書では、弁護士が利用しやすいように事件の類型ごとに弁護士会照会の書式を掲載しました。さらにその解説においては弁護士会照会以外の効果的な証拠収集方法にも言及しており、本書は、弁護士会照会のみならずその他の証拠収集方法を習得する上でも有益です。

　また、今回の改訂版では弁護士会照会制度を利用する際に注意すべき点などを弁護士会照会調査室員がコラムとして掲げました。

　さらに当会が原告として関わった訴訟の平成28年10月18日付最高裁判決では照会先の報告義務が認められましたが、具体的にどのような事案において報告義務が認められるのかについては、その他の下級審の裁判例が指針となります。そのため、本書では報告義務の有無の判断において指針となる裁判例を掲げてこれを解説しました。

　本書は、照会先の担当者の方々にとっても弁護士会照会に対して回答する際の一助となりますので、是非本書を活用していただきたいと思います。

　最後に、本書を執筆された弁護士会照会調査室の現室員・元室員のみなさま、本書を一般書籍として発刊していただいた日本評論社に深く感謝を申し上げます。

　2020（令和2）年4月

愛知県弁護士会

会長　山　下　勇　樹

第2章　愛知県弁護士会における照会手続　　**35**

I　照会手続の流れ　**35**

II　弁護士会による照会申出審査　**37**

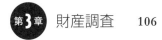

第7章 家事事件　161

凡　例

〈本書の特色〉

本書は、第1部の総論と第2部の各論の2部構成になっており、総論では照会申出手続の注意点について説明するとともに、弁護士会照会に関する裁判例の紹介を充実させました。各論では照会を類型別に記載して「使える」こと、そして「役立つ」ことに主眼を置きました。また、各項目においてはできる限り照会の目的や意義等について詳述するようにしました。

〈法令の表記〉

本文中で使用される法令名については適宜、略称を表記するほか、以下の例によります。

刑事訴訟法	刑訴法
民事訴訟法	民訴法
家事事件手続法	家事手続法
犯罪被害者等の権利利益の保護を図るための刑事手続に付随する措置に関する法律	犯罪被害者保護法

〈裁判例の表記〉

最高裁判所判決	(例)最一小判平成24年1月10日(民集○巻○号○頁) 大法廷判決は「最大判」と表記
高等裁判所判決	(例)名古屋高判平成24年1月10日(判時○○号○頁)
高等裁判所決定	(例)名古屋高金沢支決平成24年1月10日(判時○○号○頁)
地方裁判所判決	(例)名古屋地岡崎支判平成24年1月10日(判タ○○号○頁)

〈判例集・文献の略記〉

最高裁判所民事判例集	民集、(例)民集24巻1号20頁
最高裁判所ホームページ	最高裁HP
判例時報	判時、(例)判時2014号20頁
判例タイムズ	判タ、(例)判タ2014号20頁
最高裁判例解説民事篇平成○年度	最高裁判例解説平成○年度
金融法務事情	金法、(例)金法2028号20頁

〈文献引用の際の表記方法〉

書籍	(例)編著者『書名　第2版』(出版社名、発行年)○頁
雑誌論文	(例)執筆者名「論文名」雑誌名○巻○号(○○年○月号)○頁

第1部

総　論

第1章 弁護士会照会制度

I 弁護士会照会の概要

1 はじめに

　弁護士会照会制度は、議員立法により、昭和26年の弁護士法改正時に認められた制度です。この提案の際に議員から、「訴訟は攻撃防禦によって、裁判所がその中間に立って公正なる判決をなすものであります。従って攻撃に対します防禦も当然裁判の非常な（原文ママ）重要な仕事の一つであります。従いましてただ防禦をする者に対する利益の保護という意味でなく、公正なる裁判の判決の結果を得るということに眼目があると思います。（中略）それはやがてやはり裁判の公信力を高め、且つ又公正なる判決をする上において非常な影響のあるものと思います。」という意見が述べられています[1]。この提案理由から、弁護士会照会には司法制度を維持するための役割が期待されていることが分かります。

◆根拠条文

弁護士法23条の2

　1項　弁護士は、受任している事件について、所属弁護士会に対し、公務所又は公私の団体に照会して必要な事項の報告を求めることを申し出ることができる。申出があった場合において、当該弁護士会は、その申出が適当でないと認めるときは、これを拒絶することができる。

　2項　弁護士会は、前項の規定による申出に基き、公務所又は公私の団体

1　飯畑正男『照会制度の実証的研究』（日本評論社、1984年）7頁。

に照会して必要な事項の報告を求めることができる。

2　弁護士会照会の制度趣旨

　弁護士は、基本的人権の擁護と、社会正義の実現を使命としており、その職務には公共性が認められます。そして、弁護士が真実発見のための資料を収集することは、社会正義の実現・法的正義の実現に不可欠といえます。そこで、弁護士が受任している事件を処理するために必要な事実の調査及び証拠の発見収集を容易にするための手段として弁護士会照会という制度が認められています（最三小判平成28年10月18日〔本章Ⅳ裁判例❶〕、名古屋高判平成29年6月30日〔同裁判例❷〕、東京高判平成22年9月29日〔同裁判例❽〕、大阪高判平成19年1月30日〔同裁判例❹〕等参照）。

3　弁護士会照会制度の特徴

　同じ証拠収集制度としては、調査嘱託（民訴法186条）等もありますが、他の制度と比べて次のような特徴があります。
①　判断権者が裁判所ではなく弁護士会
②　場合により相手方に知られず証拠収集を行うことが可能
③　提訴するかどうか未確定な段階での利用が可能（回答結果をみてから提訴するか否かを決めることが可能となる）
④　示談交渉においての利用が可能
⑤　民事事件、家事事件のみならず刑事弁護に係る事件を前提とした調査において利用が可能
⑥　訴訟の相手方が分からない場合でも利用が可能

4　主体

　弁護士会照会は、個々の弁護士に与えられた権限ではなく、「弁護士会」（各単位弁護士会）に与えられた権限です。そのため、同制度は、「弁護士照会」ではなく、「弁護士会照会」と呼ばれています。
　弁護士会照会制度は、司法制度を維持するための制度の一つでもあり、高い

公共性を有する制度であることから、その照会制度の適切な運用を制度的に担保する必要があります。そのため、個々の弁護士ではなく弁護士会に照会権限を認め、個々の弁護士の申出が適切か否かの判断を弁護士会の判断に委ねています（最判平成28年10月18日〔本章Ⅳ裁判例❶〕、名古屋高判平成29年 6 月30日〔同裁判例❷〕、東京高判平成22年 9 月29日〔同裁判例❸〕、大阪高判平成19年 1 月30日〔同裁判例❹〕等参照）。

　そのため、愛知県弁護士会の場合は、弁護士の照会申出について、弁護士会照会調査室が審査し、可とされた申出について、愛知県弁護士会会長名で照会を行っています（巻末資料8-1）。

5　照会先

　照会先は、「公務所」または「公私の団体」とされています。この点については、第 1 部第 3 章Ⅱ 1 で詳述します。

Ⅱ　照会先の報告（回答）義務

1　報告義務の有無

　弁護士法23条の 2 は、「報告を求めることができる」と規定しており、条文の文言においては照会先の報告義務が明記されていません。そのため、弁護士会照会を受けた照会先から、法律上の報告義務を負うのかという疑問を呈されることがあります。

　この点については、報告義務はあると考えるのが通説です[2]。理由は次のとおりとされています。

　　①　弁護士会照会は、基本的人権の擁護と社会正義の実現を使命とする弁護士による証拠収集を容易にし、適切な事件解決を図ることを目的としてい

2　伊藤眞『民事訴訟法　第 6 版』（有斐閣、2018年）467頁。高橋宏志『重点講義民事訴訟法（下）第 2 版補訂版』（有斐閣、2014年）87頁。高中正彦『弁護士法概説　第 4 版』（三省堂、2006年）118頁参照。

る。そして、弁護士会が弁護士の申出を審査することにより濫用的照会を排除し適切に制度運営がなされるようになっている。

② 権限と義務は表裏の関係にあり、「弁護士法」という法律により、照会側に権限を与えておきながら、これに対応する義務を予定しない制度は考えられず、本制度による照会に対しては一般に報告義務があるというべきである。

③ 例えば、民事訴訟法は、裁判所のする文書送付嘱託について「書証の申出は、（中略）文書の所持者にその文書の送付を嘱託することを申し立ててすることができる」（226条本文）と規定し、調査嘱託についても「裁判所は、必要な調査を（中略）団体に嘱託することができる」（186条）と規定している。本制度と同じ「〜できる」という文言であるが、裁判所からの嘱託を受けた嘱託先は一般に送付または回答の義務を負うと解釈されている。

④ 報告義務の存否と、制度の実効性担保のために強制力を付与するかどうかは全く別の段階の議論である。したがって、強制力の有無をもって、報告義務があるのか任意協力なのか峻別する見解には根拠がない。

2 裁判例

近年の裁判例で一般論として弁護士会照会の報告義務を正面から否定したものは見当たりません[3]。そして、最判平成28年10月18日（本章Ⅳ裁判例❶）は、報告義務があることを明示しました（最高裁判例解説平成28年度443頁）。

3 他の保護すべき利益と衝突する場合

弁護士会照会に対しては、上記のとおり照会先は報告義務が課せられています。そのため、対立する利益と衝突する場合であっても、その対立する利益を理由に直ちに回答を拒否することはできません。

もっとも、報告義務は絶対的なものではなく、守秘義務等他の保護すべき利益と衝突する場合には、利益衡量の結果として、回答をしないことが許される場合もあります。

....

3 司法研修所編『7訂 民事弁護における立証活動』（日本弁護士連合会、2017年）79頁参照。

個別の事案において報告義務があるか否かについては、具体的な利益衡量が必要となります。

例えば、公務員の守秘義務（国家公務員法100条１項、地方公務員法34条１項等）を理由に回答を一律拒否する例が多々みられます。しかし、この場合も具体的に利益衡量をする必要があります。この点、政府は、平成13年４月の国会答弁により、個別具体的な事案ごとに開示が正当視される事情の有無の検討がなされるべきであるとの見解を表明しています（内閣衆議院質問答弁第151回国会第33号平成13年４月６日付）。

4　個人情報保護法との関係

個人情報保護法が制定されてから、事業者等の個人情報に対する意識のみならず、情報主体たる個人の自己情報に対する権利意識も高まりました。そのため、ときどき個人情報であることを理由に回答を拒否する照会先がみられます。しかし、弁護士会照会に対して回答することは、個人情報の第三者提供制限の例外にあたり許容されます（愛知県弁護士会ではその旨の説明文〔巻末資料8-2〕を照会先に送っています）。

すなわち、第三者提供制限の例外となる「法令に基づく場合」（個人情報保護法23条１項１号、行政機関個人情報保護法８条１項、独立行政法人等個人情報保護法９条１項、各種個人情報保護条例）の「法令」には、「弁護士法23条の２」が含まれます。

この点は、政府見解として、本人の同意なくしても個人情報を第三者に提供できる場合である「法令に基づく場合」（個人情報保護法23条１項１号）には、警察の捜査関係事項照会などと併せて、弁護士法に基づく弁護士会照会に回答する場合も含まれることが確認されています[4]。

その他、特定分野ガイドライン等でも同様の見解が述べられています（個人情報保護委員会のホームページにて検索が可能です）。

4　個人情報保護委員会平成28年11月作成（平成31年１月一部改正）「個人情報の保護に関する法律についてのガイドライン（通則編）」29頁及び45頁参照。

Ⅲ 審査の基準

1 弁護士会による審査

　個々の弁護士の申し出た照会が適正か否かの判断は弁護士会に委ねられています。そこで、その適否を判断するために、弁護士会において審査の際に具体的に利益衡量がなされます。

　小野寺健太裁判官は、論文において、「回答義務を認めることは、裁判所又は弁護士会の権利行使により、顧客のプライバシーを制限することにほかならないのであって、その制限は合理的な限度にとどめなくてはならない。裁判所又は弁護士会においては、金融機関に対する照会等の必要性を実質的に審査し、必要性・相当性を欠く照会等を行わないようにしなくてはならない。」と述べています[5]。

　また、照会先は、弁護士会が濫用的照会でないことを確認したことを前提として、特段の事情がない限り、当該照会に係る事案の個別的事情に関する事実等を調査する必要はないとされています（東京高判平成22年9月29日〔本章Ⅳ裁判例❽〕、鳥取地判平成28年3月11日〔同裁判例⓱〕）。すなわち、照会先は、判断責任を負う弁護士会の適切なチェックを経ていることから、自らが保有する情報を加えて、弁護士会の行った利益衡量が合理性を有するかどうかを判断すれば足りることとなります[6]。

　そのため、弁護士会での審査は非常に重要な意味を有することとなります。審査においては、具体的な利益衡量がなされ、照会の必要性、相当性が吟味されることとなります。

2 利益衡量の方法

　照会に基づく報告によって得られるべき公共的利益（真実の発見と公正な判断への寄与）にも勝る保護すべき利益がある場合には、報告義務は免除される

----

[5] 小野寺健太「裁判所による調査嘱託又は弁護士法23条の2に基づく照会に対する回答義務と金融機関の守秘義務」早稲田法学83巻2号135頁。
[6] 伊藤眞「弁護士会照会の法理と運用」金法2028号20頁。

と解されます。

　各弁護士会においては、利益衡量の結果、照会を可とした照会申出について
は、照会先に報告義務があるとする立場に立脚し、厳格な審査を行っています。

　具体的な考慮要素は次のとおりです（巻末資料2の愛知県弁護士会、弁護士
会照会申出審査基準規則第7条参照）。

①　当該秘密の性質、法的保護の必要性の程度
②　当該個人と係争当事者との関係
③　報告を求める事項の争点としての重要性の程度
④　他の方法によって容易に同様な情報が得られるか否か

Ⅳ　弁護士会照会に関する裁判例

1　照会先が報告を拒絶したことによる損害賠償責任ないし照会先の報告義務の有無が争われた事件

（1）弁護士会の損害賠償請求は否定したが、照会先は正当な理由がない限り報告義務を負うことを認めた最高裁判決

❶｜最三小判平成28年10月18日（民集70巻7号1725頁）

【概要】

　本件は、詐欺の被害者が加害者と裁判上の和解をしたものの、和解金の支払がないまま加害者が所在不明となったことから、動産執行をするために日本郵便に対し転居届記載の加害者の新住所等について弁護士会照会を行ったところ、日本郵便が報告を拒絶したという事案です。

【訴訟の経過】

　愛知県弁護士会と被害者が共同原告として日本郵便に対して損害賠償請求訴訟を提起したところ、一審判決は、日本郵便の過失を否定して請求を棄却しました。愛知県弁護士会と被害者が控訴し、愛知県弁護士会は予備的請求として報告義務確認請求を追加したところ、控訴審は日本郵便の過失を肯定して愛知県弁護士会の損害賠償請求の一部を認め、被害者の請求については、依頼者が報告によって受ける利益は事実

上の利益にすぎないとして棄却しました。

　これに対して日本郵便と被害者は上告と上告受理申立てを、愛知県弁護士会は附帯上告受理申立てをしたところ、最高裁は、日本郵便の上告受理申立てのうちの「違法性（権利侵害）」の部分のみを受理し、上告は棄却、その他の上告受理申立ては受理しない旨の決定をしました。

【判旨】

　「23条照会の制度は、弁護士が受任している事件を処理するために必要な事実の調査等をすることを容易にするために設けられたものである。そして、23条照会を受けた公務所又は公私の団体は、正当な理由がない限り、照会された事項について報告をすべきものと解される」とした上で「弁護士会が23条照会の権限を付与されているのは飽くまで制度の適正な運用を図るためにすぎないのであって、23条照会に対する報告を受けることについて弁護士会が法律上保護される利益を有するものとは解されない」として主位的請求である損害賠償請求を認めず、予備的請求である報告義務確認請求については名古屋高裁に差し戻す判決を言い渡しました。

　①　岡部喜代子裁判官の補足意見

　「照会を受けた公務所又は公私の団体は照会を行った弁護士会に対して報告をする公法上の義務を負うものである。ただ、上記の公務所又は公私の団体において報告を拒絶する正当な理由があれば全部又は一部の報告を拒絶することが許される。」（中略）

　「各照会事項について、照会を求める側の利益と秘密を守られる側の利益を比較衡量して報告拒絶が正当であるか否かを判断するべきである。23条照会に対する報告義務が公法上の義務であることからすれば、その義務違反と民法上の不法行為の成否とは必ずしも一致しないとはいえるが、正当な理由のない報告義務違反により不法行為上保護される利益が侵害されれば不法行為が成立することもあり得るところである。」

　②　調査官の最高裁判例解説

　齋藤毅調査官は、本最高裁判決についての解説において「23条照会を受けた公務所又は公私の団体は、23条照会をした弁護士会に対して報告義務を負うことがある」と述べています（最高裁判例解説平成28年度 339頁）。

【解説】

　本件最高裁判決及び同判決についての調査官の最高裁判例解説により、照会先は正当な理由がない限り照会された事項について報告すべき法的義務を負うことが明らかになりました。その意味で本件最高裁判決は極めて大きな意義を有しています。

　また、本件最高裁判決は弁護士会に対する不法行為の成立は否定しましたが、岡部裁判官の補足意見によれば、照会先の正当な理由のない報告義務違反により、不法行為上保護される依頼者個人の利益が侵害されれば不法行為が成立するものと考えられます。

　具体例としては、後記❾の岐阜地判・後記❿の名古屋高判の事案である救急搬送された方の遺族の消防署に対する救急活動内容の照会に対して回答が拒否された場合や後記❹の大阪高判が判示している「依頼者がヤミ金融業者からの違法な取立行為に遭ってその生活が脅かされており、その違法な取立行為を防止するためには、金融機関からの回答が不可欠な状況であることを十分に認識したにも関わらず、それでもなお、金融機関が拒否行為を継続した場合」などが考えられます。

（2）上記(1)最高裁判決による差戻控訴審判決

❷　名古屋高判平成29年6月30日（民集72巻6号1376頁）

【判旨】
①　報告義務の性質
　「弁護士の使命及び職務や弁護士会に加え、弁護士の資格並びに権利及び義務等を定める弁護士法は、我が国の司法制度に関与する主体としての弁護士及び弁護士会を規律する点からすると、国法の類型を公法と私法に分かつならば、公法の性質を有しているものと解される。そうすると、23条照会は、依頼者の私益を図る制度ではなく、事件を適正に解決することにより国民の権利を実現し、弁護士の受任事件が訴訟事件となった場合には、当事者の立場から裁判所の行う真実の発見と公正な判断に寄与する結果をもたらすという公益を図る制度として理解されるべきであるから、23条照会を受けた公務所又は公私の団体は、照会事項を報告すべき法的義務があるとともに、23条照会が公法の性質を有する弁護士法により認められた公益を図る制度であることに照らせば、その義務は公法上の義務であると解される。」
②　訴訟手続について
　「もっとも、23条照会に基づく報告義務が公法上の義務であり、弁護士会が司法制度に関与する主体として公共的・公益的な地位にあるとはいっても、弁護士会は国の機関や行政過程の主体となる法人ではないし、弁護士法は、23条照会に関し、これを発した後の照会先との権利義務関係の形成や照会先が報告を拒絶した場合の強制履行ないし制裁の規定を設けておらず、単に『報告を求めることができる。』と規定する

にとどまるから、弁護士会が23条照会に関し、公権力の行使の権限を付与されている
とはいえず、行訴法上の『行政庁』に当たるとはいえない。また、照会先が公務所や
公の団体であったとしても、照会先が23条照会に対する報告を拒絶する行為は事実行
為であって行政処分でないことはもちろんのこと、所管する行政過程上の行為という
こともできない。したがって、本件における控訴人と被控訴人との紛争が、行政過程
における紛争といえないことは明らかである。」（中略）
　「公法上の法律関係に関する確認の訴え」が認められる行政主体との紛争は、行政
処分を背景とし、あるいは後に行政処分が控えていることにより、現に存在する不利
益を除去するための確認の利益が認められる場合であるということができる。」
　「したがって、本件訴えは、『公法上の法律関係に関する確認の訴え』に該当すると
してこれに行政事件訴訟手続を適用するのではなく、原則に戻り、民事訴訟であると
解するのが相当である。」

　③　確認の利益について

　「控訴人が本件確認請求を選択したことが紛争の解決にとって適切であると認めら
れるところ、本件確認請求が認容されれば、被控訴人がこれに応じて報告義務を履行
することが期待できることは、控訴人が主張するとおりであると認められる上、認容
判決を受けた上での本件照会事項に対する報告であれば、被控訴人がCから守秘義務
違反を理由として損害賠償を請求されても、違法性がないことを理由にこれを拒むこ
とができるし、控訴人は、本件確認請求が棄却されれば、同一の照会事項による23条
照会はしない旨明言しているから、本件照会事項に対する報告義務の存否に関する紛
争は、判決によって収束する可能性が高いと認められ、本件紛争の解決にとって有効
であると認められる。」

　「もっとも、控訴人が本件確認請求の認容判決を得たとしても、結局のところ、被控
訴人の任意の履行に委ねるしかないことは上記（2）のとおりであり、そのような強制
力を背景としない確認の訴えを認めることが相当であるかという問題もあろう。し
かしながら、本件照会に対する被控訴人の報告義務の存否について現に紛争が生じて
いる上、そもそも本件照会は、Cに対する強制執行手続をするために必要不可欠な同
人の住居所を把握して、訴訟上の和解に基づくAないしその訴訟承継人の権利の実現
を図るという司法制度の実効性に関わる照会であるから、かかる紛争に対する司法判
断が認められないという結論は相当とは解されない。しかも、被控訴人の任意の履行
に委ねるしかないとはいっても、認容判決がされれば、その履行の蓋然性が見込まれ
る上、本件照会に対する報告に関し、Cからの損害賠償請求も阻止することができる
ことに照らせば、本件紛争をめぐる問題の抜本的解決につながるということができ

る。そうすると、強制力を背景としないからといって、本件訴えを否定する理由はないと考える。」

④　正当な理由の有無について

「報告を拒絶する正当な理由があるか否かについては、照会事項ごとに、これを報告することによって生ずる不利益と報告を拒絶することによって犠牲となる利益との比較衡量により決せられるべきである。」（中略）

「住居所や電話番号は、人が社会生活を営む上で一定の範囲の他者には開示されることが予定されている情報であり、個人の内面に関わるような秘匿性の高い情報とはいえない。そして、控訴人を含む各弁護士会は、会員である個々の弁護士に対し、23条照会により得られた報告について、慎重に取り扱うよう求め、当該照会申出の目的以外に使用することを禁じ（甲16、17）、依頼者により情報の漏えいや目的外の使用がされることがないよう配慮することを求めるなどしているのであるから（甲58）、本件照会事項に係る情報が不必要に拡散されるおそれは低いと判断される。しかも、Ｃは、訴訟上の和解によって自認した債務を履行すべき義務を負いながら、住居所を明らかにしないで義務の履行を免れている状況である一方、転居届をしていたならば、義務の履行を免れつつ郵便サービスの利益は享受しようというのであるから、Ｃの転居先という情報に限ってみても、報告することによって生ずる不利益を重視すべき理由は乏しいということができる。」（中略）

「動産執行を申し立てるに当たっては、債務者であるＣの住所を明らかにする必要があるところ（民事執行規則21条1号）、当時、Ｃは、住民票上の住所には居住していなかったのである（乙1）。そうすると、本件照会に対する報告が拒絶されれば、Ａの訴訟承継人は、司法手続によって救済が認められた権利を実現する機会を奪われることになり、これにより損なわれる利益は大きい。そして、本件照会事項①ないし③は、転居届の有無及び届出年月日並びに転居届記載の新住居所であり、強制執行手続（動産執行）をするに当たり、これを知る必要性が高いといえる。」（中略）

「これに対し、本件照会事項④は、新住居所の電話番号であるところ、これを知れば、さらに通信事業会社に照会するなどして、住居所についての情報を取得することができる可能性があるとしても（甲46）、住居所を知る手段としては間接的なものである。」（中略）

「上記のような手段としての間接性からしても、Ｃの電話番号を知る利益について、被控訴人の守秘義務に優先させるのは相当でない。しかも、動産執行を申し立てるに当たって、債務者の電話番号は記載事項とはされていない（民事執行規則21条）。そうすると、本件照会事項①ないし③について報告を求めている本件照会において、さ

らに同④について報告を求める必要があったということはできない。」（中略）

　「比較衡量すれば、本件においては、本件照会事項①ないし③については、23条照会に対する報告義務が郵便法 8 条 2 項の守秘義務に優越し、同④については、同項の守秘義務が23条照会に対する報告義務に優越すると解するのが相当である。したがって、被控訴人には、本件照会事項①ないし③について、控訴人に報告すべき義務があるというべきである。」

【解説】

　後述のとおり、平成30年12月21日に最高裁は、「23条照会の相手方に報告義務があることを確認する判決の効力は、上記報告義務に関する法律上の紛争の解決に資するものとはいえない」と判示して、司法機関という紛争解決機関の頂点の立場にありながら、弁護士会と照会先との報告義務をめぐる紛争を放置したばかりでなく、裁判所が関与した訴訟上の和解という紛争解決の実効性が損なわれているという状況をも放置しました。これに対し、本件差戻控訴審判決は「本件照会に対する被控訴人の報告義務の存否について現に紛争が生じている上、そもそも本件照会は、……に対する強制執行手続をするために必要不可欠な同人の住居所を把握して、訴訟上の和解に基づく……権利の実現を図るという司法制度の実効性に関わる照会であるから、かかる紛争に対する司法判断が認められないという結論は相当とは解されない」と判示し、報告義務をめぐる紛争と裁判所が関与した訴訟上の和解という紛争解決の実効性が損なわれている状況に対して正面から向き合って紛争解決機関としての責務を全うしようとしており、上記の最高裁の姿勢と対照的です。

（3）弁護士会の報告義務確認の訴えに確認の利益がないとして訴えを却下した最高裁判決

❸　最二小判平成30年12月21日（民集72巻 6 号1368頁）

【判旨】

　「23条照会に対する報告の拒絶について制裁の定めがないこと等にも照らすと、23条照会の相手方に報告義務があることを確認する判決が確定しても、弁護士会は、専ら当該相手方による任意の履行を期待するほかはないといえる。そして、確認の利益は、確認判決を求める法律上の利益であるところ、上記に照らせば、23条照会の相手方に報告義務があることを確認する判決の効力は、上記報告義務に関する法律上の紛争の解決に資するものとはいえないから、23条照会をした弁護士会に、上記判決を求

める法律上の利益はないというべきである」と判示して本件訴えを却下した。

【解説】

　弁護士会照会に関する従前の最高裁判決（最三小判昭和56年4月14日、最三小判平成28年10月18日）はいずれも弁護士会照会制度の実質的な根拠である「弁護士の職務の公共性」に言及していなかったのに対し、本件最高裁判決によって弁護士会照会制度の実質的な根拠として「弁護士の職務の公共性」が明示されたことの意義は大きいといえます。

　しかし、本件最高裁判決が「当該相手方による任意の履行を期待するほかはない」ことを理由に確認の利益を否定したことについては、確認訴訟の意義・機能からして極めて疑問です。なぜなら、確認訴訟には執行力がなく、確認判決によって権利関係を観念的に確定すれば、権利意識が浸透した社会における当事者はそれに任意に従うことを前提に、当事者の任意の履行によって紛争を解決しようとする訴訟類型であり[*1,2)]、「当該相手方による任意の履行を期待するほかはない」ということは、すべての確認訴訟に当てはまるものだからです。

　ただ、本件最高裁判決は実体法上の照会先の報告義務の存在を否定せず[*3,4)]、むしろそれを前提としながら、民事訴訟法の観点から、本件訴えに確認の利益がないと述べているに過ぎないことに留意すべきです。

＊1）　伊藤眞東京大学名誉教授は、「確認訴訟の機能」（判タ339号）において「確認訴訟は、紛争解決に一定の規準を示し、その基準に基づいて当事者が自主的に行動することによって紛争解決を期待する、いわば波及効果型の訴訟であると言えよう」と述べています（30頁）。

＊2）　高橋宏志東京大学名誉教授は『重点講義民事訴訟法　上（第2版補訂版）』（有斐閣、2014年）において「確認の訴えは19世紀半ば頃から承認された訴えの類型である。それは、実体法として権利の内容が明確化され、かつ、そのような権利があると裁判所で宣言されれば人々がそれに従うという順法精神の高まりを必要条件とするからであり、…確認判決には、強制執行は対応しておらず、その面だけ実際上の紛争解決・権利実現の力は弱い。この限りでは、確認判決は中間的な紛争解決であり、判決後の当事者間の動きに任せていると言うこともできないではない」（70頁）と述べています。

＊3）　伊藤眞東京大学名誉教授は、『民事訴訟法〔第6版〕』（有斐閣、2018年、ウェブサイト掲載の補訂情報467頁注431第2段落末尾）において「最判平成30・12・21裁判所ウェブサイトは、…訴えを不適法として訴えを却下している。確認判決の機能（本書165頁）からみて説示には疑問があるが、本判決も相手方の報告義務自体を否定しているわけではない…」と述べています。また、伊藤教授は「金融法務事情2115号」においても「筆者としては、一般的に照会先たる相手方が照会元である弁護士会に対し報告義務を負うことが承認されているにもかかわらず、報告を拒絶すべき正当な理由の有無をめぐって紛争が頻発している状況を考えれば、確認の利益を認め、本案の判断をすべきであったと考える。」（19頁）「平

成30年最高裁判決がいう任意の履行とは、報告義務を否定したものでないことはもちろん、社会における団体の地位や責務に思いをいたせば、恣意的な履行拒絶を許すものでもない。」(23頁) と述べています。

* 4) 加藤新太郎中央大学大学院法務研究科教授・弁護士は、NBL1141号104頁において、「【1】判決もYの報告義務それ自体を否定しているわけではない。「それでは、報告義務の存否につき弁護士会と照会先の判断とに食い違いが生じたときにはどのようにすればよろしいのか」という問題は残されている。こうした場合には、補足(的)意見で方途を示唆することが多いが、【1】判決にそれはみられない。」と述べています。

2 照会先が報告を拒絶したことの適否が争われた事件

❹ 大阪高判平成19年1月30日 (判時1962号78頁)

【概要】

金融機関が、預金口座開設者の氏名・住所等について弁護士会照会及び調査嘱託を受けながら、回答をせず、あるいは回答を遅滞しました。そのため、照会申出弁護士の依頼者は、金融機関に対し損害賠償請求をしました。裁判所は、弁護士会照会に関し、裁判所の調査嘱託と同様に報告義務を認め、また、金融機関が預金顧客を特定する情報について報告を求められた場合であっても、報告義務が個人のプライバシー保護や守秘義務の観点から制約を受けることはないとしました。

しかし、金融機関による上記の報告義務違反は、弁護士会に対する公的な義務の違反であり、原則的には、訴訟遂行等のために当該情報を必要とする者との関係では権利侵害はないとして不法行為責任を否定しました。

ただし、下記の判旨にあるとおり、依頼者がヤミ金融業者からの違法な取立行為に遭ってその生活が脅かされており、その違法な取立行為を防止するためには、金融機関からの回答が不可欠な状況であることを十分に認識したにも関わらず、それでもなお、金融機関が拒否行為を継続したことを依頼者が主張・立証できれば、依頼者個人に対する不法行為責任が発生するものと考えられます。

【判旨】

「(弁護士の) その職務は、(中略) 単に依頼者の個人的な利益を擁護するためのものではなく、極めて公共性の強い性格のものと位置づけられている。」

「(弁護士会照会制度は) 弁護士が、受任している事件を処理するために必要な事実の調査及び証拠の発見、収集を容易にし、これによって当該事件の適正な解決を図る

ことが意図されているもので、我が国の司法制度を維持するための一つの制度であると解される。そして、その適正な運用を確保する趣旨から、照会する権限を弁護士会に付与し、その権限の発動を個々の弁護士の申出にかからせるとともに、個々の弁護士の申出が23条の2の照会の制度の趣旨に照らして適当でないか否かの判断を当該弁護士会の自律的判断に委ねたものと解される。」

「弁護士法23条の2所定の照会を受けた公務所又は公私の団体は、照会に応じずに報告をしなかった場合についての制裁を定めた規定がないものの、当該照会により報告を求められた事項について、照会をした弁護士会に対して、法律上、報告する公的な義務を負うものと解するのが相当である。」

「被控訴人らとその顧客との間で、仮に、顧客の同意がない限りその個人情報を被控訴人らが第三者に提供することを禁止するとの明示の契約をした場合であっても、そのような契約は、法律に基づいて上記のように弁護士会や裁判所に個人情報を提供することまで禁止する限度において、公の秩序に反するもので無効であると解される。」

「被控訴人らの本件各拒否行為は、大阪弁護士会や裁判所に対する公的な義務に違反するものではあるが、原則的には、控訴人らの個々の権利を侵害するものではなく、また、控訴人らの法的に保護された利益を侵害するものとまでもいえないもので、民法709条の「他人の権利又は法律上保護される利益を侵害した」との要件には当たらないものと解される。」「控訴人らの主張の中に、被控訴人らにおいて、控訴人らがヤミ金融業者からの違法な取立行為に遭ってその生活が脅かされており、その違法な取立行為を防止するためには、上記の各回答が不可欠な状況であることを十分に認識したにも関わらず、それでもなお、被控訴人らは本件各拒否行為を継続して控訴人X1や同X3らの人格権を侵害したとの趣旨の主張が含まれるとしても、控訴人らのこのような窮状等を裏付ける資料を控訴人ら代理人らが被控訴人らに提供したことまでは認められず、本件全証拠を検討しても、被控訴人らが上記のような認識を有していたことまでは、これを認めるに足りる証拠はないというべきである。いずれにしても、被控訴人らの本件各拒否行為が控訴人らに対する関係で違法となることを肯認する事情は、認められない。以上のとおり、被控訴人らの本件各拒否行為が控訴人らに対する関係で不法行為になるとは認められない。」

❺　東京地判平成22年9月16日（金法1924号119頁）

【概要】

相続人が被相続人名義の預金の取引履歴の照会をしたところ、金融機関が回答拒否

をしました。裁判所は、照会に対する回答に実質的な利害関係を有するのは照会申立てをした弁護士ひいてはその依頼者であるとして、依頼者に対する不法行為責任を認めました。

【判旨】

　「弁護士法23条の 2 に定める弁護士照会（原文ママ）の制度は、弁護士が基本的人権を擁護し、社会正義を実現することを使命とすることにかんがみ、受任事件についての事実の調査及び証拠の収集を容易にして職務を円滑に遂行し得るようにする一方で、照会請求の必要性、相当性の判断を弁護士会の自律的判断に委ねることでその適正かつ慎重な運用を確保しようとしたものとみられる。このような趣旨によれば、照会を受けた相手方は、自己の職務の遂行に支障のある場合又は照会に応じて報告することのもつ公共的利益にも勝り保護しなければならない法益が他に存在するような場合を除き、原則としてこれを拒否することはできないというべきである。」

　「照会の主体が弁護士会とされているのは、制度の適正かつ慎重な運用を担保する趣旨によるものであり、同制度が受任事件についての事実の調査及び証拠の収集を容易にして弁護士がその職務を円滑に遂行し得るようにすることをその目的とする以上、照会に対する回答に実質的な利害関係を有するのは、申立てをした弁護士、ひいてはその依頼者であることは明らかである。そうである以上、弁護士会照会に対する回答拒否が依頼者の権利ないし法的利益を侵害する場合には、やはり依頼者に対する不法行為責任を生じ得るというべきである。」

❻　東京高判平成23年 8 月 3 日（金法1935号118頁）

【概要】

　上記❺の判決の控訴審であり、原判決を破棄し、開示拒否は依頼者の権利又は法律上保護された利益を侵害したということはできないとして依頼者に対する不法行為責任を否定しました。

【判旨】

　「この制度は、弁護士が負う基本的人権を擁護し社会正義を実現するという使命（同法 1 条）の公共性にかんがみ、その受任事件の円滑な処理に資するために設けられたものであり、その照会が、弁護士会が適当と認める場合に、公務所又は公私の団体を相手方としてのみ行い得るとされるのは、この場合には、上記目的のために相手方に報告義務を課することが不合理でないことによると解される。したがって、弁護士会照会制度は、その照会を受けた相手方が、正当な理由がない限り、報告を行う義務を

負うことを、その内容に含む制度というべきである。しかし、相手方が負う義務は、飽くまで上記のような公的な制度上の義務であり、照会を受けた相手方が、当該照会に係る事件当事者に対する関係で、私法上、報告を行うべき義務を負うものではない。」「本件開示拒否は、債務不履行には当たらず、それが、第1審原告の権利又は法律上保護された利益を侵害したということもできず、不法行為にも当たらないから、その余について判断するまでもなく、本件損害賠償請求には理由がない。」

❼　京都地判平成19年1月24日（判タ1238号325頁）

【概要】

　遺言執行者たる司法書士が遺言執行状況について本制度による照会を受け、守秘義務や受遺者の同意が無いことなどを理由に相続人に対して報告を拒否しました。そこで、相続人が原告として遺言執行者に対する損害賠償請求をしました。裁判所は、報告を拒否したことについて正当な事由もないとして、損害賠償請求を認めました。本件の被告である遺言執行者は、原告である相続人に対して実体法上報告義務を負っているため、弁護士会照会の依頼者たる原告には実体法上照会先に対して報告を求める権利があるというところに本件の特殊性があります。

【判旨】

　「本件では、被告は、遺言執行者に指定され、相続人に対しては遺言執行の内容について報告する義務を負っている（民法1012条2項、645条、1015条）のであるから、原告が真正な相続人である限り、被告には、そもそも、遺言執行者として、原告に対し遺言執行状況について報告する義務があり、これを前提にすれば、もはや、原告との関係では、受遺者や花子への守秘義務を理由に遺言執行状況の開示を拒むことはできない立場にあるといえる。したがって、受遺者の同意がないことを理由とした被告の報告拒否には正当理由はない。」（中略）

　「本件23条照会の報告拒否の相手方は弁護士会であるから、被告の報告拒否が、照会の申出をした弁護士の依頼者たる原告に対する不法行為を構成するか問題となりうるが、法が23条照会の主体を弁護士会としたのは、上記のとおり、その適正かつ慎重な運用を担保する趣旨であり、23条照会の情報を得ることにより自己の権利の実現ないし法的利益の享受を求めている実質的な主体は、申出をした弁護士であり、ひいてはその依頼者であることからすれば、相手方の違法な報告拒否が、かかる依頼者の権利ないし法的利益を侵害する場合には、依頼者に対する損害賠償義務が生じ得るというべきである。本件においてこれをみるに、原告は、被告の報告拒否により、本来

であれば戸籍上の花子の子として、遺言執行者たる被告から、直ちに開示されてしかるべき遺言執行状況を知ることができず、ほかの迂遠な手段を講じてその内容を憶測することを余儀なくされ、期間制限のある遺留分減殺請求権の円滑な行使を阻まれたのであるから、被告の違法な報告拒否は原告に対する不法行為を構成すると認められる。」

❽ 東京高判平成22年9月29日（判時2105号11頁）

【概要】

　債務者が転居して転居先不明の状態となったため、債務名義（判決）を有する債権者が債務者に対する動産執行を行うにあたり、旧郵便事業株式会社（現日本郵便株式会社）に対し、転居届の内容について照会しました。これに対し、旧郵便事業株式会社は、転居届に記載された新住居所について、「郵便物に関して知り得た他人の秘密」（郵便法8条2項）に該当するとして守秘義務等を理由に回答拒否をしました。

　この点、裁判所は、本事案における報告義務は郵便法上の守秘義務より優越するとしました。また、照会先は、事実関係については弁護士会の判断を信頼すれば足りるとしましたが、法益侵害はないとして不法行為責任を否定しました。

　ただ、注目すべきは、裁判所が、付言として、日本郵便に対し、本件照会に改めて応じて報告することを要請すると共に、新住居所という転居届に記載された情報に関して23条照会に応ずる態勢を組むことを要請したことです。

　この点、伊藤眞東京大学名誉教授は「弁護士会照会運用の今後――最二小判平30.12.21が残したもの」（金法2115号14頁以下）において「一般的報告義務の存在を前提とする以上、具体的回答義務をめぐる紛争が発生し続けることは不可避であり、その安定的解決のためには、照会を発する弁護士会の活動目的（弁護士法31条参照）と照会先である団体の社会的責務と照らして、両者の間でソフトローとしての協定または合意を締結し、それに即して判断を行うことが適切である。」（21頁）「平成28年最高裁判決と平成30年最高裁判決については、協定などの形でのソフトローによる解決を促進させる意義を与えられるべきであり、これらの最高裁判決の存在を理由として、協定などの締結を拒否したり、弁護士会との間の協議自体を拒絶したりすることは、判例の意義を正しく理解していないものというべきである。」（21〜22頁）と述べられており、照会先である団体は、その社会的責務として各地の弁護士会と協定を締結してそれに即して弁護士会照会に回答するという方策を採るべきであると考えます。

【判旨】

　「23条照会の制度は、弁護士が基本的人権を擁護し社会正義を実現することを使命

とする（弁護士法1条1項）ことにかんがみ、弁護士が、受任している事件を処理するために必要な事実及び証拠の発見収集を容易にし、当該事件の適切な解決に資することを目的として設けられたものである。そして、その適正な運用を確保する目的から、照会する権限を弁護士会に付与し、①その権限の発動を個々の弁護士の申出に係らせつつ、②個々の弁護士の申出が23条照会の制度の趣旨に照らして適切であるか否かの判断を当該弁護士会の自律的判断に委ねるという2段階の構造を有している。②については、濫用的照会の排除の制度的保障と解することができる。」

「前記の23条照会の趣旨によれば、23条照会を受けた者は、報告を求められた事項について、照会した弁護士会に対し23条報告をする公法上の義務を負う。ただし、上記趣旨により、照会を受けた者が23条報告をしないことについて正当な理由を有するときは、報告を拒絶することが許されるというべきである。」

「本件照会事項①ないし③は、個々の郵便物の内容についての情報ではなく、単に住居所に関する情報である。そして、住居所は、人が社会生活を営む上で一定の範囲の他者には当然開示されることが予定されている情報であり、個人の内面に関わるような秘匿性の高い情報とはいえない。したがって、その実質的な秘匿性は低いと評価すべきものである。また、本件照会事項①ないし③が報告されても、この情報を得るのはA弁護士会のほか、照会申出をした甲弁護士及びその依頼者である控訴人のみであるから、これが知られる範囲は限定的なものということができる。

これに対し、23条照会は、前記のとおり、弁護士が受任した事件を処理するために必要として所属弁護士会に照会申出をし、同弁護士会が照会を相当と認めた情報について報告を求めるものであり、23条報告は、これに応えて、その情報を弁護士会に報告する義務であるから、その制度趣旨からして23条報告の必要性は高いというべきである。

以上のとおりであるから、被控訴人が本件照会事項①ないし③について報告すべき義務は、『郵便物に関して知り得た他人の秘密』（郵便法8条2項）としての守秘義務に優越するものと解するのが相当である。」

「23条照会は、弁護士会が所属弁護士の照会申出を審査した上で行うものであり、このように濫用的照会を排除する制度的保障が設けられている以上、23条照会を受けた被控訴人としては、弁護士会が濫用的照会でないことを確認したことを前提として、特段の事情がない限り、当該照会に係る事案の個別的事情に関する事実等を調査することなく、郵便法8条1項、2項、プライバシー、個人情報等に基づく守秘義務と23条報告義務との優劣を判断すれば足りる」

「本件においては、被控訴人が23条照会に対する報告を拒絶したことにより、A弁

護士会が、その権限の適正な行使を阻害されたことは明らかである。23条照会の適正
な制度運用につき一定の責任ある立場に立つＡ弁護士会が、適正な権限行使を阻害さ
れたことにつき、無形の損害を受けたと評価することができる。」

「本件の争点に関する法的判断は以上であるが、本件の性質及び本件訴訟の経過に
かんがみ、若干付言する。本件は、控訴人が確定判決という債務名義を得ながら、執
行を免れるために住居所を変えたものと推認される債務者乙山につき、その新住所
を知りたいと考えた控訴人の代理人弁護士らが、23条照会に一縷の望みを託したにも
かかわらず、それが叶えられなかったことの法的意味合いを問うものであった。被控
訴人は、本件照会に対する報告を拒絶したが、それは通信の秘密を守る役割を有する
機関としての責任感に基づくものであった。しかし、本件で判断したとおり、本件照
会事項①ないし③については23条報告義務があり、これを拒絶することには正当な理
由がないのである。そこで、当裁判所としては、被控訴人に対し、この判決を契機と
して、本件照会に改めて応じて報告することを要請したい。また、さらに、新住居所
という転居届に記載された情報に関しては、本判決の意のあるところを汲み、23条照
会に応ずる態勢を組むことを切に要請したいと考える。」

❾ 岐阜地判平成23年 2 月10日（金法1988号145頁）

【概要】

消防署に対して、救急搬送された方の遺族が、救急活動の内容を照会したところ、
消防署が回答拒否をしました。本件については、回答拒否について当事者（依頼者）
の損害賠償請求を認めました。本判決は、条例に基づく開示請求により回答可能な情
報だけでなく、それ以外の情報の回答拒否についても損害賠償を認めています。ま
た、前記❼の判決と異なり、本件において依頼者は照会先に対して私法上の権利を有
していません。本判決は、照会先が依頼者個人の不法行為上保護される利益を侵害し
た例として極めて大きな意義を有しています。

【判旨】

「弁護士法23条の 2 に定める弁護士照会（原文ママ）の制度は、弁護士が基本的人権
を擁護し、社会正義を実現することを使命とする（弁護士法 1 条 1 項）ことに鑑み、
弁護士が、受任している事件を処理するために必要な事実の調査及び証拠の発見収集
を容易にし、当該事件の適正な解決に資することを目的として設けられたものであ
る。このような弁護士法23条の 2 の規定の趣旨からすれば、弁護士照会（原文ママ）
を受けた公務所又は公私の団体は、自己の職務の執行に支障がある場合又は照会に応

じて報告することの持つ公共的利益にも勝り保護しなければならない法益が他に存在する場合を除き、当該照会に対して報告する法的義務を負い、その義務は公的性格の強い弁護士会に対する公的義務であると解するのが相当である。」

「同制度によって情報を得ることにより自己の権利の実現ないし法的利益を享受する実質的な主体は、申出をした弁護士及びその依頼者であるというべきである。

以上によれば、弁護士照会（原文ママ）の被照会者が、照会に対する回答・報告を正当な理由なく怠り、申出弁護士の業務遂行の利益や、依頼者の裁判を受ける権利ないし、司法手続により紛争を解決する利益が侵害されたと評価しうる場合には、被照会者は、これにつき損害賠償責任を負うことがありうるものというべきである。」

「以上によれば、照会事項ア、ウ及びエにより原告らが取得しようとした情報は、Aの死亡原因についての損害賠償責任を追及する民事訴訟を提起するにあたって、適切な相手方を選別し、またはその選別した相手方の責任原因を特定する上で不可欠という重要なものであるほか、原告らにとって、本件照会による以外の方法により確実かつ信頼性の高い情報として取得することが困難なものであったと認められる。

そうすると、本件回答拒否により、原告Ｘ１の司法制度による紛争解決を適切に実現する利益ないし原告Ｘ２の依頼者のために事務処理を円滑に遂行する利益が妨げられたと言うべきである。」

⑩　名古屋高判平成23年 7 月 8 日（金法1988号135頁）

【概要】

上記❾の判決の控訴審です。原審同様、報告義務を認めた上で、依頼者の損害賠償請求を認容しました。ただし、照会申出弁護士の損害賠償請求（訴状等の文書作成費用相当の損害金）については請求にかかる損害の発生を否定しました。

⑪　東京地判平成24年11月26日（判タ1388号122頁）

【事案】

執行力のある債務名義（公正証書）を有する債権者が、金融機関に対して債務者の預金口座の情報に関して照会したところ、回答を拒否しました。そのため、債権者は、金融機関の東京弁護士会に対する報告義務があることの確認を求めるとともに、不法行為に基づく損害賠償請求をしました。裁判所は、確認の利益を認めた上で、報告義務確認請求を認容し、損害賠償請求は、過失がないことを理由に棄却しました。

【判旨】

「原告は、被告が公法上の義務を履行しないことによって債務名義による債務者に対する権利の実現が妨げられているのであるから、被告による権利実現の妨害を排除して権利救済を受けるため、被告に対し、照会事項につき東京弁護士会に対する報告義務が存することの確認を求めることができると解するのが相当である。」

「被告が報告義務を負うとしても、一方で、①被告の本件各照会に対する回答の当時のみならず現在においても、金融機関が弁護士会照会に対して法的な報告義務を負うか等の弁護士会照会と金融機関の秘密保持義務との関係について直接判断した最高裁判例はなく、確立した銀行実務上の運用基準も存在しないこと、②銀行が顧客に対する秘密保持義務を果たすことは銀行の重要な責務の一つであり、顧客の同意が得られない限り報告してはならないとする考え方もあること、③銀行が顧客に関する情報を不当に報告した場合、秘密保持義務違反を理由に顧客から法的責任の追及を受ける立場にあることはもとより、情報はいったん開示されてしまうとその原状回復は困難であることから、これによって当該情報に係る顧客の法的利益が回復不可能なまでに侵害されること、④弁護士会照会を受けた銀行は、確認訴訟において報告義務が確定するまでは裁判外で対応することを余儀なくされるから、それだけ慎重な対応が要請されることなどの事情がある。

これらの事情を勘案すれば、被告が本件各照会に対して報告できない旨の回答をし、その後現在に至るまで報告をしていないことについては、その対応が弁護士法23条の2に基づく報告義務に違反し違法であると評価することはできても、そのような違法性を認識することができなかった被告の判断につき、故意又は過失があるとまではいえない。」

⓬ 東京高判平成25年4月11日（金法1988号114頁）

【概要】

上記⓫の判決の控訴審です。控訴審は、確認請求を認めた原判決を取り消して訴えを却下し、損害賠償請求については否定した原審を維持しました。

【判旨】

「23条照会制度は、その規定から明らかなとおり、照会をする主体は弁護士会であり、その相手方は公務所又は公私の団体であるから、これに基づく法律関係は弁護士会とその相手方の団体との関係に係るものであり、したがって、本件において控訴人が本件各照会に対して回答すべき義務を負うとしても、当該義務は控訴人が東京弁護

士会に対して負う一般公法上の義務にすぎず、被控訴人に対して直接義務を負うものではない。そうすると、本件各照会に対して控訴人が回答することによる利益は、被控訴人にとっては反射的利益にすぎないのであるから、控訴人が回答をしないことについて、被控訴人の権利又は法律関係について危険や不安が現に存在するとはいえない。

　この点に関し、被控訴人は、本件各照会に実質的な利害関係を有するのは申出をした弁護士、ひいてはその依頼者であると主張するけれども、そもそも法律関係の当事者ではなく、事実上の利害関係にすぎないものが他人間の法律関係について即時確定を求める利益を有するということはできない。

　また、仮に、被控訴人において控訴人が本件各照会に回答しなかったことにより自己の権利等について危険又は不安が生じたというのであれば、その除去のためには、本件確認の訴えによるよりも、本件回答拒否が違法であることを理由とする民法709条に基づく損害賠償請求等による方がより有効かつ適切である。」

　「制度の趣旨及び照会手続の構造に徴し、かつ、先に2項において判示した諸点も併せ考慮すると、23条照会の権限は、あくまで弁護士会にのみあるのであって、弁護士及びその依頼者は、個々の照会先に対し、回答を求める権利を有しないことはもとより、回答を求めることにつき法律上の利益を有していると認めることはできない。

　そうすると、仮に控訴人が23条照会に対して回答すべき義務を負うとしても、その義務はあくまで弁護士の職務の公共性に鑑み認められた弁護士会に対する公的義務であるから、控訴人が上記義務に違反して本件各照会に対して回答を拒否したとしても、被控訴人の個別具体的な権利を侵害するものとは認められず、また、被控訴人の法律上の利益を侵害するものともいえないので、民法709条の不法行為の要件である違法な行為が認められない。」

　「23条照会を受けた銀行は、確認訴訟において報告義務が確定するまでは自己の判断で対応することを余儀なくされるから、それだけ慎重な対応が要請されることなどの事情を総合考慮すれば、本件各照会に対して報告できない旨の回答をし、その後現在に至るまで報告を拒否していることにつき、控訴人に故意又は過失があるとはいえない。」

❸ ┃ **福岡地判平成25年4月9日（金法1995号118頁）**

【事案】
　離婚の事案で送達先の確認及び強制執行申立てのために相手方配偶者（A）の就業

先を全国健康保険協会に弁護士会照会及び調査嘱託で照会をしたところ、同協会は本人の同意がないことを理由に回答を拒否しました。そこで、依頼者及び代理人弁護士が損害賠償請求をしました。裁判所は、強制執行申立てのための照会を被告が拒絶したことによって、依頼者の「強制執行によって自己の権利を実現する利益」が侵害されたとして依頼者の損害賠償請求を認容しました。

【判旨】

　「被告は、就業先の情報はプライバシーに関わる情報であって、第三者に開示されることで不利益を被る可能性がある情報であり、その結果、被告が損害賠償を請求されるリスクが存在する旨主張するが、本件事項は、Ａの就業先というＡの社会的活動に関わる事柄であって、その性質上、秘匿すべき必要性が高いとは言えず、本件事項が裁判所及び弁護士会に提供されることにより、Ａが訴状の送達を受けたり、正当な権利に基づく強制執行を受けるに至ったとしても、Ａはこれを受忍すべきものであって、被告がＡから損害賠償を請求されるリスクがどの程度あるかは疑問である上、個人情報保護法上、本件調査嘱託及び本件各照会に対する回答及び報告にＡの同意を得る必要はなく、裁判所及び弁護士会が回答及び報告を受ける公的な利益がＡのプライバシーに優越するものと解される。」

　「訴訟事件において成立した和解を記載した調書という債務名義により行われる強制執行によって自己の権利を実現する利益は法律上保護されるものというべきであり、被告が第二次照会に対する報告を拒絶したことによって、原告Ｂの法律上保護される上記利益が侵害されたものというべきである。」

　「原告Ｂの債務名義上の権利が実現されなければ、原告Ｂが債務名義を取得した意味が失われることも考慮すると、被告の上記行為は違法であると認めるのが相当である。」

　「被告がこれに対する報告を拒絶すると、原告Ｂが上記差押えを申し立てることができず、上記差押えによって原告Ｂの権利を実現することができないことを容易に予見することができたといえることからすると、被告に過失が認められる。」

❶❹　福岡高判平成25年 9 月10日（金法1995号114頁）

【概要】

　上記❶❸の判決の控訴審です。当事者が調査嘱託及び23条照会により情報を得ることによる利益は反射的利益であり、当事者固有の利益ではないとして、損害賠償請求を一部認めた原審を破棄し、損害賠償請求をすべて棄却しました。ただし、回答拒絶

が違法であり、照会先である全国健康保険協会には回答等を行う義務があることを否定するものではなく、むしろ照会先である全国健康保険協会において速やかに回答をする義務を履行すべきであることを付言しました。

【判旨】

「強制執行に伴う不利益については、Ａが自らの債務履行を怠ったことによるものであり、上記正当事由に該当しないものであることは明らかである。

また、その余の理由については、抽象的な危険性を指摘するにとどまるものであり、本件調査嘱託等に対する回答、報告義務を否定するには足りないし（中略）報告等の結果が裁判所以外の第三者に開示されＡが不利益を被るものと認めることはできず、本件全証拠によるも、上記回答等により、Ａに対する他の不利益が生じるものと認めることもできない。」

「調査嘱託及び23条照会は、いずれも、正確な事実に基づく適切妥当な法律事務がなされることを目的とする公的な制度であり、当事者がこれにより情報を得ることによる利益は、上記目的に収れんされ、あるいは上記目的が履行されることにより得られる反射的利益であり、当事者固有の利益ではないと解するのが相当である。」

「上記拒絶が違法であり、控訴人には回答等を行う義務があることを否定するものではなく、むしろ控訴人において速やかに上記義務を履行すべきであることについて、当裁判所は強く付言するものである。」

3　弁護士会が照会したこと又は照会先が報告したことの適否が争われた事件

⑮ 最三小判昭和56年 4 月14日（民集35巻 3 号620頁）

【概要】

　京都市中京区長が本制度による照会に応じて、個人の前科及び犯歴を回答したところ、開示された本人が京都市を相手方として損害賠償請求をしました。裁判所は、犯罪の種類等を考慮することなく漫然と回答した点について損害賠償請求を認めました。

【判旨】

「前科等の有無が訴訟等の重要な争点となっていて、市区町村長に照会して回答を得るのでなければ他に立証方法がないような場合には、裁判所から前科等の照会を受

けた市区町村長は、これに応じて前科等につき回答をすることができるのであり、同様な場合に弁護士法23条の2に基づく照会に応じて報告することも許されないわけのものではないが、その取扱いには格別の慎重さが要求されるものといわなければならない。」

「京都弁護士会が訴外A弁護士の申出により京都市伏見区役所に照会し、回付された前科等の照会文書には、照会を必要とする事由としては、右照会文書に添付されていたA弁護士の照会申出書に『中央労働委員会、京都地方裁判所に提出するため』とあったにすぎないというのであり、このような場合に、市区町村が漫然と弁護士会の照会に応じ、犯罪の種類、軽重を問わず、前科等のすべてを報告することは、公権力の違法な行使にあたると解するのが相当である。」

【解説】

　この判例は、照会先が報告を拒絶する際の根拠としてよく用いられます。「中央労働委員会、京都地方裁判所に提出するため」という抽象的な理由で照会をしてしまったことについては問題がありますが、そのような抽象的な理由での照会に対し、漫然と回答した点について違法であることを認めた事例判決であり、一般化することは妥当ではありません。むしろ、前科や犯罪歴のような秘匿性の高い情報に関してであっても弁護士会照会が認められる可能性を示している点に留意する必要があります（伊藤眞「弁護士会照会の法理と運用」金法2028号10頁参照）。

⓰ 広島高岡山支判平成12年5月25日（判時1726号116頁）

【概要】

　弁護士会照会により預金元帳の開示を求められた金融機関が取引明細表及び伝票の写しを送付したことにつき、預金者から損害賠償請求がなされた事案です。違法性等が否定され、請求が棄却されました。

【判旨】

　「弁護士法23条の2の照会制度は基本的人権の擁護、社会正義の実現という弁護士会の使命の公共性を基礎とし、捜査機関に関する刑事訴訟法197条2項にならって設けられたものであるから、相手方には報告義務があるということができる。そして、右照会制度の目的は、弁護士が、受任している事件について事実を解明し、法的正義の実現に寄与することにあると解されるところ、かかる公共的性格に照らすと、照会の相手方が銀行であり、照会事項が預金取引に関するものであっても、右照会制度の目的に即した必要性と合理性が認められる限り、相手方である銀行はその報告をすべ

きであり、また、当該報告をしたことについて不法行為の責めを負うことを免れる」

❿　鳥取地判平成28年3月11日（金法2040号94頁）

【概要】

　債権者が債務名義を得ていることから財産調査目的のために預金残高及び3年間の取引履歴等について弁護士会照会がなされ、これに対して金融機関が報告したところ、情報を開示された預金者が弁護士会及び当該金融機関に対し損害賠償請求をしましたが、いずれも棄却されました。

【判旨】

　①　照会申出理由の記載の真実性の判断について

　「弁護士会照会の制度は前記（1）に説示したとおり、弁護士が基本的人権の擁護と社会正義の実現の担い手であることに格別の意義を認め、高度の社会的期待に支えられたその職務を円滑ならしめるために認められているものなのであって、照会申出をした弁護士が照会申出の理由中に示される内容について、意図的に事実関係を虚構するというような事態は、本来、想定されていないものと考えられる。そして、万が一にも、当該弁護士が照会申出の理由を虚構するなどという事態が生じたとすれば、それは、所属弁護士会の秩序及び信用を大きく害するとともに、職務上の品位を失うべき重大な非行であることが明らかであるから、弁護士法56条1項の定める懲戒事由に当たり、当該弁護士は極めて高い確率で懲戒処分を免れないと推測される。したがって、照会申出をしようとする弁護士が照会申出の理由として記載する内容については、懲戒処分の可能性を基礎とする真実性の担保があるといってよく、照会申出を受けた弁護士会としては、その記載内容につき、外形上・文面上不合理であることが明白であるような場合を除いて、ひとまず真実として信頼することができ、これを前提に、照会申出の必要性・相当性判断に進むことが許される。

　②　取引履歴3年分を開示したことについて

　「執行の端緒とするためには、口座番号はもちろんのこと、的確に預金を差し押さえるためには、ある程度まとまった期間の取引履歴の開示を受けて、定期的な入金の有無やその時期等を把握する必要が高いといえる。したがって、本件照会事項のいずれについても、報告を求める必要性は認められるし、開示を受ける履歴の期間を3年分としたことも過剰とまではいえず、合理的なものであると認められる。そうすると、被告弁護士会が、本件申出理由について必要性・相当性ありと認め、本件照会を行ったことそれ自体もまた、何らの違法性もないというべきである。」

③ 照会先の判断方法について

「弁護士会照会制度の趣旨及びその基本的な制度設計は先に説示したとおりであり、それによれば、基本的人権の擁護と社会正義の実現という弁護士の職責を全うさせるべく、弁護士に申出権限を認めるが、その申出理由の適否（必要性・相当性）の審査権限はこれを弁護士会に付与し、弁護士会は、審査に当たっては、弁護士懲戒制度による制度的担保のもと、弁護士が申出理由として示した内容を基本的には信頼することができ、これを前提に申出の必要性・相当性の判断を行い、これが肯定されれば法律上付与された照会権限を行使して照会を行うのである。このような制度設計に照らせば、弁護士会から照会を受けた照会先は、法律上の審査権限を有する弁護士会のした、照会申出に必要性・相当性ありとする判断をひとまず信頼することが許されるというべきであり、その照会が明白に不必要又は不合理であると認めるに足りる特段の事情が認められない限りは、これに対して報告する公法上の義務を負い、その義務の履行としてした報告は違法なものとはいえず、不法行為が成立することはない」

【解説】

　本裁判例は、弁護士会が照会申出の記載内容を信頼すること、照会先は原則として弁護士会の利益衡量に関する判断を信頼してよいこと（本章Ⅲ1参照）を判示しており、参考になります。

⓲ 大阪高判平成26年8月28日（判時2243号35頁）

【概要】

　税理士法人に対する確定申告書の控え等の弁護士会照会に対し、同税理士法人が報告したことについて、情報を開示された者からのプライバシー権侵害を理由とする同税理士法人に対する損害賠償請求が認められた事案です。

【判旨】

　「本件照会申出の理由は、Ａ社が、別件訴訟において、控訴人が平成22年3月以降、体調を崩して就労困難な実態にあり、Ａ社における就労実態がなかったことを立証するためのものということである。一方、照会事項は、前記前提事実（4）記載のとおり照会事項1～3であるが、照会事項1及び2は、同3の前提として控訴人の確定申告への関与の有無及び期間を尋ねるものであり、照会事項の中心は、同3の確定申告書及び総勘定元帳の写しの送付を求めることにあるものと認められる。しかし、控訴人の健康状態を立証するためであれば、医療機関等への照会によるのが直截であり、収入の変動を通じて健康状態の悪化を立証するということ自体が迂遠というべきであ

る。この点を措くとしても、平成22年3月以降の控訴人の体調不良を立証しようとするのであれば、控訴人の平成22年の確定申告書等とそれ以前の確定申告書等を比較するのでなければ意味がないはずである。ところが、被控訴人が控訴人の確定申告を行っていたのは平成15年から平成21年までであり（被控訴人も上記照会事項2に対してそのように回答している。）、平成22年の確定申告は担当していない。そうであるとすれば、被控訴人の所持する確定申告書等だけでは控訴人が平成22年に体調不良により収入が減少したかどうかを認定することはおよそ期待できないというべきであるから、<u>照合事項1、2の回答いかんにかかわらず最長10年間にわたる確定申告書等の送付を求める照会事項3は、23条照会としての必要性、相当性を欠く不適切なものといわざるを得ない。</u>」

【解説】

　本裁判では弁護士会は訴訟当事者とはなっていないため、裁判所にとって弁護士会照会の審査の実情に関する知識が不足しており、それ故に申出受付当日に発送されたことをもって「どの程度の審査を行っているのか不明」という誤った認識をしています。

　また、代替性の要件（他に調査方法があるか）についても、証拠収集を含めた立証が容易ではないという現実を無視して、「健康状態を立証するためであれば、医療機関等への照会によるのが直截」などという形式論を述べており、妥当ではありません。本件の過失の判断については、「照会申出をした弁護士（依頼者）と照会先である税理士法人との間に以前から一定の関係が存在していたことが判断の基礎となっており、これを一般化して、報告を拒絶すべき正当な利益衡量を誤れば、照会先が秘密帰属主体に対して損害賠償責任を負担するとの判断を示したものと解するのは適切ではないと思われる」という指摘があります（伊藤眞「弁護士会照会の法理と運用」（金法2028号6頁））。

　なお、判決後同じ原告が弁護士会に対して損害賠償請求訴訟を提起しましたが、同裁判では、本裁判とは異なり、上記疑問点について的確に判断した上で、照会の必要性、相当性を認め、原告の請求を棄却しています（裁判例⓳参照）。

⓳　京都地判平成29年9月27日（金法2084号82頁）

【概要】

　前掲大阪高判平成26年8月28日（裁判例⓲）と同一事案について、情報が開示された者から照会をした弁護士会に対して損害賠償請求がされた事案です。弁護士会に

対する請求を棄却しました。

　なお、大阪高判平成30年2月16日（令和元年6月時点では公刊物未登載）は本件の控訴を棄却しています。

【判旨】

①　弁護士会の審査の違法性の判断について

「弁護士法23条の2により弁護士会に委ねられた弁護士会照会の申出の審査権限の行使について、その詳細は、弁護士法をはじめとして何らかの法令により定められているものではないし、弁護士会の目的（弁護士法1条）や弁護士会に自律的な性格があること（同法56条2項等参照）も考慮すると、上記審査権限の手続及び審査基準については、弁護士会の自律に委ねられるのが原則であると解することができる。もっとも、上記のとおり弁護士会に照会権限が付与された趣旨に鑑みれば、弁護士会の審査手続や審査基準を明文化する場合には、個々の弁護士の申出が、権利の実現や真実発見・公正な判断という弁護士会照会制度の趣旨に沿ったものであることを判断できるものでなければならないし、弁護士会照会が照会先である公務所又は公私の団体に公法上の義務を負わせるものであるから、照会先の利害（公務所又は公私の団体が保管する情報が個人情報の場合には、最終的な利益の帰属主体からして、照会先の利害というよりも、むしろ個人の利害である場合がある。）との利益衡量ができることが考慮されたものでなければならない。そして、こうした考慮がされた審査手続及び審査基準であるならば、弁護士法23条の2の趣旨及び効果に沿った合理的なものであって、弁護士会の自律に委ねられた範囲内のものと解することできる。そのため、その明文化された合理的な審査手続及び審査基準をもとに、弁護士会照会をすることが適当であるとして判断してなされた弁護士会照会は、特段の事情がない限り、公法上の違法性を帯びることはないと解することができる。なお、上記審査手続又は同審査基準に違反し、弁護士会照会をすることが適当でない場合であっても、なされた弁護士会照会が直ちに不法行為法上の違法となるものではなく、不法行為法上の違法と判断されるためには、上記審査手続又は同審査基準の違反の内容、程度のほか、侵害された権利の内容、侵害の程度等を考慮して、不法行為法上も違法な権利侵害であるといえなければならない」

「本件基準の内容は、全体として、具体的詳細なもので、考慮要素としてもできるだけ過不足なく取り上げようとし、弁護士会照会の申出が、権利の実現や真実発見・公正な判断という弁護士会照会制度の趣旨に沿ったものであることを判断できるものとなっており、照会先の利害（最終的な利益の帰属主体が個人の場合は個人）との利益衡量をすることも考慮されたものであると解することができる。なお、原告が主張

する証拠の代替性については、弁護士会照会が証拠収集のための制度であり、自由心証主義の下では、証拠の証明力が画一的なものとはいえず、代替性がないことを常に要求できるものではないことから、代替的立証手段の存否及びその難易を、照会を求める必要性や他の方法によって容易に同様な情報が得られるか否かの要素の中で判断されれば足りるともいえ、本件基準に明文の規定がないとしても、そのことだけで、本件基準が不合理とはいえない。

　以上のとおりであるから、本件規則及び本件基準は、弁護士法23条の2の趣旨及び効果に沿った合理的なものであり、弁護士会の自律に委ねられた範囲内のものといえる。」

　②　利益衡量の当否

　「別件訴訟においては、原告が体調を崩して就労が困難な状態にあったか否かが争点となっていたこと、Aは原告に就労実態があった旨を主張し、その主張に沿う証言がされ、これを争う本件会社からは、就労実態を否定する立証が必要であったこと、本件会社の訴訟代理人であるB弁護士は、原告が本件会社で就労困難であれば、同時期に、原告の個人事業である大工としての事業収入金額にも変動があったと考え、確定申告書及びその作成の元となる総勘定元帳（確定申告書等）の各記載により、上記争点についての本件会社の主張を立証することを検討していたことが認められる。同認定事実によると、争点と照会事項との関連は十分にあるといえるから、一般的な意味での照会申出の必要性及び相当性は否定できない（本件基準四）。

　そして、個人情報にかかわるときの考慮要素（本件基準五1）であるが、確定申告書等には、確定申告書の写しにおける収入・所得金額や費用額をはじめとして、主に原告の財産的情報又は経済的活動の情報が記載され（甲32の書式部分参照）、他にも営業活動の秘密（総勘定元帳における取引先名など）や家族関係に関する事項（確定申告書における配偶者控除・扶養控除関係など）が含まれ得る。しかし、それらも原告の財産的情報又は経済的活動の情報に関係するものであるから、確定申告書等は、全体として、プライバシーの観点からは、前科及び犯罪経歴（最高裁昭和52年（オ）第323号同56年4月14日第三小法廷判決・民集第35巻第3号620頁参照）や病歴や病状等の医療情報が記載されたものとは異なるものということができる（もっとも、個人情報に関する場合、照会の必要性及び相当性の観点からは、照会ができるだけ抑制的な範囲にとどめることが望ましいことはいうまでもない。）。なお、過去の確定申告書等は、既に税務申告に伴って提出・使用された書面の写しであって、公的機関や第三者に全く非開示の書面とも異なる面があるというべきである。

　また、本件申出の理由によると、原告は、別件訴訟の当事者で、本件会社の代表取

締役であったＡの子であること、同訴訟の一審で、同訴訟のもう一方の当事者である本件会社の従業員でもあったことが認められ、同認定事実によると、原告は、別件訴訟①のいずれの当事者とも密接な関係にあったということができる。しかも、上記のとおり、本件訴訟の争点は、原告の就労が困難な状態にあったか否かであって、原告自身が本件訴訟①に密接な関係があったということもできる。

さらに、本件申出の理由によると、別件訴訟は、本件会社と前代表取締役の紛争で、控訴審に移審し、長引く紛争となっていたこと、内容においては、原告が体調を崩して就労が困難な状態にあったか否かが争点となり、原告のタイムカードが作成されていないにもかかわらず、Ａは原告に就労実態があった旨を主張し、その主張に沿う証言がされていたことが認められ、同認定事実によると、訴訟における対立は深刻で、紛争解決のために、争点としての重要性は否定できないと考えられる。

そして、確定申告書等は、私法上の開示請求権がなければ、その性格上、納税者本人から一般には開示されない文書であるし、納税者本人が依頼する税理士法人や税理士に任意に開示を依頼しても、税理士法38条の守秘義務を根拠に拒否されることが予想されることからすると、原告の確定申告書等に記載された情報は、弁護士会照会とは異なる他の方法によって容易に同様な情報が得られる場合の情報ではないと考えるのが相当である。

以上の諸事情を総合考慮すると、原告の確定申告書等は、原告の個人情報に関わるものであるが、本件基準五１の考慮要素を考慮してもなお照会申出の必要性及び相当性があるということができ、これと同様の判断（前記（1）ウの認定事実）をしたＣ弁護士の判断は、本件基準に従ったものということができる。」

③　対象となる確定申告書等を10年間分としたことについて

「原告の事業収入が大工業によるもので景気の変動等による影響が大きいと推測できること、原告の本件会社における稼働期間は３年４月から５月に及ぶことに鑑みれば、原告の本件会社における稼働期間の前後を含めて10年間の収入の変動を確認することは、やや長めの印象はあるものの、照会の必要性及び相当性があるというべきである。また、事業収入の変動について、体調以外の変動要素の有無を確認し、比較する必要があることは否定できないから、事業収入以外の情報を含めて、確定申告書等の全ての記載事項を対象としたことについても、本件基準が規定する相当性を欠くものとはいえない。」

【解説】

本判決は、弁護士会照会の制度から説き起こして、証明方法の実態についても触れた上で、弁護士会の審査基準を妥当なものであると判断しています。その上で、本件

照会の必要性、相当性を認めており、的確な判断であるといえます。

　ただし、対象期間を10年とした点については、「やや長めの印象はある」と指摘しているように、照会期間を決定するにあたっては謙抑的であるべきことにも留意する必要があります。

第2章 愛知県弁護士会における照会手続

I 照会手続の流れ

1 会員による照会申出

　愛知県弁護士会に照会申出ができるのは、当会に所属する弁護士（外国特別会員を含む）です。弁護士会照会制度を利用しようとする弁護士は、所定の申出書（巻末資料3、4）により、弁護士会事務局（財務係・23条の2照会担当）に申出を行うことになります。

　なお、申出には手数料（申請負担金）として5,000円（消費税別）が必要となっており、口座から引き落とされます（手数料の金額及び徴収方法は単位会によって異なります）。

　また、照会先の回答を当会から申出会員に送付する際に、使用するレターパック（レターパックで収まらないときは宅急便）の料金が必要であり、口座から引き落とされます。

　申出は事件単位で1件の照会と考え、相互に関連がない事件を一緒に申出したとしても1件とはみなしません。

　この弁護士会事務局の受付の段階で、必要書類の不備等について、補正を求められることがあります。

2 必要書類（愛知県弁護士会の場合）

（1）下記書類等を提出する必要があります。
　①　「照会申出書」（巻末資料3-1）　　　　　　　　　1枚
　②　「受任事件及び照会を求める理由」（巻末資料3-2）　2枚
　③　「照会を求める事項」（巻末資料3-3）　　　　　　3枚
　④　依頼者からの「委任状」の写し　　　　　　　　　2枚

　⑤　封筒

※　貼付郵券は、原則として、送付用が94円＋320円（簡易書留料金）、返信用が84円＋320円（簡易書留料金分）です（照会先からの報告の分量が多いと予想される場合や多くの資料の添付が予想される場合は、予返信用の封筒に貼付する切手は多めに貼付する必要があります）。

（２）愛知県弁護士会の会員は、照会用紙の書式を愛知県弁護士会ホームページからダウンロードすることができます。

（３）法律扶助事件、国選弁護事件の場合は、「負担金・費用減免申請」が可能です。この申請は照会申出と同時に提出してください（巻末資料1の「9条」参照）。

　ただし、法テラスの事件の場合、弁護士会照会の手数料は、国選弁護事件では訴訟準備のための費用として3万円を限度に、民事扶助事件では5,000円を限度に、それぞれ法テラスから実費が支給されるので、負担金（手数料）が免除となるのは、実費支給額を超過している等の理由により法テラスから支給を受けられないケースに限られます。

（４）「委任状」は、受任事件の存在及び委任関係の有無を確認するためのものですので、弁護士会照会用の委任状ではなく「受任事件」自体の委任状の写しをご提出ください。

（５）「受任事件及び照会を求める理由」の照会先への送付を希望しない場合は、「照会申出書」の所定の欄に、その理由を記載していただくことになります。

　不送付の可否についても、調査室において審査し、調査の密行性が特に要求される等の事情が認められる場合には、不送付を可とする判断がなされます。ただし、照会先に対して、照会の理由、必要性等、回答するか否かの利益衡量の材料を全く提供することなく照会することになるため、回答が拒否されたときに、「通知書」の送付等により回答を強く求めること（本章Ⅳ参照）ができないことになります。

（６）照会先の要求により、添付資料が必要な場合があります。例えば、相続関係を示す戸籍謄本類の提出が必要な場合もあります。この場合は、原則として照会先送付用と弁護士会審査用の写し2部をご提出ください。

照会申出の際の裏付け資料の提出について

　愛知県弁護士会では、弁護士会照会の申出に当たって委任状の写しの提出を求めており、また、事案によっては、判決書等やその確定証明書の写し、戸籍等の写しなどの提出を求めています（愛知県弁護士会の弁護士会照会手続規則 5 条 5 項に基づくものです）。弁護士会照会調査室から照会申出会員にこれらの必要な資料が足りていない旨の連絡をすると、時間や手間がかかること、回答を急いでいること、他の弁護士会の中にはこれらの資料の提出を求めていないところがあることなどを理由に、直ちに応じていただけないことがあります。

　しかし、弁護士法23条の 2 は、弁護士会照会の制度の適正な運用を図るために、照会権限を弁護士会に付与し、個々の弁護士の申出が上記制度の趣旨に照らして適切であるか否かの判断を当該弁護士会の自律的な判断に委ねていますので、弁護士会には、当該照会申出が適切なものであるか否か、確認する責務があります。

　愛知県弁護士会では、照会申出の理由に記載された事実の裏付けとなる資料の提出を求めており、かかる資料は受任事件の処理に当たって弁護士が通常取得するであろうと思われるものがほとんどです。このような運用をすることが、弁護士会照会制度に対する信頼に繋がるものと思われますので、ご理解いただきますようお願い致します。

Ⅱ　弁護士会による照会申出審査

1　調査室

　受付がなされた照会申出については、弁護士会において、照会を行うか否か審査することになります。愛知県弁護士会においては、弁護士会照会調査室を設置して審査しています。

　同調査室では、調査室長 1 名、調査室員11名の体制で、12名が交替で毎日の

照会申出審査にあたり、問題のある照会申出については、調査室員から修正等を求めるほか、場合によっては調査室会議等において対応・協議しています。

弁護士会照会調査室の役割

　弁護士会照会は弁護士法に基づく制度であり、会員から申出のあった内容について各地の弁護士会が責任をもって審査のうえ、発出しています。そして、審査体制や運用の詳細については、各単位会が実情（件数、会内組織、会員数等）を踏まえて決定しています。

　愛知県弁護士会においては、従前担当副会長が審査を行っていましたが、件数増加に伴い、平成18年4月に調査室（平成25年4月以降は弁護士会照会調査室に改称）が設置され、以降、弁護士会照会全般に関する専門部署として審査等の対応をしています。

　具体的には、原則として毎日、調査室員が2名体制で必要性相当性を検討し、基準を充たすものに限り、審査を通しています。この審査において、照会理由や照会事項について不適切な部分や不明瞭な部分があれば、申出会員に対して補正依頼をしたり、時に取下げを促したりするなどの対応をしています（申出会員には適宜適切な対応をして頂いております。その意味では、適正な弁護士会照会制度の運営は、申出会員の制度に対する理解と協力により成り立っているといえます）。当日の担当者の協議を経ても結論が出ず、より慎重な判断が必要なものについては、メーリングリストや月2回開催している調査室会議において調査室員全員（12名）で議論し、その当否を決定しています。

　また、調査室では、照会先からの拒否回答に対する通知書発送（理由のない回答拒否に対しては再考を促す通知をすることがあります）、過剰回答に対するマスキング（照会事項以外の回答についてはプライバシー等の観点からマスキングを施すことがあります）、公的機関との折衝、日弁連や他の単位会との意見交換、回答傾向の調査、弁護士会照会に関する会員向けニュースの発行などの業務を行っています。

　弁護士会照会制度は弁護士会に与えられた有用な証拠収集手段である一方、濫用されることのないように厳正な運用が求められています。愛知県弁護士会では、上記の体制を構築し適正な運用を行っています。

2　審査の流れ

（1）照会申出審査は、原則として照会申出日の翌日に行い、照会申出が相当であると判断した場合には、その翌日までに照会先に照会書を発送する取扱いとなっています。

（2）照会申出審査にあたっては、愛知県弁護士会が定める弁護士会照会手続規則（巻末資料1）、弁護士会照会申出審査基準規則（巻末資料2）に従い、照会の必要性、相当性を判断しています。

　照会理由や照会事項に不備がある場合は、調査室員より、照会申出会員に対して補正を求めることになります（愛知県弁護士会、弁護士会照会手続規則5条1項）。この補正に応じない場合は、申出を拒絶されることもあります（同条2項）。

（3）照会の申出を拒絶された会員は、弁護士会に対して異議申立てを行うことができ、常議員会の議に付されます。常議員会の議決に対しては、不服申立てができません（愛知県弁護士会、弁護士会照会手続規則6条）。

　なお、照会の申出の拒絶の可否については、部分社会の法理により「法律上の争訟」には該当せず司法審査の対象とはなりません（札幌高判昭和53年11月20日〔判タ373号79頁〕参照）。

Ⅲ　照会先からの回答の取扱い

　照会先から回答があった場合、照会申出会員に回答書を交付し（回答として余分な情報と判断した場合にはマスキングした上で）、会員から受領書を提出してもらう扱いとなっています。

　照会先から1か月以上回答がない場合、申出会員から督促の依頼があれば、弁護士会名で、照会先に対し「ハガキ」（巻末資料11）による督促を行っています（愛知県弁護士会、弁護士会照会手続規則7条1項）。

回答のマスキング処理について

　弁護士会が照会先から受けた回答の中で、照会理由や照会事項に照らして過剰な回答がなされている場合、愛知県弁護士会では、弁護士会照会調査室において個別検討の上、必要に応じて、マスキング処理をした上で申出会員に送付しています。

　弁護士会照会を受けた照会先では、守秘義務や個人情報保護法等の規制がある中で照会理由や照会事項を検討し、拒否する正当な理由がない限りは、照会事項に対応する回答をすることになります。

　しかし、時に、照会先において照会事項として照会されていない事項の回答をすることや、回答に代えて又は回答に添えられた資料に、照会内容とは全く関係ない第三者の情報が記載されていることなどがあります。

　このような過剰回答は、照会先が、過剰な情報として開示してしまった第三者から、プライバシー侵害等を理由に損害賠償請求を受ける可能性が生じ、場合によっては弁護士会も損害賠償請求の対象とみられかねません。ひいては、一般市民からの弁護士会照会における弁護士会の審査への信頼を損なうことになりかねません。

　そのため、過剰回答があった場合、①照会先に、その回答の内容を確認してもらい、一度照会先に回答を返送して、過剰部分を削除した上で回答を受ける、②弁護士会において、明らかな第三者情報や照会事項を超えた回答部分についてマスキング処理をした場合、弁護士会にてマスキング処理をした旨のメモを添付の上で申出会員に送付する、等の対応をしています。

Ⅳ　照会先から拒否回答がなされた場合

　照会先から拒否回答がなされた場合は、必要に応じて、調査室会議に付し、その対応を検討します。

　調査室会議は月2回行われ、調査室員全員で協議します。その結果、不当な拒否回答であると判断されたものについては、理事者の承認を得た上で、会長

名にて「通知書」を発送し、照会先に対して回答を強く求めています。照会先への通知書の発送により、同種の回答について回答拒絶から一転して回答されるようになったケースや、調査室と照会先との間で意見交換会を行った結果、回答が得られるようになったケースもあります。

V　費用発生の可能性

　照会先から実費等の費用が請求される場合、その費用は申出会員の負担となります（愛知県弁護士会、弁護士会照会手続規則8条2項）。愛知県弁護士会では、当該費用等は指定された口座から引き落とされることとなっています。

　照会先から請求される費用が明らかに不当に高額である場合は、弁護士会から照会先に申入れを行うこともあります（愛知県弁護士会、弁護士会照会手続規則8条4項）。

　なお、照会事項等に、予め「費用が発生する場合にはご請求ください」と付記して、照会先の負担に配慮を示すのも一つの方法です。

第3章

照会申出書の作成方法と
問題点

I 受任事件の表示

1 受任事件

　照会申出をするには、事件を受任していることが前提となりますので、受任事件を表示する必要があります。具体的には、事件名、裁判所に係属している場合は係属裁判所・事件番号、係属していない場合は、受任業務の内容（示談交渉等）を記載します。

　受任事件がない場合は、照会申出はできません。したがって、弁護士会照会だけの委任ということは認められません（愛知県弁護士会、弁護士会照会申出審査基準規則４条１項）。

　訴訟を提起していなくても照会は認められます。また、法律相談のみの場合も受任事件に属すると考えます（同規則４条２項(1)号）。

　弁護士は、破産管財人、相続財産管理人等の立場である場合、形式的には自ら当事者または当事者に準ずる地位にあります。しかし、性質上は他人間の事件であり、その実質においては代理人として行うところと差異がないので、これらの事件についても「受任事件」に該当するとされます。

　事件名の表示と委任状記載の事件名が一致しているかどうかご確認ください。

2 当事者

　事件の当事者も表示します。裁判所に係属している場合は、その手続における地位（原告・被告等）も記載します。

　当事者の表示も委任状と一致しているかどうかご確認ください。

Ⅱ　照会先

1　「公務所」または「公私の団体」

　照会先は、「公務所」または「公私の団体」です。法人格の有無、規模の大小は問いません。公務所または公私の団体の報告は一般的に信用性が高いですし、資料の保管、回答の手続等が一般に整備されていて報告義務を課しても酷とはいえないからです[7]。

　逆に、個人は照会先から除外されることとなります。ただし、個人であっても、一個の組織体として社会的機能を営むと認められるものについては、団体に準じるものとして照会することができます。そのため、法律事務所、税理士事務所、個人経営の医院等も照会先となります（愛知県弁護士会、弁護士会照会申出審査基準規則3条参照）。

　一方、所有する分譲マンションの一戸を他人に賃貸しているにすぎない個人を照会先とする照会申出は、当該個人が一個の組織体として社会的機能を営むといえる事情（例えば賃貸を業としている等）を具体的に説明しない限り、容易には認められないこととなります[8]。

2　照会先の特定

　照会先の規模が大きい場合は、担当部局を宛先にすべきです。

　照会先については、関連法令等を調査すれば判明することが多くありますが、電話等で事前に照会先に確認した方が確実です。

　照会先が公務所や大企業等の場合、一般的には、当該組織の長が宛先となると考えられますが、実際には、多くの部署・担当者に分かれているのが通常であり、具体的な所管・担当部署を宛先とした方が速やかに回答を得られます。

7　京都地判平19年1月24日（第1部第1章裁判例❼）、日本弁護士連合会調査室編『条解弁護士法　第5版』（弘文堂、2019年）177頁参照。
8　小畑明彦「23条照会の理論と実務」二弁フロンティア2014年8・9月合併号43頁、日本弁護士連合会『平成27年度研修版現代法律実務の諸問題』（第一法規、2016年）878頁参照。

例えば、「○○株式会社　御中」とするのでなく、可能な限り絞り込み、「○○株式会社○○統括センター○○部○○課（課長）」としたほうが確実です。

　なお、通信事業者は照会先の部署を指定しているとともに（巻末資料13参照）、時々、照会先部署等の変更がありますので注意が必要です。

3　相手方を照会先とすることは可能か

　事件の相手方に照会を求めることが可能かどうか問題となります。

　この点、相手方に報告義務を課すことは酷ですし、同種の他の手段（当事者照会、文書提出命令）も存在しますので、原則として認められません[9]。

　ただし、相手方が国や地方公共団体の場合には、国民主権・住民自治、証拠の偏在化是正の観点から積極的に回答をすべきですし、報告義務を認めても酷とはいえません。そこで、愛知県弁護士会の現在の運用としては例外として照会先とすることを認めています。

Ⅲ　照会を求める理由

1　照会の必要性・相当性

　照会を求める理由は、弁護士会が審査する際に具体的に利益衡量を行うために必要不可欠の情報です。また、照会先に何故照会に応じる必要があるのかを理解してもらうためにも重要です。

　そのため、単に「裁判所に提出するため」「受任事件の調査のため」といった記載では足りません。受任事件の概要、照会を求める事項が受任事件の重要な争点にどのような影響を及ぼすか等照会の必要性・相当性が理解できる程度に、具体的に記載する必要があります（愛知県弁護士会・弁護士会照会手続規則3条4項、愛知県弁護士会・弁護士会照会申出審査基準規則6条参照）。

　特に近時は、個人情報保護法の施行等に起因する過剰な警戒心を背景に、守

9　日本弁護士連合会調査室編『条解弁護士法　第5版』（弘文堂、2019年）177頁、高中正彦『弁護士法概説　第4版』（三省堂、2006年）117頁参照。

秘義務、プライバシー保護等を根拠として、照会先が弁護士会照会に対して回答することに非常に神経質になっています。そこで、その不安感を払拭させるためにも、「照会を求める理由」の記載内容を明確かつ説得的に記載することが重要です。

　一方で、冗長になると照会先が照会内容を理解するのに苦労しますので、要領を得ていることも重要です。また、過剰に理由を記載して事件関係者のプライバシー侵害につながるような場合には法的責任等を追及されることがありうるので注意してください（第 1 部第 4 章Ⅰ参照）。

2　他に調査方法がある場合

　住民票の写しの交付請求等（住民基本台帳法12条の 3 第 3 項、戸籍法10条の 2 ）等他に簡易な調査方法がある場合、照会の必要性がないので照会は認められません。

　一方、他に調査方法があるとしてもその方法が必ずしも簡易ではない場合は、公的な役割を担う弁護士に対する情報収集手段の付与という弁護士会照会の制度趣旨からして、他の方法があるからといって直ちに弁護士会照会による必要性なしと判断されるわけではありません。岐阜地判平成23年 2 月10日（第 1 部第 1 章裁判例❾）では、照会先（岐阜市）は、個人情報保護条例に基づく情報開示請求制度が存在していることを理由に弁護士会照会の必要性がないことを主張したのに対し、「両者は制度趣旨を全く異にするほか、弁護士照会制度の上記重要性に鑑みれば、同制度の機能が情報開示制度の存在により限定されると解すべき理由はない」と判示して、制限的には解していません（他に、京都地判平成29年 9 月27日〔同裁判例⓳〕参照）。

　なお、あえて弁護士会照会によらなくても回答を得られる場合、他の手続の方が容易に目的を達せられる場合もありますので、弁護士会照会のみに固執することなく幅広く方法を検討するとよいでしょう。例として情報公開請求、個人情報の開示請求、法務局における閲覧請求等が挙げられます。

3　財産探索的な照会

　（仮）差押えをするために、財産調査目的で弁護士会照会がなされる場合があります。

　これは、債務名義がある場合と債務名義がない場合で区別されます。すなわち、債務名義がある場合は、判決により権利の存在が認められているため、照会は可とされやすくなります。この場合は、債務名義の事件番号等債務名義を特定する情報を記載する必要があります（照会先によっては債務名義の写し等の提出を求められます）。

　一方、債務名義がない場合は、権利の存在が不明確であり、後に権利の存在が否定される可能性もあることから安易に照会を可とすることはできません。従って、債務名義取得前の財産探索を目的とする照会については、債務名義取得前に財産探索をすることの必要性・相当性を明記することが必要です[10]。そして、一定の場合には権利の存在について疎明資料の提出を求めることがあります。

Ⅳ　照会を求める事項

1　明確かつ限定的

　照会を求める事項は、照会先が回答しやすいように明確かつ限定的に記載してください（愛知県弁護士会、弁護士会照会手続規則3条3項）。

　照会申出は、「照会を求める理由」に基づくものと認められる範囲の「照会事項」についてのみ、必要性・相当性が認められます。照会事項が広範に及んでいる場合や、照会理由と関連性の希薄な事項の場合については照会を求めることができません。

　例えば、離婚事件における財産分与のために配偶者名義の預金の取引履歴を求めておきながら、婚姻前の期間のものも対象として請求している場合は過大な照会事項として認められません。

　また、被相続人の取引履歴を死亡前5年以上遡って照会を求める例が散見されます。しかし、大半の場合は限定が必要と思われます。最一小判平成21年1月22日（判時2034号29頁）では、被相続人名義の預金の取引履歴に関し、各相

10　青木優子「23条照会の実務と展望」二弁フロンティア2010年10月号29頁。東京弁護士会調査室『弁護士会照会制度　第5版』（商事法務、2016年）220頁参照。

続人に単独での開示請求権を認めながらも、「開示請求の態様、開示を求める対象ないし範囲等によっては、預金口座の取引経過の開示請求が権利の濫用に当り許されない場合がある」としています。

　照会先は、照会に対して回答することは本来の業務ではなく、手間もかかります。そのため、照会先が調査や回答をしやすいように照会事項を限定することも必要です。実際にも、金融機関に対する取引履歴の照会については、照会の対象となる期間が長くなればなるほど回答拒否率が高くなる傾向にあります。

2　対象となる情報の特定

　照会先が照会事項につき特定・検索しやすいように、必要な情報（本籍・住所・氏名及びふりがな、生年月日、契約・口座等の記号番号、会社の顧客管理番号等）を漏れなく正確に提供してください。なお、照会先において照会事項に回答するために必要な情報は照会先によって異なりますので、本書の該当箇所を参照するか、事前に照会先に可能な限り確認してください。

3　書類の写し（コピー）を求めること

　弁護士会照会は、条文上「報告を求める」ものとなっており、本来は、書類の写しを求めるものではありません。しかし、筆跡や印影それ自体の形状が問題になっている場合には、回答をするには写しを用いなければ困難です。また、回答する側としても写しを交付する方が効率的である場合もあります（自動車登録事項証明書、実況見分調書、物件事故報告書等）。

　そこで、愛知県弁護士会の取扱いとしては、①筆跡や印影それ自体の形状が問題となっているものについては、写しを求めることを許容し、②それ以外の場合は、「ご回答に代えて写しを送付いただければ幸いです。」、「コピーによってご回答されても結構です。」等と記載することを許容しています[11]。

....

11　日本弁護士連合会『弁護士会照会マニュアル』26頁、佐藤三郎ら『弁護士会照会ハンドブック』（きんざい、2018年）56頁、東弁・前掲書32頁、大阪弁護士会司法委員会編『弁護士法23条の2に基づく照会の手引新版』（大阪弁護士会、2010年）参照。

4　意見・判断を求める照会

　弁護士会照会は、証拠収集のための制度であり、照会を求める事項について、「必要な事項」と限定しています。また、照会先の報告義務は、手元の資料から容易に報告書を作成することができる範囲で認められます。

　したがって、照会先において容易に判断できる法律解釈や医学的意見等の例外を除いて意見を求めることはできません（愛知県弁護士会、弁護士会照会申出審査基準規則5条2項）。

　よく、医療機関に対して容易に記載できないような詳細な意見等を求めることにより医療機関との間でトラブルとなるケースがみられます。

　なお、行政当局に対して法令に関する実務上の取扱い例を求める場合には、照会先が容易に判断できる場合として照会が認められる余地があります。

Ⅴ　照会先への照会理由の不送付

　照会理由を照会先に送付しないことを希望する場合は、その理由を記載してください。弁護士会がそれを相当と認めた場合は、照会理由を送らないこともできます。

　照会理由を送らない場合としては、①調査対象者のプライバシー・名誉に配慮する場合や②照会理由を記載すると、照会先と調査対象者との間で通謀がなされるおそれがある場合が考えられます。

　理由を不送付とすると、照会先が照会の必要性・相当性を判断しにくいため、回答をしていいものか躊躇するというデメリットがあります。また、回答が拒否された場合、理由を送付していない以上弁護士会としても強く回答を求めることが困難となります。

　なお、弁護士会での審査に供する理由と照会先に送付する理由とを分け、弁護士会での審査に供する理由には通常どおり記載し、照会先への送付用には簡潔に理由を記載するという取扱いもあり得ます[12]。

Ⅵ 回答を得られやすくする工夫

1 照会先の立場に立つこと

　照会先としては安易に弁護士会照会に回答することによりトラブルに巻き込まれることは避けたいと考えています。そこで、照会理由及び照会事項を分かりやすく、説得的に記載する必要があります。

　また、弁護士会照会への回答は本来の業務ではないため、回答しやすいように極力照会先の負担を軽減する必要があります。そこで、照会事項を限定する必要があります。高圧的な文章で書かれている場合や、照会先に対して糾弾的な場合や、回答期限を一方的に設定している照会申出もありますが、これらの記載は相当ではありません。

2 事前折衝

　突然照会を受けた照会先は何について照会を求められているのか戸惑ったり、あるいは回答することについて自己の法的責任が発生しないものか疑問を抱いたりするものです。そのため、事前に話を通しておくとスムーズに回答が得られる可能性が高いといえます。

　照会先において照会事項に回答するためにどのような情報が必要か、照会内容が複雑な場合はどのような照会事項にすれば的確な回答が得られるのか等、事前に照会先に確認しておくべきでしょう。

　照会先が公務所や大企業等の場合には、実際には、多くの部署・担当者に分かれているのが通常ですので、事前に具体的な所管・担当部署を確認して照会先を特定した方がよいでしょう。

　また、照会の趣旨が理解されれば、直接回答が得られたり、他の手続を教えてもらえたりする等、弁護士会照会という手続によらずして必要な情報が得られる場合もあります。

12　佐藤三郎ら・前掲書49頁、第一東京弁護士会『弁護士法第23条の2照会の手引　6訂版』（一弁、2016年）12頁、佐藤三郎「制度を維持するために注意すべき点」自由と正義2015年1月号40頁参照。

第4章 申出弁護士が注意すべきこと

Ⅰ 関係者の名誉・プライバシー・信用等への配慮

　相手方を意図的に誹謗する記載や、悪意に満ちた記載がある場合、照会は認められません。

　そのような意図がない場合でも、評価が入るような記載は慎重にしてください。相手方について、特に刑事事件が確定しているわけでもないにもかかわらず、「詐欺行為」と断言して金融機関や取引先に照会する場合、相手方の信用を毀損したとして懲戒問題や賠償問題に発展しかねませんのでご注意ください。このような照会の場合は、「依頼者は、相手方の行為が詐欺行為に該当すると主張して……。」と記載する等表現を工夫してください。

　また、照会を求める事項との関係で余事記載をしないように注意してください。相手方の不当性を強調しようとするあまり、照会事項とは関係がないにもかかわらず相手方のプライバシーに関する点まで記載する場合も賠償問題等に発展する可能性があります。特に、相手方の勤務先や、関係者（例えば離婚事件で親権が問題となっている事件の対象となる子）が通学している学校に対して照会するような場合は慎重に記載してください。

　なお、相手方へのプライバシーを配慮する方法としては理由を不送付とするか、審査に用いる理由と照会先に送付する理由を分けるという方法も考えられます。ただし、その際のデメリットは第1部第3章Ⅴを参照してください。

愛知県弁護士会における相手方の勤務先への照会の実情

　本文（本章Ⅰ）にも記載されているとおり、照会の申出を行う際には相手方の名誉やプライバシー、信用等への配慮がされるべきです。

　特に、相手方の勤務先への照会については、自らが個人的なトラブルを抱えていることを勤務先には知られたくないという相手方のプライバシーへの十分な配慮が必要であり、どうしても相手方の勤務先に照会を求めざるを得ない場合でも、申出をする会員には表現の工夫等に努めていただきたいところです。

　一方、会員からの照会申出を審査する側においても同様に、審査に際してプライバシー等への配慮には気を付けており、特に、相手方の勤務先への照会の申出がされているような場合には、その必要性、相当性を慎重に検討するよう心掛けています。

　そういった中で、例えば、債務名義のある執行段階において相手方の給与等の支給内容の照会がされる場面では、債務を履行しようとしない相手方のプライバシーよりも債権者の権利の実現が優先されるべき状況に至っているものとして必要性・相当性が高いものと捉えています。

　また、婚姻費用や養育費、財産分与等が争われる事件において、相手方が収入の開示を求めても全く応じない、相手方が調停に出頭しない等といった事情がある場合にも、必要性・相当性が高いものと考えています。

Ⅱ　守秘義務

　照会により回答を得られた弁護士は、回答書の取扱いについては厳重に管理しなければならず、理由なく第三者に知らせてはなりません。弁護士には職務上知った秘密を保持する義務が課されることから（弁護士法23条）、当然のことです。

Ⅲ　目的外使用の禁止

　照会先は、個人のプライバシーに関わる情報や、照会先の守秘義務の対象と
なる情報を回答しなければならないことがあります。これは弁護士会照会が弁
護士の公的責務に鑑み、受任している事件の解決のために特に法律により弁護
士に認められた調査・証拠収集手段であり、照会に対して報告義務が課せられ
るからです。

　したがって、照会により得られた回答を、照会申出書に記載された受任事件、
目的以外に使用してはなりません（愛知県弁護士会、弁護士会照会手続規則10
条）。そのため、回答書を照会目的と無関係な第三者に交付したり、集会で配布
したり、照会目的と異なる事件等に流用したりすることは、禁止されています。

　目的外で使用すると、照会申出会員や弁護士会に対してプライバシー侵害等
を理由とする損害賠償請求がなされる可能性や、照会申出会員に対する懲戒処
分の対象となり得ますので注意してください[13]。

　回答書の写しを依頼者に渡した場合、依頼者を通じてその写しが第三者に交
付される可能性を全て排除することは事実上不可能ですので、回答書は原則と
して申出会員が手元で保管し、依頼者との委任契約に基づく報告義務の履行は
口頭で行うか別途報告書を作成するなどして行うべきであると考えます。例外
として回答書を依頼者に渡さざるを得ない場合には、依頼者に目的外使用をし
ないことを確約してもらってから回答書を渡すようにしてください[14]。

Ⅳ　濫用のいましめ

　現在、諸裁判例は、弁護士会照会制度に対して高い評価をしています。例え
ば、大阪高判平成19年１月30日（第１章裁判例❹）においては、弁護士の職務
について「単に依頼者の個人的な利益を擁護するためのものではなく、極めて
公共性の強い性格のものと位置づけられている。」と述べたうえで、弁護士会照

13　梅本吉彦「弁護士会照会制度の現代的意味」自由と正義2011年12月号12頁参照。
14　司法研修所編・前掲書80頁参照。

会制度は「弁護士が、受任している事件を処理するために必要な事実の調査及び証拠の発見、収集を容易にし、これによって当該事件の適正な解決を図ることが意図されているもので、我が国の司法制度を維持するための一つの制度であると解される。」としています。

　また、梅本吉彦教授は、弁護士会は弁護士会照会に関し厳格な手続と内部審査制度を設けて厳しい運用を行っており、弁護士自身も職務の重大性を深く認識していると評価しています[15]。

　このように弁護士会照会が適切に運用されていることを前提に裁判例や学説が、弁護士会照会に関して報告義務を認めていることからすると、照会の必要性・相当性が欠けているにもかかわらず安易に照会申出を行うことは控えなければなりません。

15　梅本吉彦「民事訴訟手続における個人情報保護」法曹時報60巻11号30頁参照。

第5章 その他の証拠収集

証拠収集の方法は、弁護士会照会以外にも様々な方法があります。したがって、弁護士は各方法の存在及び特徴を踏まえたうえで、必要な証拠を収集する必要があります。

I 民事訴訟法等における証拠収集

1 提訴後の証拠収集方法

(1) 当事者照会（民訴法163条）
　訴訟係属中に、相手方に対し、主張または立証の準備のために必要な事項について、相当の期間を定めて、書面で回答するよう、書面で照会する手続です。

(2) 調査嘱託（民訴法186条、家事手続法64条、同258条1項）
　受訴裁判所が、公私の団体に対し、必要な事実の調査報告を嘱託する手続です。

(3) 鑑定嘱託（民訴法218条1項、家事手続法64条、同258条1項）
　受訴裁判所が、官公庁または相当の設備を有する法人に対して鑑定の嘱託をする手続です。

(4) 文書送付嘱託（民訴法226条、家事手続法64条、同258条1項）
　受訴裁判所が、文書の所持者に対し、その文書を送付することを嘱託する手続です。

（5）検証物の送付嘱託または提示命令（民訴法232条 1 項、 2 項、同226条、家
　　事手続法64条、同258条 1 項）
　受訴裁判所が、検証の目的物の所持者に対し、その物を送付することを嘱託
する手続です。

（6）文書提出命令（民訴法221条、家事手続法64条、同258条 1 項）
　受訴裁判所が、文書の所持者に対し、その文書の提出を命令する手続です。

（7）訴訟記録の取寄せ申請
　受訴裁判所の属する裁判所の保管する他の事件の記録を証拠とする手続で
す。当該裁判所以外の裁判所で保管する記録については文書送付嘱託の方法に
よることとなります。

　上記各制度は、（1）を除きいずれも当事者双方の意見を聞いたうえで、裁判
所の証拠決定を前提に利用できるものです。裁判所を通じての証拠収集である
ことから、回答が得られやすいという側面があります。
　一方で、訴訟係属、裁判所の証拠決定を前提としており、収集された証拠が、
有利不利を問わず相手方の目にも触れるという側面があります。

2　提訴前の証拠収集方法

（1）提訴前照会（民訴法132条の 2 ）
　上記 1 （1）の訴訟提起前の段階での手続です。訴えの提起の予告通知が必
要となります。
強制力がないので、相手方から回答を得られることができるかが問題になりま
す。

（2）提訴前証拠収集処分（文書送付嘱託、調査嘱託、専門家の意見陳述の嘱託、
　　執行官への現況調査命令〔民訴法132条の 4 〕）
　提訴前当事者照会が行われた場合に、さらに訴訟が提起された場合の立証の
ために必要であることが明らかな証拠について、自ら収集することが困難であ
ると認められるときは、相手方の意見を聴いて、訴訟提起前に文書送付嘱託等
の処分を裁判所に求めることができます。

裁判所の証拠決定を前提とし、有利不利を問わずに相手方の目にも触れるという側面があります。

3　証拠保全（民訴法234条）

訴訟係属前または係属後、訴訟における証拠調べの時期を待っていては、証拠調べが不能または困難になる事情がある場合に、特定の事実についての証拠を予め調べておき、事実認定に役立たせるための証拠調べ手続です。

弁護士会照会同様、訴訟係属しているか否かにかかわらず利用できる手続です。

しかし、利用するためには保全の必要性が厳格に要求されます。また、有利不利を問わずに相手方の目にも触れるという側面があります。

Ⅱ　刑事記録の収集（刑事事件記録・少年事件記録の閲覧・謄写）

1　刑事確定訴訟記録

当該記録を保管する検察庁（刑事確定訴訟記録法2条1項）に対し、閲覧・謄写を求めることができます（刑訴法53条1項）。実務の運用上、訴訟や示談等のために必要な場合にのみ閲覧が許可されます。

したがって、この場合、弁護士会照会は必要ありません。

保管期間は、罪名によって異なります（刑事確定訴訟記録法2条2項別表参照）。

2　公判段階

原則として、閲覧・謄写はできません。しかし、当該刑事事件の被害者等またはその法定代理人（これらの者から委託を受けた弁護士を含みます）は、第1回公判後終結までの間に、閲覧・謄写をすることは可能です（犯罪被害者保護法3条）。また、同種余罪の他の被害者の場合（具体的には、同種の消費者被

害の詐欺事件を広く行った場合の一被害者）にも、同様の時期であれば、「犯罪の性質、審理の状況その他の事情を考慮して相当と認めるとき」は閲覧・謄写が可能です（同法 4 条）。

したがって、この場合、弁護士会照会は必要ありません。

3 不起訴記録

不起訴となった事件の場合、その記録はすべて公判開廷前の訴訟に関する記録に該当するものとして、原則として非公開とされ、公益上の必要その他の事由があって、相当と認められる場合に、例外的に公開が認められます（刑訴法47条）。この点、具体的な運用については法務省が次のような指針を示しています（詳細は巻末資料17参照）。

（1）被害者参加対象事件については、事件の被害者等は、弊害がない限り原則として、閲覧・謄写が認められます。そして、客観的証拠（実況見分調書、写真撮影報告書）については、原則として代替性の有無にかかわらず、相当でないと認められる場合を除き、閲覧・謄写が認められます。

（2）被害者参加対象事件以外の事件については、被害者等は、民事訴訟等において被害回復のための損害賠償請求権その他の権利を行使する目的である場合は必要性が認められ、弊害がない場合は、閲覧・謄写が認められます。

一方、被害者等以外の者から請求があった場合は、相当と認められるときに閲覧・謄写が認められます。例えば、交通事故の加害者が民事賠償における過失の有無や過失相殺の程度を確認するために閲覧・謄写請求をする場合は、認められることが一般です。この場合は、弁護士会照会の手続を経ることが必要となります。

いずれの場合も、閲覧・謄写の対象となる記録は、客観的証拠であって、代替性が乏しく、その証拠なくしては立証が困難であるという事情が認められる客観的証拠です。また、代替性がないとまではいえない客観的証拠についても、必要性が認められ、かつ弊害が少ないときは、対象となります。

（3）供述調書に関しては、民事裁判所の文書送付嘱託によれば開示される場合があります。このためには、以下の要件を具備している場合にのみ開示され

ます。
①　民事裁判所から、不起訴記録中の特定の者の供述調書について文書送付
　　嘱託がなされた場合であること。
②　当該供述調書の内容が、当該民事訴訟の結論を直接左右する重要な争点
　　に関するものであって、かつ、その争点に関するほぼ唯一の証拠であるな
　　ど、その証明に欠くことができない場合であること。
③　供述者が死亡、所在不明、心身の故障もしくは深刻な記憶喪失等により、
　　民事訴訟においてその供述を顕出することができない場合であること、又
　　は当該供述調書の内容が供述者の民事裁判所における証言内容と実質的に
　　相反する場合であること。
④　当該供述調書を開示することによって、捜査・公判への具体的な支障又
　　は関係者の生命・身体の安全を侵害するおそれがなく、かつ、関係者の名
　　誉・プライバシーを侵害するおそれがあるとは認められない場合であるこ
　　と。

（4）なお、刑事記録の話からは少しずれますが、法務省は不起訴事件におけ
る目撃者特定のための情報についても開示の基準を設けていますので、参考ま
でにここで紹介しておきます。
　民事裁判中において、次に掲げる要件をすべて満たす場合には、当該刑事事
件の目撃者の特定に関する情報のうち、氏名及び連絡先を民事裁判所に回答し
ます。
①　民事裁判所から、目撃者特定のための情報について調査の嘱託がなされ
　　た場合であること。
②　目撃者の証言が、当該民事訴訟の結論を直接左右する重要な争点に関す
　　るものであって、かつ、その争点に関するほぼ唯一の証拠であるなど、そ
　　の証明に欠くことができない場合であること。
③　目撃者の特定のための情報が、民事裁判所及び当事者に知られていない
　　こと。
④　目撃者の特定のための情報を開示することによって、捜査・公判への具
　　体的な支障又は目撃者の生命・身体の安全を侵害するおそれがなく、かつ、
　　関係者の名誉・プライバシーを侵害するおそれがないと認められる場合で
　　あること。

4 少年事件

　加害者が未成年である場合は、少年事件となりますので、記録の保管先は、送致先である家庭裁判所になります。記録は、以下の場合を除いて閲覧・謄写できません。

　（1）被害者等及び被害者等から委託を受けた弁護士は、審判開始決定後、閲覧等の理由が正当でない場合その他一定の場合を除いて、裁判所が保管する保護事件の記録（社会記録を除く）の閲覧または謄写をすることができます（少年法5条の2第1項）。ただし、終局決定確定後3年を経過したときは、閲覧及び謄写はできなくなります（少年法5条の2第2項）。

　なお、審判不開始によって終局した場合は、被害者等であっても、下記の（2）により家庭裁判所の許可がないと閲覧及び謄写ができません。

　（2）上記（1）以外の閲覧ないし謄写については、付添人による閲覧の場合を除き、家庭裁判所の許可が必要です（少年審判規則7条1項・2項）。

　閲覧のみが認められるのか、謄写まで認められるのか、閲覧ないし謄写の範囲をどこまで認めるのかなどの判断は、家庭裁判所が当該閲覧ないし謄写の必要性と少年保護事件の秘密性を総合的に考慮し判断します。

　閲覧ないし謄写の請求者が少年本人である場合も、家庭裁判所の許可を得れば閲覧・謄写することができることがありますが、少年の情操保護や関係者の秘密保持の観点などからその範囲は家庭裁判所の判断により制限されることがあります。

　交通事故に関する事件（過失運転致傷死傷罪等）に関しては、当該少年を被保険者とする保険契約の保険会社や、保険代位により加害者に請求権を有する保険会社についても、上記のとおり家庭裁判所の許可があれば、閲覧・謄写が許可されることがあります。

　なお、謄写等が認められる範囲は、裁判所の事案毎の判断となっており、ここで類型化して示すことは困難です。したがって、謄写する文書を具体的に特定できない場合は、「謄写の範囲」としては、「許可される範囲すべて」と記載しておくのが無難です。

　裁判所による閲覧・謄写の許可の諾否やその範囲については、弁護士会照会

によっても裁判所の判断には変化はないものと思われます。むしろ、弁護士会照会の場合は照会申出手数料が必要となり、家庭裁判所においても所長決裁となり、より時間がかかることが懸念されるため、弁護士会照会をあえて使う実益には乏しいものと思われます。

Ⅲ　その他の制度に基づく証拠収集

1　情報公開に関する制度

（1）はじめに

① 証拠収集手段としての有用性

国などの公共機関は、多くの情報を収集管理しており、これらの情報を利用することも考えられます。また、自己情報については、公共機関のみならず、企業等の私的団体であっても、その開示を求めることができます。これらは、弁護士会照会によって回答が得られるケースが多いものの、場合によっては弁護士会照会によらず、それぞれ定められた手続によって情報開示を求めた方が、より迅速、確実に情報開示がなされる場合もあります。

② 弁護士会照会制度との比較

情報公開請求の場合、弁護士会照会制度と異なり、請求の必要性・相当性などの要件が要求されていません。したがって、未だ具体的な紛争になっていない段階でも利用可能ですし、事件処理のヒントが欲しいといった探索的な請求や単なる調査目的の照会も可能です。

また、情報公開請求は比較的低額なので利用しやすいといえます。そして、不開示に対しては不服申立制度がある点も弁護士会照会制度と異なる点といえます。

（2）国（行政機関）の情報公開制度の概要

① 制度の概要

行政機関の保有する行政文書については、原則として何人も、行政機関の長に対し、その開示を請求することができます（行政機関の保有する情報の公開に関する法律〔以下「行政機関情報公開法」といいます〕3条）。対象は行政機

関、即ち国会及び裁判所を除く国の機関です。

　請求を受けた行政機関は、請求に係る文書が存在する場合、当該文書の不開示決定をするには理由が必要です。不開示にできる場合とは、不開示情報（行政機関情報公開法 5 条各号に定められた情報）が記載されている場合です。不開示情報が記載されている場合でも、不開示情報が記載されている部分を容易に区分して除くことができるときは、当該部分を除いた部分について部分開示しなければなりません（行政機関情報公開法 6 条 1 項本文）。

　一部または全部の不開示決定に対しては、行政不服審査法による不服申立てができます（行政機関情報公開法18条）。また、不服申立前置ではないので、不服申立手続を経なくとも、行政事件訴訟法に基づく不開示決定の取消訴訟や、これに併合しての開示の義務付け訴訟が提起できます。

　②　行政機関情報公開法における不開示情報

　ア　個人情報（行政機関情報公開法 5 条 1 号本文）

　特定の個人を識別できる個人に関する情報（事業を営む個人の当該事業に関する情報を除きます）、または公にすることにより、なお個人の権利利益を害するおそれがあるもの。ただし、例外が定められています。

　イ　行政機関非識別加工情報等から削除された所定の記述等（同条 1 号の 2 ）

　ウ　法人等情報（同条 2 号本文）

　法人その他の団体（国、独立行政法人等、地方公共団体及び地方独立行政法人を除きます）に関する情報または事業を営む個人の当該事業に関する情報で、公にすることにより当該法人等の正当な利益を害するおそれあるもの。

　エ　防衛・外交情報（同条 3 号）

　オ　犯罪捜査・秩序維持等情報（同条 4 号）

　カ　審議・検討・協議情報（同条 5 号）

　国の機関等の内部または相互における審議、検討または協議に関する情報で、公にすることにより、率直な意見の交換若しくは意思決定の中立性が不当に損なわれるおそれ、不当に国民の間に混乱を生じさせるおそれまたは特定の者に不当に利益を与え若しくは不利益を及ぼすおそれがあるもの。

　キ　行政運営情報（同条 6 号）

　国の機関等が行う事務または事業に関する情報で、公にすることにより、所定のおそれがあるもの、その他当該事務または事業の性質上、当該事務または事業の適正な遂行に支障を及ぼすおそれがあるもの。

（3）独立行政法人等の場合

① 制度の概要

独立行政法人、日本銀行、日本司法支援センター等の保有する情報については、独立行政法人等の保有する情報の公開に関する法律（以下「独立行政法人等情報公開法」といいます）により、国の機関等とほぼ同様の情報公開制度が定められています。

同法が適用される独立行政法人等とは、独立行政法人通則法2条1項に規定する法人及び独立行政法人等情報公開法別表1に掲げられた法人です。

② 情報提供制度（独立行政法人等情報公開法22条）

独立行政法人等については、独立行政法人等情報公開法22条において、次の情報について国民に対する提供が規定されています。

ア　当該独立行政法人等の組織、業務及び財務に関する基礎的な情報

イ　当該独立行政法人等の組織、業務及び財務についての評価及び監査に関する情報

ウ　当該独立行政法人等の出資又は拠出に係る法人その他の政令で定める法人に関する

③ 基礎的な情報

上記の各情報については、電子政府の総合窓口（e-Gov）にて調査することができます。

（4）裁判所の場合

裁判所の保有する司法行政文書については、「最高裁判所の保有する司法行政文書の開示等に関する事務の取扱要綱」及び「裁判所の保有する司法行政文書の開示に関する事務の基本的取扱いについて（依命通達）」により、行政機関とほぼ同様な情報開示手続が定められています。不服があるときは、苦情の申出てをすることができます。

（5）国会の場合

国会には特に情報公開に関する法令はなく、また、裁判所のような通達等もありませんが、会議録等は、各院のウェブサイトに掲載されています。

（6）地方公共団体の場合

すべての都道府県及びほとんどの市町村（都道府県と市町村を合わせた地方

公共団体1,767団体中1,766団体。総務省調査平成29年10月１日現在)において、情報公開条例（要綱等の場合を含む）が制定されています。その手続、内容等については、おおむね行政機関情報公開法と同様のようです。

（7）文書の特定について

　情報公開制度を利用して文書の開示を求めるにあたっては請求者において対象文書を特定する必要があります。もっとも、請求者が、対象となる行政文書にどのようなものがあるのか（目的とする情報がどの行政文書に記録されているのか）を正確に把握できない場合も多くあります。

　そのような場合には、①情報公開請求によって文書件名簿を先行取得する、②電子政府の総合窓口（e-Gov）にある行政文書ファイル管理簿・独立行政法人等の法人文書ファイル管理簿にて検索する、③直接行政機関等の担当部署（情報公開窓口）に問い合わせをする、などの方法により、対象となる文書を特定していくことになります。

2　各種個人情報保護法に基づく自己情報の開示請求

　自己情報については、以下のとおり、これを保有する各機関等に対して、その開示請求ができます。

①　国の行政機関　　　　行政機関の保有する個人情報の保護に関する法律12条
②　独立行政法人等　　　独立行政法人等の保有する個人情報の保護に関する法律12条
③　地方公共団体　　　　各地方公共団体における個人情報保護条例
④　上記以外の事業者　　個人情報の保護に関する法律28条１項

3　プロバイダ責任制限法に基づく情報開示

　インターネット上の情報流通によって権利が侵害された場合、特定電気通信役務提供者（サーバの管理・運営者や電子掲示板の管理・運営者等）に対し、発信者情報（氏名、住所その他の侵害情報の発信者の特定に資する情報）の開示を求めることができます（特定電気通信役務提供者の損害賠償責任の制限及び発信者情報の開示に関する法律４条）。

4　事件類型ごとの具体例

　以下では、主な事件類型ごとの情報公開請求及び個人情報保護法に基づく自己開示請求の利用例を紹介します（括弧書きは文書等の保有者）。なお、不開示・一部開示となる場合もあります。また、同様の文書を対象とする場合でも、いずれの手続を利用するのかによって、開示の有無や範囲が異なることがあります。

（1）建築事件
　　①　建築確認申請書、配置図、付近見取図、日影図等（市町村の長あるいは都道府県知事）
　　②　中間確認申請書（特定行政庁）
　　③　建築計画概要書（特定行政庁）
　　④　是正勧告書の写し（特定行政庁）
　　⑤　違反建築物調査報告書（特定行政庁）
　　⑥　建築協定書（市町村）

（2）労働事件
　　①　災害調査復命書（各地の労働局）
　　②　労働者死傷病報告書（各地の労働局）
　　③　是正勧告書の控え（各地の労働局）
　　④　指導票の控え（各地の労働局）
　　⑤　是正報告書（各地の労働局）
　　⑥　時間外労働・休日労働に関する協定届（労働基準監督署）
　　⑦　勤務成績（市町村、独立行政法人等）

（3）交通事故
　　①　救急隊・レスキュー隊の報告書（消防署）
　　②　診療報酬明細書（保険者〔社会保険庁等〕及び医療機関）

（4）医療事故
　　①　診療録（医療機関）

② 診療報酬明細書（保険者〔社会保険庁等〕及び医療機関）

（5）火災
① 火災調査報告書（消防署）
② 救急隊・レスキュー隊の報告書（消防署）

（6）高齢者
① 診断書・診療録・介護記録（医療機関・介護施設）
② 介護保険関連の資料（市町村、厚生労働省）
③ 相談の記録（市町村）
④ 介護保険事故報告書（市町村）
⑤ 救急活動記録（市町村の消防署等）

（7）その他
① 学校事故、いじめに関する報告書（都道府県、市町村）
② 学業成績（都道府県、市町村、独立行政法人）
③ 防犯カメラ映像（都道府県、市町村）
④ 食品衛生責任者（保健所〔都道府県、市町村〕）
　　※飲食店の個人経営者特定の一資料として有用

第2部

各 論

第1章 相手方の所在等の調査

Ⅰ はじめに

　事件を受任したとき、相手方の所在を調査するには、まず、職務上請求によって相手方の住民票を確認することから始めます。しかし、住民票では相手方の所在が明らかでないというケースは少なくありません。また、そもそも相手方の氏名さえも判明しない場合もあります。このような場合、相手方に関係のある情報を手がかりに、弁護士会照会によって相手方の所在を調査することができます。

　この点、名古屋高判平成27年7月30日（判時2276号38頁）では、公示送達の方法により判決がされた後、同判決に基づく債権差押命令は旧住所宛の郵便により現住所に転送されて交付されたことから、相手方が公示送達の無効を主張して争った事案に関し、現住所について弁護士会照会等により調査をしなかったことなどを指摘した上で公示送達が民事訴訟法110条1項1号の要件を満たさない申立てに基づいてされたものであるとして無効と判断されています（この判決では、傍論で「弁護士法23条の2所定の照会…をする場合には、照会先又は嘱託先がこれに回答すべき義務は、秘密保持義務に優先すると解すべきである…」と述べられている点も重要です）。

　なお、弁護士会照会によっても相手方の所在が判明しなかったときは、その旨を明らかにした上、被告の所在が不明であるとして訴訟提起し、裁判所に対し、釈明処分としての調査嘱託（民訴法151条1項6号、2項、186条）を促す方法が考えられます。住所が不明のまま訴訟提起をした場合、住所調査のための調査嘱託に消極的な裁判所もあり、回答拒否をもって調査嘱託の必要性を明らかにするため、弁護士会照会をした方がよいといえます。

　この点、名古屋高金沢支決平成16年12月28日（判例集未登載）においては、振込詐欺の案件で、訴え提起前に、弁護士会照会等により、所轄の警察署長、預金口座のある銀行に問い合わせるなどしたが、回答を得られず、住所等が特

定できないまま訴えを提起して、同時に、上記銀行に調査嘱託の申立てをした
ケースについて、被告の特定に困難な事情があり、原告において、被告の特定
につき可及的努力を行ったと認められる例外的な場合には、上記調査嘱託等を
することなく、直ちに訴状を却下することは許されないとの判断がなされてい
ます。

　また、違法な海外商品先物取引の勧誘が行われた事案（東京高判平成21年12
月25日〔判タ1329号263頁〕）や株式の買い付けを装った詐欺事案（東京高決平
成22年8月10日〔証券取引被害判例セレクト38号248頁〕）において、裁判所は、
相手方会社の当時の従業員（すでに在籍していない）を被告とするにあたって
その住居所が不明な場合、「氏名」と「旧就業場所」・「最後の就業場所」（相手
方会社の本店所在地）の表示がされていれば、訴状の「請求の原因」欄の記載
による補充によって自然人である当事者として特定がされているものというべ
きであるとの判断をしています。

名古屋市における隣地所有者の確認方法

　土地の境界確認を行う場合には、現在の隣地所有者の住所・氏名に関する
情報（以下「隣地所有者情報」）が必要となります。通常、隣地所有者情報は、
登記簿謄本により明らかになりますが、隣地所有者が相続登記や住所変更登
記を怠るなどしているため、直ちに隣地所有者情報が判明しない場合があり
ます。

　このような場合、弁護士会照会により、地方自治体の税事務所に対し、隣
地の固定資産税に係る納税義務者の住所・氏名の照会を行うことがあります。
しかしながら、このような照会については、地方税法22条（秘密漏えいに関
する罪）を根拠に回答が拒否されることが多いのが実情です。

　愛知県弁護士会としては、地方税法22条を根拠として一律に回答を拒否す
ることは不当と考えていますが、名古屋市においては、弁護士会照会によら
ず、以下の方法により隣地所有者情報を取得することが可能な場合がありま
す。

　すなわち、名古屋市の税務証明事務取扱要綱によれば、土地の所有者が、
所有する土地の境界を明らかにするため当該土地の隣地所有者に境界確認へ

の立会いを求める必要がある場合に、隣地所有者の住所を把握するため、登記簿調査その他可能な限りの調査を実施したにもかかわらず、その住所を把握できない時は、当該土地所有者は、管轄の市税事務所から、隣地に係る物件証明に限り発行を受けることができることとなっており、これにより隣地所有者情報を取得することが可能です。具体的手続としては、管轄の市税事務所に対し、隣地に係る物件証明申請書を提出し、物件証明の発行を受けることとなります。

なお、名古屋市以外の市町村においても、名古屋市のような税務証明事務取扱要綱が定められている可能性がありますので、必要に応じて調査されることをお勧めします。

Ⅱ 電話の契約者の氏名・住所

1 電話番号による相手方の所在調査

相手方の住所等が明らかでないものの、電話番号（携帯電話、固定電話）が判明している場合には、電話会社に対し、契約者の氏名、住所等（プリペイド式の場合は購入者情報）を照会することができます。この場合、まず、当該電話番号がどの電話会社に割り当てられた番号かを確認する必要があります。総務省のホームページで「電気通信番号指定状況」を調べてください。

◆照会例1-1　携帯電話の契約者の氏名・住所

照会先：
　○○電話会社
照会理由：
　依頼者は、相手方に暴行され負傷したため、相手方に対し、不法行為に基づく損害賠償請求訴訟を提起する準備をしています。しかし、相手方については、携帯電話の番号は判明していますが、正確な氏名や住所は不明です。そこで、本照会を求めます。

照会事項：

　090-○○○○-○○○○の携帯電話に関し、○○年○月○日における下記事項についてご回答ください。なお、改番されている場合には改番後の、解約されている場合には解約前の事項を、それぞれご回答ください。

　　1　契約者名
　　2　契約者の住所
　　3　契約年月日（利用開始日）
　　4　電話料金明細書または請求書の送付先
　　5　契約が終了している場合は、終了事由・終了日及び契約終了時点での上記各事項、番号変更している場合は、新電話番号及び上記各事項
　　6　該当電話番号がナンバー・ポータビリティにより番号転出している場合はその事実、転出日及び貴社が該当電話番号の管理事業者であるときは電話番号使用中事業者グループ名【※1】【※2】

※1　ナンバー・ポータビリティによって、電話の番号をそのままにして電話会社を変更することができます。この場合、総務省から番号指定を受けた電話会社が当該電話番号を使用していない「番号転出」の状態となり、番号指定を受けた電話会社に照会しても、「解約済み」として、必要な情報を得ることができないおそれがあります。そこで、これを避けるため、照会事項に上記6項を記載する必要があります。
※2　NTTドコモに関する照会については、回答書に以下の項目が原則的に表示されるため、過剰回答回避の観点から、「必須項目」として照会事項に列記して欲しいとの要請があります。
　・契約者住所
　・契約者氏名（フリガナ）
　・契約年月日（利用開始日）
　・契約終了（解約）／番号変更（改番）に関する事項
　・MNP（モバイル・ナンバー・ポータビリティ）に関する事項

2　通信の秘密との関係

　電話番号による契約者名と住所の照会については、概ね回答が得られています。しかし、例えば、「照会を求める理由」に「相手方から電話の着信があり、その番号を知った」等、具体的な通話の存在を窺わせるような記載がある場合、電話会社が「通信の秘密」を理由に回答を拒否する場合があります。その背景には次のような実情があるようです。
　すなわち、「電気通信事業における個人情報保護に関するガイドライン」（平

成29〔2017〕年 4 月18日総務省告示第152号最終改正平成29年 9 月14日総務省
告示第297号）及び同ガイドライン解説は、「弁護士法23条の 2 による照会は『法
令に基づく場合』に該当し、あらかじめ本人の同意を得ることなく個人情報を
提供することができる」旨規定する一方で、「電気通信事業者には通信の秘密
を保護すべき義務もあることから、通信の秘密に属する事項（通信内容にとど
まらず、通信当事者の住所・氏名、発受信場所及び通信年月日等通信の構成要
素並びに通信回数等通信の存在の事実の有無を含む）について提供することは
原則として適当でない。他方、個々の通信とは無関係の加入者の住所・氏名等
は、通信の秘密の保護の対象外であるから、基本的に法律上の照会権限を有す
る者からの照会に応じることは可能である。」と規定しています（15条）。これ
を受け、電話会社は、弁護士会照会に回答するか否かを判断する際、ガイドラ
インを形式的にあてはめ、「個々の通信と関連性のない照会は回答するが、関
連性の認められる照会は回答を拒否する」との対応をしているものと思われま
す。

　しかし、番号を非通知にもできるシステムがあるにもかかわらず、番号を通
知して電話をしている以上、通話当事者間では当該電話番号について通信の秘
密の利益を放棄していると考えられるはずです（京野垂日「通話にかかわる弁
護士会照会について」自由と正義2011年 6 月号135頁）。

　愛知県弁護士会は、単に契約者の情報として氏名と住所を照会する場合、そ
の氏名と住所は「通信の秘密」に属しない以上、回答拒否は認められないとの
立場をとっています。よって、このような電話会社の対応は不当と考えていま
す。しかし、現実に回答拒否が少なからず見受けられる以上、通信の秘密を理
由に回答を拒否する通信会社に対しては、前記◆照会例1-1のように「照会を求
める理由」を記載し、通信と関連するとの誤解を避けるのが得策といえます。

3　メールアドレスによる相手方の所在調査

　相手方の携帯電話の番号が判明していなくても、携帯電話のメールアドレス
が判明している場合には、相手方の所在を知ることができます。ただし、デー
タの保存期間を経過した場合には、回答を得ることはできません。なお、NTT
ドコモについては、メールアドレスと電話番号を管理する部署が異なるため、
まず、メールアドレスから携帯電話の番号を特定し、引き続き、携帯電話の番
号から相手方の所在を調査するという 2 回の照会が必要です。

　なお、メールアドレスに関する情報の保存期間は短いので注意が必要です。また、その保存期間は各社によって異なるようです。この点、巻末資料13をご参照ください。

Ⅲ　インターネットオークションの相手方の氏名・住所等

　インターネットオークションの相手方の氏名・住所等について、インターネットオークションサイトの運営会社に対して照会をします。

◆照会例1-2　**インターネットオークションの相手方に関する情報の照会**

照会先：
　　○○株式会社

照会理由：
　依頼者は、○○オークションに出品されたブランドバッグを落札し、その後、出品者（アカウント名○○）からの指示に従い、指定された○○銀行○○支店の出品者名義の普通預金口座（口座番号○○○○）に商品代金○○円を振り込みましたが、1か月以上が経過した現在においても商品が届かず、連絡先も不通になってしまいました。

　依頼者は、詐欺に遭ったことに気付き、○○県警○○署に被害申告をするとともに上記口座を凍結する手続をとっており、今後は出品者に対して損害賠償請求を行うことを考えていますが、出品者の人物を特定するためには出品者に関する情報が必要となります。

　また、商品代金を振り込んだ口座からは既に金員が引き出されてしまっているため、オークション使用料の引落口座が別に指定されているのであれば、仮差押の申立てや将来の執行のために出品者の引落口座についても照会する必要があります。

　よって、本照会を求めます。

照会事項：
　下記オークション出品者について、以下の点にご回答ください。

記

アカウント名　：○○○○
オークションID：○○○○

1　上記出品者の氏名、性別、住所、電話番号、メールアドレス（変更が
　　ある場合には、○○年○月○日以降現在までの登録内容についてご教示
　　ください。）

2　上記出品者の本人確認書類等が提出されている場合には、その記載内
　　容

3　上記出品者の○○オークション使用料の引落口座として申告された金
　　融機関名（支店名を含む）、預金の種類、口座番号、口座名義

※　上記照会事項のほか、出品者の他の出品状況等の情報が有用な場合もあることが考えら
　　れますが、そのような情報を照会する場合には、照会理由にその情報の照会を求める必要
　　性を具体的に記載するようにしてください。

Ⅳ　車両の所有者等の氏名・住所

1　車両等からの所在確認

　相手方が使用している車両が判明しているのであれば、その車両の所有者や
使用者の情報を確認することにより、相手方の住所を調べることが考えられま
す。この場合、照会先については、車両の種類によって異なります。

2　自動車・二輪車・軽二輪（125cc超）

（1）運輸支局に照会して、相手方の氏名と住所を知ることができます。登録
場所に関係なく全国どこの運輸支局でも確認可能です。登録番号のみならず車
台番号まで分かっていれば、弁護士会照会によらず運輸支局へ直接交付請求す
ることができます（道路運送車両法22条）。

　なお、登録番号または車台番号の全桁のいずれかしか分からない場合でも、

①　私有地における放置車両の所有者・使用者を確認する場合（当該車両の

放置状況が分かる図面、車両の写真及び放置日数等を記載した書面の提出
が必要）
② 裁判手続の書類として登録事項等証明書が必要不可欠な場合（当該車両
が裁判手続に確実に関係していることを証する書類として、債務名義等の
公的書類の提出または提示（公的書類が存在しない場合は申立書の提出）
が必要）
③ 抹消登録されている車両である等の理由により、登録番号の明示はでき
ないが、車台番号の全桁の明示ができる場合
には、例外的に直接交付請求することが可能です。

◆照会例1-3 自動車の所有者の氏名・住所

照会先：
　　○○運輸局○○運輸支局
照会理由：
　　依頼者は、交通事故により負傷したため、加害自動車の所有者に自動車損
害賠償保障法3条の運行供用者責任を追及する予定です。そこで、加害自動
車の所有者を確認するために、本照会を求めます。
照会事項：
　　登録番号○○○○の自動車に関し、以下の事項についてご回答ください。
なお、回答に代えて登録事項等証明書をお送りいただければ幸いです。
　　1　自動車の所有者の氏名（または名称）及び住所
　　2　使用者の氏名（または名称）及び住所
　　3　使用の本拠の位置
　　4　車名、型式
　　5　初年度登録年月
　　6　車台番号
　　7　有効期間の満了する日
　　8　備考欄の記載事項

（2）自動車の登録事項等証明書に記載された所有者等の氏名・住所が古いた
め、その記載から相手方の所在を直接確認できない場合には、まず運輸支局に

対し、同証明書に記載された登録番号、車名、型式、車台番号等に基づき、以下の事項について照会を求めます。継続車検申請を取り扱った自動車整備事業者が判明すれば、さらに当該自動車整備事業者へ車検を依頼した者を照会することにより、所有者等の住所が判明することがあります。

◆照会例1-4　**継続車検申請の有無**

照会先：
　〇〇運輸局〇〇運輸支局

照会理由：
　依頼者は、交通事故により負傷したため、加害自動車の所有者に自動車損害賠償保障法3条の運行供用者責任を追及する予定です。そこで、加害自動車の所有者の住所を確認する必要があるところ、現在、所有者は、自動車の登録事項等証明書記載の住所には居住しておりません。そこで、継続車検申請を取り扱った自動車整備事業者に対し、所有者の住所を照会する前提として、本照会を求めます。

照会事項：
　下記自動車に関する次の事項をご回答ください。
　1　〇〇年〇月〇日ころ、下記自動車について継続車検申請の受理はありましたか。
　2　あったとすれば、下記自動車の継続車検申請における自動車整備事業者の名称、代表者名、住所
　3　上記申請が貴局の管轄外のときは、継続車検申請を取り扱った運輸支局・自動車検査登録事務所の名称及び住所をお答えください。

記

登録番号〇〇〇〇、車名〇〇〇、型式〇〇〇、車台番号〇〇〇

3　軽自動車

　軽自動車については、軽自動車検査協会に照会をします。

◆照会例1-5　**軽自動車の登録事項**

> **照会先：**
>
> 　軽自動車検査協会○○事務所
>
> **照会理由：**
>
> 　依頼者の所有する土地上に軽自動車が放置されており、依頼者は軽自動車の撤去を求めるため訴訟提起を準備しています。この軽自動車及びその所有者を特定する必要があるので、本照会を求めます。
>
> **照会事項：**
>
> 　登録番号○○○○の軽自動車に関し、以下の事項についてご回答ください。なお、回答に代えて同車両の軽自動車検査記録簿の写しをお送りいただければ幸いです。
>
> 　　1　上記軽自動車の所有者または名称及び住所
> 　　2　その使用者の氏名または名称及び住所
> 　　3　使用の本拠の位置
> 　　4　車台番号、車名、型式、原動機の型式

4　原動機付自転車

　原動機付自転車等については、登録先の市区町村役場に照会をします。

　これに対し、照会先は、秘密漏えい罪（地方税法22条）を根拠として所有者情報を回答しない例が散見されます。これは、地方税法22条の規定について、弁護士会照会について回答をすると他の私人の利益のために利用することとなり、同条の適用がある（地方税務研究会編『地方税法総則逐条解説』〔地方財務協会、平成29年〕742頁）と考えてのことと思われます。

　この点、二輪車及び軽二輪については、税金に関しては市民税課が担当するものの、使用者・所有者の住所氏名等の登録事務については運輸支局が担当していることから、運輸支局への弁護士会照会により使用者・所有者の住所氏名等の事項についての回答が得られる扱いとなっています。

　また、同様に軽自動車については、税金に関しては市民税課が担当するものの、使用者・所有者の住所氏名等の登録事務に関しては軽自動車検査協会が担当していることから、同協会への弁護士会照会により使用者・所有者の住所氏

名等の事項についての回答が得られる扱いとなっています。

　さらに、自動車についても、税金に関しては県税事務所が担当し、一方、登録事務に関しては運輸支局が担当していることから、運輸支局への弁護士会照会により使用者・所有者の住所氏名等の事項についての回答が得られる扱いとなっています。

　このように、他の車両においては使用者・所有者の住所氏名等の事項についての開示が行われており、他の車両との比較からすると開示されないのは不合理です。また、車両の登録番号は、交通事故証明書には必ず記載されることからも分かるように、加害車両の特定のためにも用いられています。したがって、原動機付自転車の所有者情報は、秘匿すべき情報ではありません。

　また、平成13（2001）年4月6日、当時の内閣総理大臣である森喜朗氏は、衆議院議員佐々木秀典氏の質問主意書に対する答弁書において、弁護士会照会があった場合に、地方税法22条の規定等があるにもかかわらず開示できるか否かという問題に関し、「開示することが正当視されるような特段の事情が認められる場合」もあることを前提とした上で、「総務省としては弁護士法第23条の2に基づく照会があった場合に、各地方公共団体において（弁護士会照会の）趣旨を十分理解した上での対応がなされるよう、今後とも助言を行ってまいりたい」と記載しています（内閣衆質151第33号参照）。このように、政府は、各市区町村が、照会内容を吟味することなく一律地方税法を根拠に回答を拒否するという取扱いをすることを想定していません。

　さらに、総務省は、原動機付自転車の所有者情報に関する捜査関係事項照会（刑訴法197条）については、平成17（2005）年3月29日付で開示することを認める指針を示しています（地方税務研究会・前掲書706頁）。

　この点、開示を認める理由としては、

①　公共性が高い目的に基づくこと
②　情報を受け取った捜査機関にも守秘義務があること
③　自動車登録ファイルに登録されている所有者等の情報の取扱いとの比較
④　他の代替手段が想定し難いこと
⑤　報告義務を伴うこと

を挙げています。

　これを弁護士会照会について検討しますと、③④については当てはまることについては特に問題ありません。

　①については、この点、地方税務研究会・前掲書は、弁護士会照会に関して、

「私人の利益のための要求」と位置づけています。しかし、「23条照会は、依頼者の私益を図る制度ではなく、事件を適正に解決することにより国民の権利を実現し、弁護士の受任事件が訴訟事件となった場合には、当事者の立場から裁判所の行う真実の発見と公正な判断に寄与する結果をもたらすという公益を図る制度として理解されるべきである」と述べた名古屋高判平成29年6月30日（第1部第1章裁判例❷）をはじめ各裁判例も認めるとおり、弁護士会照会制度は極めて公共性の強い性格のものと位置づけられ、弁護士が受任している事件を処理するために必要な事実の調査及び証拠の発見、収集を容易にし、これによって当該事件の適正な解決を図ることが意図されているもので、我が国の司法制度を維持するための一つの制度として理解されています。弁護士会照会は捜査関係事項照会と同様に、公共性を有します。特に、自動車の運行供用者責任を追及する目的で本照会を行う場合は、同責任を規定する自動車損害賠償保障法は、被害者の保護とともに、自動車運送の健全な発達に資することを目的としており（同法1条）、この点においても公共性が認められます。

②については、情報を受け取った弁護士会及び弁護士にも守秘義務があります。

⑤については、前記名古屋高判平成29年6月30日をはじめ各裁判例も認めるとおり、弁護士会照会には、捜査関係事項照会と同様に報告義務があるとされております。

以上より、地方公共団体は、弁護士会照会に対しても、捜査関係事項照会同様、原動機付自転車の所有者情報を開示すべきです。

column 原動機付自転車所有者の照会と地方税法22条

原動機付自転車の所有者情報の照会は本文で述べたとおり地方自治体に対して照会をします。回答の状況は、自治体によって異なりますが、回答が得られないことも多くあるというのが実情です。

この点について、本文でも指摘しましたが、地方税務研究会編『地方税法総則逐条解説』（地方財務協会、平成29年発行、なお、平成25〔2013〕年発行の同書にも同じ記述あり）という書籍に、弁護士会照会について、「結局、弁護士に委任している私人の利益のための要求であると言いうる。」とし、弁護

士会照会に回答した場合には地方税法22条（秘密漏えいに関する罪）の適用があると書かれていることの影響は否定できません。同書籍は、他に類書がないこともあり、地方自治体の税務を扱う職員が参考にすることが多いことから、この記述を参考として回答を拒否する自治体も少なくないのです。

　しかし、上記の記述は誤っています。弁護士会照会の制度は、基本的人権の擁護、社会正義の実現という弁護士の使命や職務の公共性を基礎としたものであり、個々の弁護士の受任事件を契機とはしますが、弁護士に委任している私人の利益のための制度ではありません。このことは、本文でも紹介したとおり、名古屋高判平成29年6月30日の判決文で明確に述べられていますし、その上告審である最判平成30年12月21日においても、（弁護士会照会の制度は）「弁護士の職務の公共性に鑑み、公務所のみならず広く公私の団体に対して広範な事項の報告を求めることができるものとして設けられたことなどからすれば…」としており、弁護士会照会が弁護士の職務の公共性に基づいた制度であることは既に判例上確立したものといえるのです。

　この点、昭和38年3月15日付内閣法制意見（同日付内閣法制局一発第六号・自治省税務局宛内閣法制局第一部長回答）においては、前掲書籍と同旨の結論と理由付けが記載されています。おそらくは、前掲書籍の筆者は、この法制意見を参考としたのでしょう。しかし、昭和61（1986）年に発刊された『法制意見百選』（前田正道編、ぎょうせい）において、この法制意見についての解説が加えられ、「守秘義務が課されている事項について照会があった場合には、守秘義務により守られるべき公益と照会に基づく報告によって得られるべき利益とを個々の事案ごとに比較衡量することによって報告義務の有無を決定すべき」としており、このような比較衡量の結果、報告を受けることによって得られるべき利益の方が勝る場合には、違法性が阻却され（刑法35条）、地方税法22条の罪は成立しないとしました。事実上の法制意見の変更ともいえるものですが、その結論は弁護士会照会の多くの裁判例の基準（利益衡量）に合わせたものになっています。

　したがって、前掲書籍の記載は誤りといえ、よって、具体的事案ごとに利益衡量をなさず、一律回答拒否をしている自治体の行為は間違っているものといえるのです。弁護士会としては、かかる旨の説明を回答拒否の自治体に丁寧に説明し、回答を促すことも必要と考えます。

◆照会例1-6　**原動機付自転車の所有者等**

照会先：

　　○○市役所市民税課

照会理由：

　　依頼者は、交通事故により怪我をしたため、加害車両である原動機付自転車の所有者に自動車損害賠償保障法３条の運行供用者責任を追及する予定である。そこで、当該原動機付自転車の所有者を確認するために、本照会を求めます。

照会事項：

　　登録番号○○市○○○の原動機付自転車につき、以下の事項についてご回答ください。

　　1　原動機付自転車の所有者の氏名または名称及び住所

　　2　登録年月日

　　3　車台番号、車名、排気量

コラム / column

原動機付自転車の所有者に関する調査嘱託

　　原動機付自転車（以下「原付」といいます）の所有者の氏名・住所についての弁護士会照会に対し、市町村が回答を拒絶した場合、原付によって土地を不法に占有された所有者やひき逃げをされた被害者の被害回復は不可能となります。このため、原付による不法占拠の場合には自力救済が横行する危険があります。

　　そこで、そのような場合には、訴状の被告欄を「住所　標識番号○○市う○○－○○の原動機付自転車の所有者の住所　氏名　標識番号○○市う○○－○○の原動機付自転車の所有者の氏名」と記載して訴えを提起した上で、裁判所に釈明処分としての調査嘱託（民訴法151条１項６号）を求める上申をすることが考えられます。

　　この点、原付によるひき逃げ事案について、一般論として裁判官に尋ねたところ、ケースバイケースで個々の裁判官の判断によるとのことを前提に、

代理人において弁護士会照会など考えられる調査を全て尽くし、調査嘱託しか方法がないと考えられる場合には、弁護士会照会の申出書、回答書等が疎明書類として提出されれば、調査嘱託の申出を採用することもあるとの意見を裁判官から伺いました。

　また、その裁判官から他の裁判官に意見を求めたところ、裁判官の中には、被告の住所の不正な取得を目的としてなされる場合もあり得るとして否定的な意見もあったとのことであり、その立場からは、仮に調査嘱託をするにしても、被告の住所の不正利用のおそれのないことの確認がなされるべきであるとして、代理人において弁護士会照会など考えられる調査を全て尽くしていること、請求内容の合理性、請求認容の蓋然性が検討されるべきとの意見があったとのことです。

　以上からすれば、弁護士会照会にて回答を拒否されたことを前提に、被告を原付の標識番号で特定した訴状による訴え提起をし、釈明処分としての調査嘱託の申出をすることを積極的に活用していくべきであると思います。

V　郵便物の転居届記載の新住居所

　相手方が転居し、住民票上の住所では転居先を把握することができないケースにおいては、日本郵便株式会社の管轄支店（○○郵便局）に対し、転居届記載の新住居所を照会し、回答を得る必要があります。

　ところが、上記照会について、日本郵便は、転居届記載の新住居所は憲法21条 2 項後段の「通信の秘密」、郵便法 8 条 1 項の「信書の秘密」、同条 2 項の「郵便物に関して知り得た他人の秘密」に該当するとして守秘義務を理由に回答を拒否するのが通常です。

　しかし、転居届は、通信・信書そのものとはいえず、個々の郵便物とは離れて存在するものであって、転居届に記載された情報が報告されても個々の通信の内容は何ら推知されるものではありません。

　したがって、転居届記載の新住居所は憲法21条 2 項後段の「通信の秘密」に該当せず、郵便法 8 条 1 項の「信書の秘密」にも該当しません（東京高判平成22年 9 月29日〔第 1 部第 1 章裁判例❽〕、名古屋地判平成25年10月25日、名古屋

高判平成27年2月26日、最高裁平成28年10月18日岡部喜代子補足意見〔同裁判例❶〕、名古屋高判平成29年6月30日〔同裁判例❷〕参照)。

　一方で、転居届記載の新住居所は同条2項の「郵便物に関して知り得た他人の秘密」に該当し、日本郵便はその情報について守秘義務を負うとされています。

　しかし、住居所は人が社会生活を営む上で一定の範囲の他者には当然開示されることが予定されている情報であり、個人の内面に関わるような秘匿性が高い情報とはいえないのに対し、弁護士会照会に対する報告の必要性は高いことから、弁護士法23条の2に基づく転居届記載の新住居所の報告義務は日本郵便の守秘義務に優越します(上記裁判例❽、裁判例❷参照)。

　したがって、日本郵便が転居届記載の新住居所を回答しないことには正当な理由がなく違法です。

　なお、愛知県弁護士会は、日本郵便が一律回答拒否を続けている状況を打破するため、日本郵便を被告として訴訟を提起した結果、最高裁は、「23条照会を受けた公務所又は公私の団体は、正当な理由がない限り、照会された事項について報告をすべきものと解される」と判示しました(上記裁判例❷)。その後、差戻後の最高裁は、愛知県弁護士会の報告義務確認請求訴訟を確認の利益を欠くとして却下しましたが、平成28年最高裁判決が認めた上記報告義務を否定するものではありません。

◆照会例1-7　**郵便物の転居届記載の新住居所**

　照会先：
　　○○郵便局
　照会理由：
　　依頼者は、相手方に対し、損害賠償請求訴訟の提起を準備していますが、そのためには相手方の住所・居所を知る必要があります。この点、現在、相手方の住民票上の住所は、「○○市○○○○」となっていますが、相手方は同所には居住していません。相手方の居所は不明なので、本照会を求めます。
　照会事項：
　　1　下記の者について、郵便物の転居届は出されていますか。
　　2　転居届が出されている場合、転居届に記載されている新住居所をご回答ください。

> 記
>
> 氏　名　○○○○
> 前住所　○○市○○○○

Ⅵ　預金口座名義人の氏名・住所

　相手方の預金口座が判明している場合、金融機関に対し、口座名義人の情報を照会することができます。ただし、振り込め詐欺等の被害により口座凍結した場合を除き、金融機関は守秘義務を理由に回答を拒否することが多いと思われます。なお、振り込め詐欺の被害に遭った場合に、相手方の所在を照会する例については、◆照会例10-2も参照してください。

　振込先をATMやパソコンの画面上できちんと確認せずに、誤って違う口座へ振り込んだ際にもかかる照会を用いることができます。この場合、金融機関によって回答の状況は異なるようです（金法2040号22頁）。金融機関が利益衡量しやすいように照会の必要性と相当性を説得的に記載する必要があります。なお、金融機関が誤振込先の名義人に連絡を取って事実上問題が解決することもあります。

◆照会例1-8　**誤振込先の預金口座名義人の氏名・住所**

照会先：
　株式会社○○銀行○○支店
照会理由：
　依頼者は、ATMでの入力を誤って、意図していない口座に振込手続をしてしまいました。そのため、その振込先の口座名義人に対し、不当利得返還請求をする必要があります。そこで、口座名義人の所在を確認するために本照会に及びました。
照会事項：
　○○支店　普通預金　口座番号　1234567
　名義　コウノタロウ
　上記口座の名義人の氏名及び住所を教えてください。

Ⅶ　服役場所

　相手方が刑務所に収容されている可能性がある場合、法務省矯正局に収容の有無と収容施設を照会することができます。なお、罪名、刑期、帰住先等の照会については回答されないのが実情です。

◆照会例1-9　**服役場所に関する照会**

> **照会先：**
> 　法務省矯正局成人矯正課
> **照会理由：**
> 　依頼者は、相手方に対し、交通事故を原因とした不法行為に基づく損害賠償請求訴訟の提起を準備していますが【※1】、現在、相手方が刑務所に収容されているとの情報を得ました。しかし、どこの刑務所に収容されているのかは不明です。そこで、本照会に及びました。
> **照会事項：**
> 　A（○○年○月○日生、本籍○○○○【※2】）に関し、以下の事項についてご回答ください。
> 　1　Aは現在服役中ですか。
> 　2　服役中であるとすれば、収容施設はどこですか。

※1　書類の写しの添付等により利害関係を明らかにする必要となることがあります。（例えば、交通事故に基づく損害賠償請求であれば交通事故証明書、離婚事件であれば戸籍謄本です）。

※2　調査対象者の氏名、生年月日は必須です。また、法務省矯正局成人矯正課は、人物を特定するため、原則として氏名、生年月日に加え、本籍の記載を求めており、本籍が判明しない事案においては、判決日、刑の内容等、他にも判明している事情を記載して回答を求めることが有益です。氏名、生年月日しか判明していない場合、回答が得られない場合がありますので、ご注意ください。

VIII　以前の勤務先に対する照会

　相手方が以前に勤務していた会社に対し、相手方の所在を調査する方法もあります。ただし、個人情報の保護を理由に回答を得られない場合も考えられます。なお、「照会を求める理由」を記載するにあたっては、相手方の名誉・プライバシー等に十分配慮する必要があります。

◆照会例1-10　**以前の勤務先に対する照会**

照会先：
　○○株式会社
照会理由：
　依頼者は、相手方Ａに対し金銭を貸しており、その返還を求める交渉を進めたいと考えていますが、現在、相手方とは電話もつながらず、郵便物も届かない状況です。このままでは、依頼者は、相手方の所在が不明のまま訴訟を提起することになりますが、そうすると、相手方に反論の機会が与えられないまま判決に至る可能性もあります。相手方の所在を知る手がかりは、元の勤務先である貴社しかないので、本照会に及びました。
照会事項：
　1　Ａは貴社に勤務していたことがありますか。
　2　Ａはいつ退社しましたか。
　3　Ａの退社時の住所及び電話番号をお教えください。
　4　もしご存じであれば、Ａの退社後の住所または勤務先等、Ａの所在について手がかりとなる情報をお教えください。

調査対象者の名誉・プライバシーへの配慮と勤務先に対する照会

調査対象者の勤務先に照会をする場合、調査対象者の名誉・プライバシーへの配慮が特に必要になります。勤務先への照会において、調査対象者の名誉・プライバシーとの緊張関係が特に高くなる典型例は、調査対象者が不貞行為による損害賠償請求の相手方である場合です。愛知県弁護士会でも、その種の照会申出は相当数なされています。

弁護士会照会の「照会先」である、「公務所」または「公私の団体」には、組織内で情報が共有されやすい、従業員の少ない小規模な企業も含まれます。弁護士会照会に慣れていない小規模な企業を照会先として、調査対象者の従業員が不貞行為を行った事実を立証するために、当該従業員が不貞行為を行ったと照会理由に明記して、当該従業員の照会先での行動に関して弁護士会照会を行うような場合、弁護士会照会を行ったことそれ自体により、当該従業員の名誉・プライバシーに深刻な影響を及ぼしかねません（勤務先への照会は、宿泊施設に調査対象者の宿泊の有無について照会する場合等と比して、弁護士会照会を行うことそれ自体が調査対象者の名誉・プライバシーに対する深刻な影響を与える蓋然性が高いといえます）。

照会先がそのような照会に応じた場合には、照会先と調査対象者である従業員との間で、あるいは、申出会員や弁護士会との間でも、紛争に発展するおそれもあります。

調査対象者への名誉・プライバシー及び照会先への配慮の観点から、照会理由については、弁護士会での審査に供するための照会理由と、照会先に送付する理由を分ける、照会先に送付する照会理由には、不貞行為という言葉は使用せず、不法行為に基づく損害賠償請求といった表現にする、といった工夫が重要になります。

Ⅸ　不動産管理会社に対する賃借人情報

◆照会例1-11　**不動産管理会社に対する賃借人情報**

照会先：
　○○不動産管理株式会社

照会理由：
　依頼者は、相手方に対する貸金返還請求訴訟を○○地方裁判所に提起しました。ところが、訴状の送達が「宛名不完全で配達できません」との理由で不奏功となり、同裁判所から当職に対し調査の指示がありました。

　なお、被告である相手方の金銭消費貸借契約書上の住所は、貴社が管理している○○マンションとされていますが部屋番号の記載がないことから、裁判所に届け出ている送達場所も○○マンションの所在地及びマンション名までとしてあります。

　また、相手方○○○○が既に○○マンションを退去している場合は、送達場所を変更する必要があります。

　そこで、上記送達のため、相手方の正確な住所を明らかにすべく本件照会を求めます。

照会事項：
　相手方○○○○（○○年○月○日生）について、以下の事項についてご回答ください。
　　1　相手方○○○○は、○○マンション（○○市○○町○丁目○番○号所在）について賃貸借契約を締結していますか。
　　2　前記1で相手方○○○○が賃貸借契約を締結していない場合、同居人として届出はありますか。
　　3　相手方○○○○が賃借または居住している場合、その部屋番号をご教示ください。
　　4　相手方○○○○が既に退去している場合は、転居先住所が分かればご教示ください。
　　5　転居先住所が不明な場合、相手方○○○○の勤務先が分かればご教示ください。

X 行方不明者発見の有無

◆照会例1-12　**行方不明者発見の有無**

照会先：
　○○警察署長

照会理由：
　依頼者及び相手方Aは、ともに被相続人○○○○（○○年○月○日死亡）の相続人ですが、相手方は、○○年○月ころ行方不明となり、現在も所在が判明しておりません。依頼者は、相手方との間で遺産分割協議を進めたいと考えており、本照会を求めます。

照会事項：
　1　A（住所：○○市○○町○○番地、生年月日：○○年○月○日）の捜索願が貴署に提出されたことはありますか。
　2　提出されている場合、その年月日と提出者をお教えください。
　3　提出されている場合、Aは発見されましたか。
　4　もしAが発見された場合、その帰住地をお教えください。

XI 海外在住日本人の所在調査（外務省）

　海外在住の日本人の住所地を調べる場合、外務省に照会をすることが考えられます（なお、三親等内の親族であれば、弁護士会照会制度を利用せずに直接外務省に対して調査の実施を依頼することも可能です）。ただし、外務省は、在外公館が保有する情報に基づいて回答するため、外務省が問い合わせをする在外公館を限定するために、国（あるいは地域）が限定されることが前提となります。また、外務省は、連絡可能な被調査人の親族に所在確認を行ったにもかかわらず住所が判明しない場合にしか照会を受理しませんので、照会理由等にその要件を充たしていることを記載する必要があります。
　また、照会申出をする場合、照会申出書の「照会を求める事項」には「別紙

所在調査申込書のとおり」と記載し、別途、所定の「所在調査申込書」を作成し添付してください。

◆照会例1-13　**海外在住日本人の所在調査【※1】**（現在、この照会は運用が変更されていますので、【※2】をご確認ください）

照会先：
　外務省領事局海外邦人安全課
照会理由：
　依頼者及び相手方は、ともに被相続人○○○○（○○年○月○日死亡）の相続人ですが、相手方は、現在、○○国に居住しているとのことであり、その住所地は不明です。相手方の親族に相手方の住所を尋ねても判明しませんでした。依頼者は、相手方との間で遺産分割協議を進めたいと考えており、本照会を求めます。
照会事項：
　別紙所在調査申込書記載のとおり
　（別紙）
　　所在調査申込書（弁護士会用）
　　記入日：　　　年　　月　　日
　　1．調査対象国（あるいは地域）：
　　2．被調査人（調査の対象となる人物）
　　　（1）氏名（ふりがな）（戸籍上）：氏　　　／名（現地名（あれば）：　　　）
　　　（2）生年月日：明治・大正・昭和・平成　　年　　月　　日生まれ（出生地：　　　）
　　　（3）本籍：都・道・府・県
　　　（4）戸籍の附票上で確認できる最後の住所：
　　　（5）配偶者の有無（いずれかに○）
　　　　　有　・　無（ある場合は氏名：　　　（外国人の場合は国籍：　　　）
　　3．本調査の目的等
　　　●事案概要と照会に係る根拠法令：
　　　●「所在不明」と判断した理由（親族への確認状況などを具体的にご記入ください。）：

```
4．調査依頼人（申請者）
（1）弁護士事務所名：      （弁護士会：     ）
（2）弁護士氏名：      （申立人氏名：     ）
（3）住所：
（4）電話番号：
5．その他（調査の手がかりとなる事柄）
```

※1　必要な添付書類
① 所在調査申込書（所定の書式）3通
② 被調査人（照会対象者）の戸籍謄本（6か月以内）の原本1通、写し1通
③ 被調査人の戸籍の附票（6か月以内）の原本1通、写し1通
④ その他（住所などが推定できる資料。例えば、被調査人から最後に来た手紙等があればその封筒のコピーなど。手紙の内容に住所に関すること等手がかりとなるものがある場合、手紙のコピーも添付してください。）

※2　運用の変更
従前この「外務省領事局海外邦人安全課」による所在調査は弁護士法23条の2に基づく照会をする弁護士会も依頼することができるとされていましたが、現在（令和2年4月1日時点）は、この調査依頼ができるのは三親等内の親族に限定されており、同課は弁護士会照会を受け付けていません。現在は、「外務省領事局政策課」において、海外在住の日本人の所在について弁護士会照会することが可能です。ただし、「外務省領事局政策課」は「在留届」に記載されている情報に基づいて報告するものであり、従前「外務省海外邦人安全課」が行っていた「所在調査」とは異なるものなので、その点ご留意ください。

XII　外国人の所在調査

1　解説

現行の在留管理制度は、平成21（2009）年の法改正（平成24〔2012〕年7月9日施行）により導入されたものであり、平成24年7月8日までの外国人の居住地等の情報は、日本人とは区別され、外国人登録法により外国人登録原票の形式で管理されていました。外国人登録は、外国人の在留資格の有無にかかわらず、90日を超えて日本に在留する外国人に外国人登録申請が義務づけられていたものです。

平成24年7月9日以降は、外国人登録原票が閉鎖され、法務省が外国人登録原票を回収したため、これ以前の登録事項については、東京出入国在留管理局

宛に照会を行い、回答を得ることができます。これ以降、外国人登録をしていた外国人の内、中長期在留者（在留資格のある外国人の内、短期滞在の在留資格の者、90日以内の在留期間を与えられた者等を除く）に対しては、在留カードが発行され、在留に関する情報を出入国在留管理庁が一元的に管理することになりました。

これと同時に、住民基本台帳法も改正され、外国人も日本人と同様に住民基本台帳に登録され、住民票が作成されることとされたため、平成24年7月9日以降の中長期在留者の住所の異動については、住民票により追跡することができます。

平成24年7月9日以降は、中長期在留者が住居地を定めたときや、居住地を変更したとき等には、居住地の市町村を通じて法務大臣に届出を行うことが義務づけられており、この届出により、法務大臣は当該外国人の住居地の変更を把握しています。

したがって、中長期在留者の居住地、所属機関等、届出情報については、東京出入国在留管理局宛に照会を行うことにより、最新の登録情報についても回答を得ることができます。

ただし、中長期在留者に該当しない在留資格のない外国人や、短期滞在の在留資格で滞在する外国人については、住民票の追跡や東京出入国在留管理局宛の照会によっては、住居地を確認することができませんのでご注意ください。

2　回収された外国人登録原票の記載事項を照会する場合の提出書類

日弁連と法務省の協議により「回収された外国人登録原票照会書」（巻末資料16-2）を使用することとされています。外国人登録原票の記載事項ではなく、平成24年7月9日以降の在留カード記録、特別永住者証明書記録等を照会する場合には、通常の書式を使います。

「回収された外国人登録原票照会書」には、依頼者名、相手方名の記載欄がありませんが、照会に係る者（外国人）がドメスティックバイオレンス（DV）等の被害を受けている場合等、情報を開示することが認められない場合があることから、依頼者と請求に係る者との関係を「利用目的の具体的内容」等の欄で明記することが求められます。照会を求める理由についても具体的に記載してください。

①　「回収された外国人登録原票照会書」3枚

② 照会先封筒（切手添付のもの）
　　宛先　〒108-8255　東京都港区港南 5 - 5 -30
　　　　　　東京出入国在留管理局調査企画部門第一システム担当
　　宛名　東京出入国在留管理局長
③ 返信用封筒（切手添付のもの）
④ 委任状（写） 2 枚

台湾在住の日本人に対する所在調査と訴訟提起

　訴訟を提起する際に、被告が台湾に居住していることは分かっているものの、住所が不明という事案がありました。当然、訴訟に先立って被告の住所を調査する必要がありました。海外に在住の日本人の住所を調査する場合によく利用するものとしては、外務省への照会があります（◆照会例 1 -13）。この外務省の在外日本人の所在調査は、在外公館が保有する情報に基づいて、回答することとなっております。すなわち、在外公館が同国に居住している当該日本人の所在を把握していれば回答が得られることとなるわけです。

　ところが、日本は、台湾を国家として承認していないため、台湾には大使館等を置いていません。そこで、調査したところ、台湾では、在外公館に代わる存在として、財団法人交流協会（現公益財団法人日本台湾交流協会）が、日本と台湾の実務関係を処理する機関として機能していることが分かりました。この協会は、台湾に事務所があるだけでなく、東京にも事務所があります。そこで、東京支部（現東京本部）に対し、弁護士会照会により所在調査をかけたところ無事に回答を得ることができました。

　なお、余談ですが、被告の住所が判明し、訴状にも被告の住所は記載したのですが、訴状の送達は公示送達により行われました。これは、海外への送達は、その国に駐在する大使等に嘱託することとなっているところ（民訴法108条）、台湾は前述のとおり大使館等が置かれていないため、この方法による送達ができないからです（民訴法110条 1 項 3 号）。ただし、裁判所は、公示送達の手続をとりながらも、別途訴状の写しを同住所地に郵送していました。

ⅩⅢ　訴訟能力の調査

　成年被後見人は、法定代理人である成年後見人によらなければ訴訟行為をすることができません（民訴法31条）。そこで、成年被後見人が訴訟当事者となる場合には、成年後見登記情報を確認する必要があります。成年後見登記については、東京法務局で全国の成年後見登記を取り扱っています。担当部署である民事行政部後見登録課の連絡先は、以下のとおりです（令和元年〔2019〕5月現在）。

　〒102-8255　東京都千代田区九段南1-1-15　九段第2合同庁舎4階
　（代表電話番号：03-5213-1234）

　被後見人のプライバシー保護の観点から、成年後見の登記事項証明書の交付を請求できる者は、本人、その配偶者・4親等内の親族、成年後見人、成年後見監督人等に限定されております（後見登記等に関する法律10条1項）。したがって、上記以外の者は、弁護士会照会の方法によらなければ成年後見の登記情報を確認することはできず、取引の相手方であっても登記事項証明書の交付を請求できないこととなっています。

　ただし、弁護士会照会によって実際に回答されるのは、訴訟等裁判所の手続をとる場合における相手方の訴訟能力の有無を確認する必要があるような場合等非常に限定的です。

　なお、登記事項証明書の発行を求める場合には、照会申出手数料とは別に、登記事項証明書の手数料（印紙代）を負担する必要があります。

◆照会例　1-14　**成年後見登記情報**

照会先：
　東京法務局　民事行政部　後見登録課
照会理由：
　依頼者は相手方に対し売買代金請求権を有しているところ、弁済期が到来しても代金が支払われません。そのため、今般、依頼者は、相手方を被告として、売買代金請求訴訟を提起します。しかし、最近相手方は、交通事故に遭い脳に後遺障害が残り意思疎通が困難であり、訴訟能力に疑義があります。

そこで、後見人等の選任の有無、選任されている場合は後見人等の住所・氏名を確認するために本照会をします。

照会事項：

（1）下記の者について、成年後見登記がされていますか。

（2）登記がされている場合にはその登記事項の内容を教えてください。

なお、回答に代えて登記事項証明書を発行していただいても結構です。

記

氏　　名　愛弁太郎（あいべんたろう）

本　　籍　○○市○○町○番地の○

住　　所　○○市○○町○丁目○番○号

生年月日　○○年○月○日

第2章 占有者の特定

I 建物占有者の特定

1 電力・ガス・水道関係の照会

（1）建物明渡請求などの前提として、「建物の占有者」を特定する情報を得るため、電気・ガス・水道の各供給契約の名義人の住所、氏名、契約年月日等を照会したい、ということがあります。

（2）この点、電力会社、ガス会社、水道事業者は、これまで、情報開示に極めて消極的であり、回答を拒否するケースが大多数でした。しかし、調査室より照会の必要性、相当性をより具体的に説明し、回答拒否に合理的な理由が認められない旨記載した通知書の送付を重ねた結果、現在では回答が得られるケースが増えています。

したがって、照会申出にあたっては、照会の必要性、相当性を具体的に記載することが肝要です。

◆照会例2-1　**電気供給契約の名義人**

> **照会先：**
> 　〇〇電力株式会社〇〇営業所【※】
> **照会理由：**
> 　依頼者は、〇〇市〇〇町〇〇番地所在の〇〇アパート〇号室を賃借人に対し賃貸しているところ、家賃が支払われなくなりました。
> 　同号室については無断で転貸がなされているようであり、賃借人以外の人物が居住している状況です。
> 　依頼者は占有者を被告として建物明渡請求訴訟を提起する予定であり、占

有者を特定するため同号室の電気供給契約者の氏名を明らかにしたく本照会を求めます。

照会事項：

　○○市○○町○○番地所在の○○アパート○号室の電気供給契約について以下の事項をご回答ください。

　　1　○○年○月○日現在における上記号室にかかる電気供給契約の契約者の氏名または名称、住所

　　2　その供給契約の契約締結年月日及び供給開始日

※　なお、中部電力株式会社は、全店に関する情報開示の回答書作成業務を「岐阜受付センター」で行うことになりましたので、同社への弁護士会照会は「中部電力株式会社　岐阜受付センター　情報開示担当」（〒500-8707 岐阜市美江寺町 2 - 5 ）宛に行う必要があります。

◆照会例2-2　**ガス供給契約の名義人**

照会先：

　○○瓦斯株式会社○○営業所

照会理由：

　依頼者は、○○市○○町○○番地所在の喫茶店○○が入居しているビルの所有者であり、店舗の賃貸人です。

　この度、賃借人が店舗を無断転貸していることが判明したため、これを理由に賃貸借契約を解除し、建物明渡請求訴訟を提起しようと考えています。

　訴訟を準備するにあたり、転貸借の時期、転借人の氏名を明らかにする必要があるため、本照会を求めます。

照会事項：

　○○市○○町○○番地所在の喫茶店○○（営業者甲野太郎）に対するガスの供給において、○○年○月○日ころ、貴社との間で最初にガス供給契約を締結した者の住所・氏名及び契約年月日をご回答ください。

　また、それ以後現在に至るまでの間、契約者の名義が変更されたとすれば、各変更年月日と各契約者の氏名・住所をご回答ください。

（3）また、水道事業者に対して、水道使用名義人について照会を行うことに

より、水道使用場所である建物の占有者を調査することも可能です。

　なお、建物占有者を特定する情報を得る目的等で行う名古屋市上下水道局に対する照会については、愛知県弁護士会との間の運用協議の結果、現時点における同局の回答方針は、下記のように整理されました。ただし、愛知県弁護士会としては、名古屋市上下水道局の現時点における回答方針は、対象外の個人の情報を誤って回答することを防ぐという目的を重視するあまり、その回答範囲について、画一的かつ狭きに過ぎると判断しており、今後も、定型的な照会申出以外の照会については、個別具体的に審査し、照会の必要性を判断していきたいと考えています。

弁護士会照会に対する名古屋市上下水道局の回答方針
（平成27〔2015〕年 3 月）

①　照会申出書記載の水道供給契約の契約者氏名と装置住所（水道供給契約をしている建物の場所）とが完全一致する場合のみ、照会に対する回答を行うというのが大原則である。

②　①の大原則に対する唯一の例外は、建物の不法占拠者の事案である。この事案についてのみ、水道供給契約の装置住所が判れば、契約者氏名が不明であっても回答する。

③　訴状等の不送達事案等における照会申出があるが、これらの事案については、個別に必要性を判断し、回答するか否かを決定している。

　　但し、②の例外事案（建物の不法占拠者の事案）に該当しないので、照会申出書の契約者氏名と装置住所が完全一致しなければ、回答できない。

　　なお、この場合でも、契約者氏名を選択的に複数名記載して照会を求められれば、一致するものがあれば回答する。また、「〇〇（氏名）は、この住所地で水道供給契約を締結しているか」という照会方法であれば、回答可能である。

④　水道供給契約の年月日及び契約終了年月日は把握していないので、回答出来ない。

　　但し、水道使用開始日及び使用中止日は把握しているので、回答の必要性があると判断した場合には、回答可能。

⑤　水道の使用量、水道料金額、料金の未納状況を照会する場合には、これらの事項を照会する必要性を個別具体的に記載してもらいたい。

⑥　契約者の電話番号、請求書送付先及び料金振替口座等は、いかなる案件であっても回答できない。

　上記名古屋市上下水道局の回答方針を踏まえ、定型的な照会については、より円滑かつ速やかな回答を得るため、名古屋市上下水道局の了解を得たうえで巻末資料4-3のような「照会を求める事項」のひな型を作成しています（定型的でない照会については、従来どおり、通常の書式を利用することになります）。

◆照会例2-3　**水道供給契約の名義人（ただし名古屋市の場合）**

> **照会先：**
> 　○○市水道局○○営業所
> **照会理由：**
> 　依頼者は、○○市○○町○○番地所在の建物の所有者であり、この建物を○○年○月以降、甲野太郎に対して賃貸していました。
> 　しかし、最近甲野太郎とは連絡が取れなくなり、しかもこの建物に第三者が居住している様子があるので、建物占有者の住所、氏名等を調査したく本照会を求めます。
> **照会事項：**
> 　以下の事項について、ご回答願います。
> 　1　○○市○○町○○番地所在の建物における水道供給契約の名義人の氏名・住所・契約年月日
> 　2　上記契約が終了している場合は、契約終了年月日
> 　3　○○年○月から○○年○月までの水道使用量

2　保健所に対する照会

　建物占有者が当該建物において飲食店、診療所、美容院等を営んでいる場合、保健所に営業許可等を受けている者の氏名・住所等を照会することにより、占有者を特定することが可能です。

◆照会例2-4　食品衛生法上の営業許可の内容

照会先：

　〇〇保健所

照会理由：

　依頼者は、〇〇市〇〇町〇〇番地所在の〇〇ビルを所有しており、〇〇年〇月以降地下１階を飲食店として相手方に賃貸していますが、最近になって、相手方以外の者が営業しているようです。

　相手方以外の者が営業している場合、依頼者は相手方に対し賃貸借契約を無断転貸を理由に解除した上、相手方及び占有者に対し明渡しを求める訴訟を提起する予定であり、同店舗で営業を行っている営業者名等を調査したく本照会を求めます。

照会事項：

　下記事項について、ご回答願います。

　１　〇〇市〇〇町〇〇番地所在の〇〇ビル地下１階において「××××」との名称で営業している飲食店について、食品衛生法に基づく営業の許可がなされているか否か。

　２　許可がなされていれば、その営業名義人、許可年月日、有効期間、その他営業者台帳記載事項。

3　公安委員会に対する照会

　建物占有者が当該建物において風俗営業や深夜酒類提供飲食店を営んでいる場合、各都道府県公安委員会に風俗営業の許可を受けている者や深夜種類提供飲食店の営業を届け出ている者の氏名・住所等を照会することにより、占有者を特定することが可能です。

◆照会例2-5　風俗営業の許可の内容

照会先：

　〇〇県公安委員会

照会理由：

　依頼者は、照会にかかる店舗の存する建物の所有者であり、これを○○に賃貸していたところ、最近、何者かが相手方から本件店舗を譲り受けて営業をしている模様です。

　そのため、依頼者は、現在の占有者に対し、本件店舗の存する建物の明渡請求訴訟を提起すべく準備中であります。

　そこで、本件店舗の使用実態を確認するとともに、訴訟の相手方を特定するため、本照会を求めます。

照会事項：

　○○市○○町○○番地スナック「○○」に関し、下記の事項についてご回答ください。

1　上記の店舗について、営業許可がなされていますか。なされている場合、次項以下についてもお答えください。
2　許可を受けた営業者の氏名または名称（法人の場合、代表者名もあわせてご回答ください。）
3　営業所の名称及び所在地
4　営業の種類
5　許可の年月日
6　風俗営業法24条１項の管理者の氏名
7　営業の方法
8　上記の者についての営業の停止等の処分の有無

4　市町村役場に対する照会

　当該建物の居住者の氏名を調査する方法としては、同人が、同建物所在地において住民登録している場合には、市町村役場に対して当該建物の居住者の住民基本台帳上の氏名について照会することが考えられますが、同照会については回答を拒否されることが多いです。

　なお、住民基本台帳法11条の２第１項３号に定める「営利以外の目的で行う居住関係の確認のうち、訴訟の提起その他特別の事情による居住関係の確認として市町村長が定めるものの実施」に該当する場合には、住民基本台帳の閲覧申請をすることができます。

◆照会例2-6　**住民登録の内容**

> **照会先：**
>
> 　〇〇市役所市民課
>
> **照会理由：**
>
> 　依頼者は、〇〇市〇〇町〇〇番地所在の建物を賃借人〇〇に対して賃貸しているところ、同人が無断で転貸をなしているようであり、現在は、氏名不詳の人物が同建物を占有している状況です。
>
> 　そこで、依頼者は、本件建物賃貸借契約を解除した上で、占有者を被告として建物明渡請求訴訟を提起する予定であり、建物占有者の氏名及び転貸の時期を調査したく本照会を求めます。
>
> **照会事項：**
>
> 　以下の事項について、ご回答願います。
>
> 　1　〇〇市〇〇町〇〇番地において住民登録している者の住民基本台帳上の氏名
>
> 　2　同人が前記住所地に住民登録した年月日

5　その他

　当該建物において、占有者が関係各庁から許認可を得た上で営業を行っている場合には、関係各庁に対して、許認可の内容を照会すれば占有者を特定できる可能性があります。

　なお、アパートの入居者を調査する場合には、当該アパートの管理会社に対して、入居者情報について照会を行うことも可能ですが、回答を拒否されることがあります（第2部第1章Ⅸ参照）。

Ⅱ　道路占有者の特定

　道路で事故が発生した場合、道路管理者に対して工作物責任・営造物責任を追及することが考えられます。事故発生現場が道路の使用許可や占用許可を得

て行われた工事現場であった場合には、使用許可や占用許可を受けた事業者に
対して、責任追及することも考えられます。

　この点、道路の使用許可については道路交通法に基づき警察署長が許可を与
え、また道路の占用許可については道路法に基づき道路管理者（国土交通大臣、
都道府県、市町村）が許可を与えることになっていますので、所轄の警察署や
当該道路の管理者に対して、事故発生時における道路の使用許可や占用許可の
内容について照会を行うことになります。

◆照会例2-7　道路占用許可の内容

照会先：
　○○市長
照会理由：
　依頼者は、○○年○月○日、○○市○○町○○番地付近の市道において自
転車を運転中、道路上の掘削工事部分に車輪をとられて転倒する事故に遭い、
負傷しました。
　そこで、依頼者は、本件事故当時、前記掘削工事を行っていた工事業者に
対して、道路の占有者としての工作物責任に基づき損害賠償請求をするにあ
たり、本件事故当時、道路の占用許可を得て道路工事を行っていた事業者を
調査するべく本照会を求めます。
照会事項：
　以下の事項につきご回答ください。
　1　○○年○月○日当時、○○市○○町○○番地付近の市道部分において、
　　貴市は、○○工事のために、当該道路部分について占用許可を与えてい
　　ましたか。
　2　もし、占用許可を与えていた場合、同許可を与えた事業者の名称・所
　　在地及び占用許可の内容、条件等についてお答えください。

Ⅲ　動物の占有者の特定

　動物に噛まれて怪我をした場合等には、民法718条に基づき、動物の占有者や管理者に対して損害賠償請求をすることが考えられますが、動物の占有者や管理者が分からない場合には、保健所に対して照会を行えば、占有者や管理者を特定できる場合があります。

◆照会例2-8　**犬の登録申請の内容**

照会先：
　○○保健所
照会理由：
　依頼者は、○○年○月○日、○○市○○町○○番地所在の建物前を散歩していたところ、突然、同建物の敷地から飛び出してきた犬に噛まれて負傷しました。
　そこで、依頼者は、被った損害につき損害賠償請求をする予定であるところ、相手方となるべき犬の管理者等を知る必要があるため本照会を求めます。
照会事項：
　下記の犬の所在地において狂犬病予防法４条１項に基づく犬の登録申請がなされていますか。申請がなされている場合、下記の事項についてご回答願います。
記

　犬の所在地：○○市○○町○○番地
　1　犬の所有者の氏名及び住所（法人にあっては、その名称及び主たる事務所の所在地）
　2　犬の種類
　3　犬の生年月日
　4　犬の毛色
　5　犬の性別
　6　犬の名
　7　登録鑑札番号
　8　注射済票番号

Ⅳ　車の占有者の特定

　放置自動車や交通事故の加害車両の所有者等が分からない場合には、運輸局や軽自動車検査協会に照会することで、同車両の所有者等を特定できる場合があります。詳しくは第 2 部第 1 章Ⅳを参照してください。

第**3**章 財産調査

Ⅰ 序論

1 はじめに

　確定判決等の債務名義を取得したとしても、債権を回収できなければ依頼者の権利を実現することはできず、その債務名義は「絵に描いた餅」になりかねません。金銭給付を命じた確定判決に基づいて権利の実現を図るには、債務者の財産を強制執行という司法手続で換価することになります。そして、強制執行を行うためには債務者の財産を調査し特定することが必要となります。

2 第三者への財産情報照会制度としての弁護士会照会の活用

　債務者の財産情報を把握するための制度として財産開示手続（民訴法196条以下）がありますが、債務者の申告のみに依拠するものであり、債務者が正当な理由なく財産開示手続に出頭しなかったり、財産開示について虚偽の陳述をしたりした場合の制裁も十分ではありません。令和元年5月10日に成立した民事執行法等の一部を改正する法律（公布日：令和元年5月17日、施行日：令和2〔2020〕年4月1日）により、そのような場合の制裁がこれまでの30万円以下の過料から刑事罰（6か月以下の懲役または50万円以下の罰金）へと強化されましたが、現時点ではこれによる実効性の向上は不透明です。また、上記民事執行法等の一部を改正する法律では、裁判所を通じて第三者である金融機関等に対し債務者の預金残高等の照会を求める制度（第三者照会制度）が新設されているものの、その要件として民事執行法197条第1項各号のいずれかに該当すること（強制執行不奏功）が定められており、権利の救済として十分なものとは考えられません。

　そこで、強制執行による権利の実現のためには公的な制度として第三者に対

する照会により財産情報を把握することが必須であり、弁護士会照会による財産情報の把握がなされるべきといえます。

　預金の情報はもちろんのこと、生命保険、不動産、株式、車両等の債務者の財産情報について、弁護士会照会の方法により第三者に開示を求め、権利の実効性が図られるべきでしょう。

Ⅱ　確定判決等債務名義取得後の調査

1　預貯金

（1）はじめに

　財産保有の形態として預貯金を利用することは一般的であり、債務者の財産情報として預貯金に関する情報は、不動産等と並んできわめて重要なものです。

　預貯金に関する情報を得るためには、その情報を保有している金融機関に対し照会をすることが考えられます。また、預貯金の口座情報を保有するその他の団体（電話会社等）に対して照会をすることが考えられます。

（2）金融機関（銀行・信用金庫・農業協同組合等）への照会

　ア　必要となる情報

　従前、債権差押命令申立てにあたり、金融機関の取扱店舗（本店または支店）を特定せずに債務者名義の預貯金を差し押さえる方法が模索されましたが、現時点における裁判所の実務では、金融機関及び取扱店舗（本店または支店）を特定しない限り、預貯金を差し押さえることはできません。そこで、債務者名義の預貯金を差し押さえるにあたっては、金融機関と取扱店舗（本店または支店等）に関する情報を取得することが必要となります。

　イ　本店への照会による本店及び全支店の預貯金の調査

　上記の事情を踏まえ、預貯金の差押えに必要な情報を得るために、金融機関の本店宛に、本店及び全支店の債務者名義の預金の照会を求めることが考えられます（全店照会）。

　従前、金融機関に対する弁護士会照会は、照会対象者である顧客の同意が存在しないことを理由に回答がなされないことがありました。しかし、弁護士会

照会に関する事例が集積し、理解が広まったことにより、現在では、債務名義（ただし、執行証書を除く）に基づく強制執行のための全店照会に対し、一部の金融機関を除いた大部分の金融機関で、顧客の同意がなくても預貯金の有無及び残高について回答がなされるようになりました。

　なお、愛知県弁護士会では、照会対象者の預貯金の取引履歴については、照会を認める必要性と、照会対象者のプライバシー及びこれを保護法益とする金融機関の守秘義務との利益衡量の観点から、以下の照会例に記載するような照会の理由が存する場合には、遡って1年間の取引履歴の照会を認めています（1年間を超える取引履歴を照会する場合には、照会理由にその必要性を具体的に記載することを求め、照会の可否を判断しています）。

◆照会例3-1　債務者名義の預金の有無・内容等【※1】

照会先：
　株式会社○○銀行　本店
照会理由：
　1　債務名義の存在
　　依頼者には、「相手方（被告）は、依頼者（原告）に対し、金1000万円及びこれに対する○○年○月○日から支払済みまで年14％の割合の金員を支払え」との確定判決があります【※2】。
　2　強制執行申立ての予定
　　依頼者（原告）は、同判決を債務名義として強制執行を申し立てる予定です。
　3　相手方の預金について
　　上記強制執行申立てにあたり、差押対象財産として、相手方が貴行において預金を保有しているか不明です。貴行本店または支店における預金の有無、預金の内容等について、確認したいので本照会を求めます。また、貴行の本店または支店に預金があっても、その残高が上記債務名義の元本○○円【※3】に満たない場合には、預金の差押えでは足りず、相手方の取引履歴を確認して預金以外の財産及び財産隠匿の有無を調査する必要があります。よって、本照会を求めます。
照会事項：
　下記の者の名義の預金について、下記の点にご回答ください。

記

住　　所　　○○県○○市○○町○丁目○番○号
氏　　名　　照会太郎（ふりがな：しょうかいたろう）
生年月日　　○○年○月○日

1　回答日時点での預金の有無
2　預金がある場合の本店または支店の別、支店名
3　預金の種類、口座番号
4　回答日時点での預金残高
5　上記4の預金残高の合計額が債務名義の元金○○円に満たない場合には、回答日から過去1年間の取引履歴

※1　みずほ銀行等金融機関が全店照会のための専用書式及び必要資料を定めている場合には、その専用書式を用い、必要資料を揃えて照会申出してください。
※2　債務名義の種類を具体的に特定し、債務名義の写しを添付してください。また、債務名義が確定判決等確定したものの場合には、必ず判決等の債務名義の他に確定証明書の写しも添付してください。なお、判決等の分量が多い場合には、主文、当事者目録及び認証文言に限定する等、柔軟に対応しています。
※3　取引履歴の開示がなされる可能性を増やすために、「元金○○円」のみではなく、「元金○○円に本日までの遅延損害金○○円を加えた合計○○円」と記載することも可能です。

column　時効期間経過後の債権に基づく全店照会

　本章Ⅱで記載されているとおり、債務名義取得後の執行段階においては、支店名・預貯金残高等について金融機関に対するいわゆる全店照会が活発に利用されています。
　もっとも、債務名義さえ取得していれば、一律に全店照会が認められるというわけではありません。例えば、確定判決を取得しているものの、判決確定から10年以上が経過していることが窺えるような場合には、別途慎重に判断する必要があると考えています。
　たしかに、債務名義取得後に時効期間が経過している場合であっても、照

会の必要性がないとはいえず、時効を援用するか否かは債務者側の事情であることからすれば、照会を認めるべきとの考え方もあるかもしれません。

　しかし、時効期間が経過している状況下では、債務者は債権者から請求されたときに時効を援用するのが通常であり、強制執行を受けるとはもはや予期していないことが多いと考えられるため、請求異議訴訟で争う負担を債務者に強いるのは酷といえます。

　また、時効援用により債権が消滅するであろうと通常予想される場合にまで一律に弁護士会照会を認めると、弁護士会照会制度に対する一般市民の信頼を損なうことにもなりかねません。

　そこで、現在、愛知県弁護士会の弁護士会照会調査室では、債務名義を取得している場合であっても時効期間を経過している債権に基づく全店照会については、照会申出の審査にあたり、申出会員に対し時効中断ないし停止事由（改正法では時効更新ないし完成猶予事由）の存在につき補正を依頼しており、同事由がない場合には申出の取下げを促すなど、慎重な運用を図っています。

（3）郵便貯金に関する照会

　ゆうちょ銀行に対して照会する場合は、所属弁護士会の最寄りの貯金事務センター宛（株式会社ゆうちょ銀行○○貯金事務センター所長、巻末資料14参照）に照会すると、当該貯金事務センター及び他の貯金事務センターにおける貯金の有無並びに残高等について回答される取扱いとなっています。

　なお、ゆうちょ銀行の貯金債権を差押債権として債権差押命令申立てをする場合には、差押債権目録には、株式会社ゆうちょ銀行（○○貯金事務センター扱い）と記載する必要がありますのでご留意ください（相澤眞木、塚原聡編著『民事執行の実務（第4版）債権執行編（上）』〔きんざい、2018年〕124頁参照）。

照会例3-2　**債務者名義の貯金の有無・内容等【※】**

照会先：
　　株式会社ゆうちょ銀行　○○貯金事務センター
照会理由：
　　1　債務名義の存在

依頼者には、「相手方（被告）は、依頼者（原告）に対し、金1000万円及びこれに対する○○年○月○日から支払済みまで年14%の割合の金員を支払え」との確定判決があります。

2　強制執行申立ての予定

依頼者（原告）は、同判決を債務名義として強制執行を申し立てる予定です。

3　相手方の貯金について

上記強制執行申立てにあたり、差押対象財産として、相手方が貴行において貯金を保有しているか不明です。貴行における貯金の有無、貯金の内容等について、確認したいので本照会を求めます。また、貴行に貯金があっても、その残高が上記債務名義の元本○○円に満たない場合には、貯金の差押えでは足りず、相手方の取引履歴を確認して貯金以外の財産及び財産隠匿の有無を調査する必要があります。よって、本照会を求めます。

照会事項：

下記の者の名義の貯金について、下記の点にご回答ください。

記

住　　所　　○○県○○市○○町○丁目○番○号
氏　　名　　照会太郎（しょうかいたろう）
生年月日　　○○年○月○日

1　回答日時点での貯金の有無
2　貯金の種類、記号番号
3　回答日時点での貯金残高
4　上記3の貯金残高の合計額が債務名義の元金○○円に満たない場合には、回答日から過去1年間の取引履歴

※　照会申出にあたっての具体的な注意点については、107頁の（2）を参照してください。

（4）他の団体への照会

金融機関以外の他の団体（電話会社等）に対し、預貯金に関する情報を照会することが考えられます。

その場合、照会の理由に、預貯金に関する情報を照会する必要性があること

を具体的に記載するとともに、照会事項については、◆照会例1-1の1～4の項目に、以下の照会事項を追加することが考えられます。

5　電話料金の支払方法

6　電話料金の支払いが銀行等金融機関の預金口座から自動引落しによって行われる場合は、その金融機関名（支店名を含む）と口座の種類及び名義人。クレジットカードによる支払いの場合は、クレジットカードの発行会社名、カード番号。

2　貸金庫の内容物

　貸金庫の内容物については、民事執行法143条に基づき貸金庫利用者の金融機関に対する貸金庫契約上の内容物引渡請求権を差し押さえる方法により、強制執行をすることが可能です（最判平11年11月29日判タ1017号293頁）。そして、差押命令の申立てに当たっては、差押債権の特定が必要であるところ、貸金庫内容物の引渡請求権を差押債権として特定するためには、貸金庫を特定する必要がありますので、貸金庫契約の有無のみならず、貸金庫番号についても照会することが適当と考えます。

◆照会例3-3　貸金庫の契約の有無等

照会先：
　株式会社○○銀行○○支店【※1】

照会理由：
　1　債務名義の存在
　　依頼者には、「相手方（被告）は、依頼者（原告）に対し、金1000万円及びこれに対する○○年○月○日から支払済みまで年14％の割合の金員を支払え」との確定判決があります。【※2】
　2　強制執行申立ての予定
　　依頼者（原告）は、同判決を債務名義として、相手方（被告）が保有する貸金庫の内容物の引渡請求権を差押債権とする強制執行を申し立てる予定です。

　3　貸金庫契約の有無等

　そこで、貴支店【※ 3】及び相手方（被告）との貸金庫契約締結の有無を確認し、同契約が存在する場合には、貸金庫を特定するために本照会を求めます。

照会事項：

　1　貴支店【※ 3】は、下記の者（相手方）との間で貸金庫契約を締結していますか。

　　住　　所　　○○県○○市○○町○丁目○番○号

　　氏　　名　　照会太郎（ふりがな：しょうかいたろう）

　　生年月日　　○○年○月○日

　2　上記1において貸金庫契約を締結している場合、貸金庫番号をご回答ください。

（本店に照会する場合）

　2　上記1において貸金庫契約を締結している場合、締結店舗について本店または支店の別、支店名及び貸金庫番号をご回答ください。

※ 1　通常、貸金庫の利用者は支店で貸金庫契約を締結すると思われますので、支店名まで判明している場合には、支店を照会先とします。しかし、支店名が不明な場合には、本店に照会を行うことにより、貸金庫契約を締結している支店名等を回答してもらうことが考えられます。

※ 2　債務名義の種類を具体的に特定し、債務名義の写しを添付してください。また、債務名義が確定判決等確定したものの場合には、必ず判決等の債務名義の他に確定証明書の写しも添付してください。なお、判決等の分量が多い場合には、主文、当事者目録及び認証文言に限定する等、柔軟に対応しています。

※ 3　本店に照会する場合には、適宜「貴行」等と修正します。

3　生命保険

（1）はじめに

　債権者が、生命保険契約に基づく解約返戻金請求権を差し押さえようとしても、債務者の生命保険に関する情報を把握していることは、通常ありません。従前は生命保険の差押えには証券番号の特定が必要であり、債権差押えは現実には不可能でした。しかし、東京地裁民事執行センターが東京高決平成22年 9 月 8 日（判時2099号25頁）及び最三小決平成23年 9 月20日を踏まえて、証券番号の特定がなくても生命保険の差押えを認める取扱いを公表し（金法1988号73

頁）、多くの裁判所が同様の取扱いを行うようになりました。この差押えを行う前提として、債務者が契約している生命保険会社を調査する必要があります。

　この点、従前は、一般社団法人生命保険協会事務局長宛に照会を行うことにより、同協会から協会加盟の43社の生命保険会社に一斉に照会文書が送付され、各生命保険会社から個別に回答がなされる運用が行われていました。しかし、平成29年5月をもってこの取扱いは終了したため、現在では個別の生命保険会社を照会先として照会申出するほかありません。

照会例3-4　債務者名義の生命保険契約の有無・内容

照会先：
　○○生命保険株式会社
照会理由：
　依頼者には、「相手方（被告）は、依頼者（原告）に対し、金1000万円及びこれに対する○○年○月○日から支払済みまで年14%の割合の金員を支払え」との確定判決があります。依頼者（原告）は、同判決を債務名義として強制執行を申し立てる予定です。【※1】
　上記強制執行申立てにあたり、差押対象財産として相手方が貴社に対し保険契約に基づく債権を有しているか不明ですので、同債権の存否及び存在する場合には同債権の内容を確認したく本照会を求めます。
照会事項：
　1　貴社において、下記の者を保険契約者とする生命保険契約がありますか【※2】。
　　住　　所　〒○○○-○○○○
　　　　　　　　○○市○○町○○番地（前住所○○市○○町○○番地）
　　氏　　名　照会太郎（しょうかいたろう）
　　性　　別　男
　　生年月日　○○年○月○日
　2　保険契約が存在する場合、①契約日、②受取人、③被保険者、④保険の種類、⑤証券番号、⑥保険金額、⑦回答日時点の解約返戻金額、⑧保険期間をご回答ください。

※1　債務名義の種類を具体的に特定し、債務名義の写しを添付してください。また、債務

名義が確定判決等確定したものの場合には、必ず判決等の債務名義の他に確定証明書の写しも添付してください。なお、判決等の分量が多い場合には、主文、当事者目録及び認証文言に限定する等、柔軟に対応しています。
※2　契約者の特定のため、氏名、ふりがな、住所（判明していれば旧住所）、性別、生年月日を記載してください。なお、本籍地は記載しないでください。

（2）回答の内容
照会を受けた保険会社の対応は以下のとおりです。
ア　生命保険が存在することを前提として、その具体的内容について回答する保険会社
イ　「生命保険契約はない」「該当なし」と回答する保険会社
ウ　守秘義務等を理由として回答を拒否する保険会社

（3）債権執行申立てにおける要点
アについては、債権の特定がなされていますので、差押債権目録に証券番号等を記載し、生命保険を具体的に特定して債権差押えをすればよいでしょう。債権執行手続において特段の問題は生じません。
また、イの場合は、生命保険は存在しないものと思われ、債権差押えの対象とすることはないものと思われます。
一方、ウについては、存在する場合と存在しない場合があり得ます。
存在すると考えて差押えの申立てをする場合、差押債権目録を以下のように記載し、債権を特定することが必要となります（相澤眞木、塚原聡編著『民事執行の実務（第4版）債権執行編（上）』〔前掲〕184頁）。ただし、各地裁によって運用が異なる場合がありますのでご留意ください。

差押債権目録
金　　　　　　　　円
債務者（○○年○月○日生）が、第三債務者との間の生命保険契約に基づき、第三債務者に対して有する下記債権にして、頭書金額に満つるまで。

記

1　本命令送達日以降支払期の到来する配当請求権にして、支払期の早いものから頭書金額に満つるまで

2　1により完済されないうちに契約が中途解約された場合には、解約返戻
　金請求権にして1と合計して頭書金額に満つるまで
3　1により完済されず、かつ、中途解約されないうちに契約が満期を迎え
　た場合には、満期金請求権にして1と合計して頭書金額に満つるまで

　　ただし、契約が複数ある場合は、
　（1）契約年月日が古い順序
　（2）契約年月日が同一の契約があるときは、保険証券番号の若い順序
　によることとし、これらの順序による各契約について、上記1ないし3の債
権。
　　また、契約が複数ある場合には、本命令送達時に各契約を解約した場合の
解約返戻金の金額（以下「送達時解約返戻金額」という）を各契約の差押額
とする（上記（1）（2）の順に各契約の送達時解約返戻金額を合計した額が
頭書金額を超えるときは、その超える額を除く）。この場合において、上記1
ないし3の「頭書金額」とあるのは、それぞれ「差押額」と読み替える。

（4）取立権の行使

　債権執行手続において、取立権を行使できるのは債務者への差押命令の送達
から1週間経過したときです（民事執行法155条1項）。債権者は、生命保険の
解約返戻金請求権を取り立てるため、債務者の有する解約権を行使することが
できる（最一小判平11年9月9日〔民集53巻7号1173頁〕、保険法60条1項）と
されており、保険会社に対し解除の通知を送る必要があります。解除の効力が
生じるのは保険会社が通知を受けた時から1か月経過後とされています（保険
法60条1項）。なお、保険金受取人が、解除の効力が生じるまでの間に保険契約
者の同意を得て解除権を行使した差押債権者に必要な金額を支払った時には、
解除の効力は生じないとされています（保険法60条2項）。

4　共済

（1）一般社団法人日本共済協会への照会

　共済については、一般社団法人日本共済協会（以下「共済協会」といいます）
に対し照会することで共済協会の会員団体から回答が得られる仕組みとなって

います。該当がある場合には各会員団体から回答がなされ、一方、該当がない場合には共済協会がとりまとめをして回答がなされます。

　共済の具体的内容についての回答があった場合や守秘義務等を理由として回答拒否がなされた場合には、生命保険の場合と同様に債権差押えの手続により債権回収を図ることができるでしょう。

（2）注意事項

　共済協会に対する照会の主な注意事項は以下のとおりです。

　①　照会先の表示

　共済協会は契約情報を保有しておらず、各会員団体に照会書面を転送するため、照会申出書の照会先を、「一般社団法人日本共済協会会員及び会員傘下団体」宛とします。

　なお、封筒の宛先については、「〒160-0022　東京都新宿区新宿5-5-3　建成新宿ビル6階　一般社団法人日本共済協会」とします。

　②　照会したい共済の特定

　共済は保険会社と異なり、生命共済と損害共済（火災、自動車）を兼営し、団体ごとに実施共済が異なるので、照会したい共済（生命、火災、自動車）を特定して照会します。

　③　会員共済団体から直接回答

　照会内容に関する回答は、会員共済団体が直接行います。

◆照会例3-5　債務者名義の共済契約の有無・内容

照会先：
　一般社団法人日本共済協会
照会理由：
　依頼者は、相手方に対し、金100万円の支払いを命ずる確定判決を有しており、同判決を債務名義として強制執行を申し立てる予定です。
　上記強制執行申立てにあたり、差押対象財産として相手方が共済団体に対し〇〇（生命、火災、自動車）共済契約に基づく債権を有しているか不明ですので、同債権の存否及び存在する場合には同債権の内容を確認したく本照会を求めます。

照会事項：
1　貴協会加入の会員及び会員傘下団体に下記の者を共済契約者とする〇
　　〇（生命、火災、自動車）共済契約がありますか。
　住　　所　〒〇〇〇-〇〇〇〇
　　　　　　　　〇〇市〇〇町〇〇番地（前住所〇〇市〇〇町〇〇番地）
　氏　　名　甲野太郎（こうのたろう）
　性　　別　男
　生年月日　〇〇年〇月〇日
2　共済契約が存在する場合、①契約日、②受取人、③被共済者、④共済
　の種類、⑤共済番号、⑥共済金額、⑦回答日時点の解約返戻金額、⑧共
　済期間をご回答ください。

　照会申出にあたっての具体的な注意点については、上記（2）及び生命保険
会社に対する照会を参照してください。

5　不動産

（1）はじめに
　債務者名義の不動産についての情報を得るには、不動産を特定して登記事項
証明書を入手する方法によることになります。

（2）名寄帳の利用
　特定人名義の不動産について、名寄帳を利用して情報を得ることも考えられ
ます。
　この点、相続人が相続財産である不動産の有無等を調査する場合には、相続
人自身が直接市町村に対し、被相続人名義の不動産の課税台帳（地方税法382条
の2、同382条の3、同施行令52条の14、15）、名寄帳（地方税法387条3項）の
閲覧を求めることが可能です。
　しかし、閲覧を求めることができるのは上記相続人のほか納税義務者あるい
は当該不動産の賃借人等の利害関係人のみであり、金銭債権の債権者は利害関
係人に当たらないと解されていることから、課税台帳、名寄帳の閲覧を求めて
も、地方公務員法及び地方税法に基づく守秘義務を根拠に拒否されます。弁護

士会照会の方法によっても同様に回答拒否となるのが実情です。

（3）抵当権・根抵当権の被担保債権の現在額についての照会

　強制競売の申立てをする対象不動産に抵当権・根抵当権が設定されている場合において、被担保債権の額によっては無剰余取消がなされる可能性があり、申立前に被担保債権の金額を調査する必要があります。

　この場合、担保権者である金融機関に対し被担保債権の額について照会することが考えられます。債務名義に基づく強制執行のために必要な照会であることは、預貯金、生命保険の場合と同様ですので、回答されるべき照会であるといえます（ただし、金融機関の守秘義務や個人情報保護を理由に回答を拒否されることも多いです）。

◆照会例3-6　**不動産に設定されている抵当権・根抵当権の被担保債権の現在額**

照会先：
　株式会社○○銀行○○支店（対象不動産の抵当権者・根抵当権者）
照会理由：
　1　債務名義の存在
　　依頼者には、「相手方（被告）は、依頼者（原告）に対し、金1000万円及びこれに対する○○年○月○日から支払済みまで年14％の割合の金員を支払え」との確定判決があります。【※】
　2　強制執行申立ての予定
　　依頼者（原告）は、同判決を債務名義として、相手方の所有する下記記載の不動産を対象不動産とする強制競売を申し立てる予定です。
　3　抵当権の被担保債権の現在額の確認
　　下記記載の不動産には、貴行を抵当権者とする○○年○月○日設定の抵当権が設定されています。不動産の買受可能価額が手続費用及び抵当権の被担保債権の残高の合計額に満たない場合には、強制競売の手続は無剰余であることを理由として取り消されることになります（民事執行法63条）。そこで、依頼者が強制競売を申し立てるにあたり、貴行が相手方に対して有する抵当権の被担保債権の残高を知り、もって強制競売の申立てが無剰余によって取り消されないことを確認すべく、照会事項の回答を求めます。

記

　　所在　　○○市○○区○○三丁目
　　地番　　○○番
　　地目　　宅地
　　地積　　○○○.○○平方メートル

照会事項：

　相手方照会太郎（ふりがな：しょうかいたろう、住所：○○県○○市○○町○丁目○番○号、生年月日：○○年○月○日）が所有する下記1記載の不動産に設定されている下記2記載の抵当権について、その被担保債権の回答日現在における残高をご回答ください。

記

　1　所在　　○○市○○区○○三丁目
　　　地番　　○○番
　　　地目　　宅地
　　　地積　　○○○.○○平方メートル
　2　原因　　○○年○月○日○○契約による○○債権○○年○月○日設定
　　　債務者　○○○○
　　　登　記　○○法務局○○年○月○日受付第○○号

※　債務名義の種類を具体的に特定し、債務名義の写しを添付してください。また、債務名義が確定判決等確定したものの場合には、必ず判決等の債務名義の他に確定証明書の写しも添付してください。なお、判決等の分量が多い場合には、主文、当事者目録及び認証文言に限定する等、柔軟に対応しています。

6　株式

　公開されている上場会社の株式については、換価性が高く、株式についての情報は債権者にとって有用な情報ですが、債権者において債務者が保有する上場株式の情報を把握することは極めて困難です。

　この点、遺産を把握するため相続人[1]が株式会社証券保管振替機構に対し照会した場合、名寄せ状況に関する情報[2]の開示を受けた後、各証券会社に対し

て相続人が照会すると株式等についての情報が得られる仕組みとなっています。

　この仕組みを利用して債務者名義の株式等についての情報を得て株式の差押えの申立てをして債権回収を図りたいところですが、同機構が名寄せ状況に関する情報の開示をしているのは本人、その代理人、相続人であり、回答拒否となるのが実情です。

＊1） 以前は相続人全員による請求が必要とされていましたが、運用が変更され、相続人1人による請求によっても開示されることとなりました。
＊2） 口座を開設している証券会社等の名称に関する情報であり、当該情報には株式等の保有状況に関する情報は含まれません。株式等の保有状況については、同機構への開示請求の結果をもとに、証券会社等に直接問い合わせる必要があります。

7　車両

　運輸支局等に対し、登録番号を特定して照会すると所有者等の情報を入手することができ、債務者名義の車両についての情報を得ることができます（第2部第1章Ⅳ参照）。

Ⅲ　保全段階での調査

　債務名義がない段階においては、権利の実現のために照会を認める必要性が高い債務名義取得後の段階とは異なり、照会先の守秘義務や個人情報保護の要請等から回答がなされないケースもあります。債務名義がない保全段階であることを踏まえて、照会を求める必要性・相当性を具体的に記載することが重要といえます。

第4章

文書の真正が争点となる事件

Ⅰ　はじめに

　裁判において書証は重要ですが、その成立が争いになるケースがあります。

　例えば、金銭消費貸借契約書に保証人（名義人）として署名・押印してあるが、名義人が署名・押印したものでないとして争いになったり、実印が押捺されて印鑑登録証明書が添付された合意書について、名義人の実印ではない、また、実印ではあるが名義人が押印していない、印鑑登録証明書は自分が取り寄せしたものではないなどとして争いになったりする場合があります。

　また、戸籍の届出（婚姻届・離婚届・養子縁組届等）が、本人の知らない間に提出されており、その届出書の写しを取り寄せて、その筆跡、印鑑を確認する場合があります。

　そして、筆跡や印鑑の同一性が問題になるケースでは、筆跡鑑定や印影の鑑定がなされることもあります。

　そこで、本章では、実務上重要な印鑑登録証明書に関する照会とともに、戸籍の届出内容について説明し、併せて登記申請関係書類に関する照会及び契約書用紙の製造時期に関する照会について説明をします。

Ⅱ　印鑑登録証明書

1　はじめに

　文書に顕出されている印影が本人の印章に基づくものであれば、それは本人がその意思に基づいて押印したものと推定され（事実上の推定）、その場合には、民訴法228条4項によって、文書全体についての成立の真正が推定されること

になっています（最三小判昭和39年5月12日参照）。

そのため、印影が本人の印章によるものか、とりわけ実印が押印されているか否かが重要になってくるケースは少なくありません。

例えば、

①　印影が実印によることを明らかにして、上記「二段の推定」によって、文書の成立を立証しようとする場合

②　逆に、印影が実印によるものでないことを明らかにして、本人の印章によるものとはいえない、あるいは、上記「事実上の推定」の経験則を揺るがすことによって、文書の成立を否定しようとする場合

③　たとえ、実印が押印され、印鑑登録証明書が添付されていても、本人に無断で印鑑登録されたものである、あるいは、印鑑登録証明書が本人に無断で取り寄せられたものであるとの主張がなされるときに、その印鑑登録証明書が、いつ誰によって登録されたのか、あるいは、取り寄せられたのかを明らかにすることによって、本人が押印したものでないことを立証する場合

等が考えられます。

そこで、弁護士会照会によって、登録印の内容や、印鑑登録証明書の交付申請状況を確認できないかが問題となります。

2　印鑑登録・印鑑登録証明の一般的な取扱い

（1）一般的な取扱い

印鑑登録・印鑑登録証明の事務は、市町村によって取り扱われており、各市町村の条例、規則等で定められています。

（2）名古屋市の取扱い

名古屋市では、名古屋市印鑑条例、名古屋市印鑑条例施行細則によって、印鑑の登録、印鑑の登録証明についての必要な事項が規定されています。

なお、印鑑登録の申請手続は、住所地を所管区域とする区役所に出頭して行う必要がありますが、印鑑登録証明書の交付申請は、名古屋市内のいずれの区役所、区役所支所においても可能となっています。

そして、印鑑登録に関する帳票の保存期間は、下記のとおりとなっております（名古屋市印鑑条例施行細則16条）。

①	除印鑑票	5 年
②	印鑑登録申請書	3 年
③	回答書及び受領書	3 年
④	印鑑・印鑑登録手帳亡失届／印鑑登録廃止申請書	3 年
⑤	印鑑登録証明書交付申請書	3 年
⑥	その他	1 年

3　印鑑登録・印鑑登録証明に関する弁護士会照会

（1）一般的な傾向

　弁護士会照会によって印鑑登録・印鑑登録証明に関する書類の開示・回答を求めた場合、印鑑登録の被登録者を依頼者とする弁護士会照会に対しては開示・回答されることがありますが、第三者の印鑑登録の情報については、以下に述べるとおり条例に閲覧を禁止する規定があること等を理由に、回答がなされないことが多いといえます。

　しかしながら、条例によって法律に基づく弁護士会照会を拒否することは、条例と法律との効力関係から疑問があります（憲法94条、地方自治法14条1項）。したがって、個別具体的な事情の下で照会の必要性及び相当性が認められる弁護士会照会については、回答がなされるべきであると考えられます。

（2）名古屋市の取扱い

　①　名古屋市の場合、名古屋市印鑑条例12条において、「印鑑に関する書類は、閲覧に供することができない。」との規定になっており、それを理由に回答が拒否されることが多いといえます。

　　ただし、愛知県弁護士会が以前に名古屋市市民局と懇談した際、印鑑登録原票その他印鑑の登録及び証明に関する書類についての弁護士会照会については、次の要件をいずれも満たす場合には、照会に応じるものとの説明を受けています。

　　　ア　弁護士への依頼が印鑑登録に係る本人であることが確認できること。

　　　イ　損害賠償事件の発生等、照会請求するに足りる相当の理由があると認められること。

　　なお、この場合においても、「登録された印影に係る部分」については、本人が印鑑登録証明書の交付申請をすることにより入手することができる

　ため、あえて弁護士会照会によって報告を求める場合には、「本人が手帳を
添えて証明書の交付を受けることができない相当の理由」（例：他人が本人
になり代って無断で印鑑の登録をしたために手帳を保持していない等）が
認められることが必要といえます。

②　ただし、「印影」そのものの回答が得られる場合でも、印影の同一性につ
いての意見を求める照会は、鑑定を求めるものであるため、回答されない
場合が多いといえます。

③　名古屋市の場合、前記のとおり、印鑑登録証明書は、登録した区役所ば
かりでなく、名古屋市内の他の区役所（支所）でも申請ができますが、あ
る区役所（支所）に対して提出した申請書等の書面については、当該区役
所（支所）においてのみ調査回答が可能であり、他の区役所（支所）に対
して弁護士会照会をしても調査回答がなされないことに留意してください。

◆照会例4-1　印鑑登録・印鑑登録証明に関するもの

照会先：

　○○市役所市民課

照会理由：

　依頼者は、相手方より、連帯保証債務の履行を請求されており、相手方が
請求の根拠としている契約書には、依頼者の実印として登録された印鑑が押
捺され、印鑑登録証明書も添付されていましたが、当該印鑑は、依頼者本人
の知らないものでした。そこで、当該印鑑の登録が依頼者本人によってなさ
れたものではないことを明らかにするために、本照会を求めます。

照会事項：

　甲野太郎（○○年○月○日生、○○市○○町○○番地）の印鑑登録に関し、
以下の事項につきご回答ください。

　　1　印鑑登録申請書、印鑑登録変更申請書、印鑑登録亡失届出書（印鑑登
　　　録廃止届出書）の記載内容及び申請年月日、申請者。なお、回答に代え
　　　て、各申請書等の写しをお送りください【※1】【※2】。

　　2　別紙印鑑登録証明書の交付申請は、いつ、誰によってなされたもので
　　　すか。なお、回答に代えて、交付申請書及び添付書類の写しをお送りく
　　　ださい。

※1　申請書の写しの交付については、印鑑に関する書類の閲覧を禁止する印鑑条例の規定
　　を根拠に、回答を拒否する例が多いといえます。

※2　依頼者本人から、印鑑証明に関する情報を照会した場合には、個人情報開示請求に基
　　づき文書の開示が可能であることを理由に、弁護士会照会に対しての回答がなされない
　　場合が多いといえます。また、法定相続人の1人が、被相続人の印鑑登録に関する情報
　　を照会した場合に、同様の扱いがなされた例もあります。ただ、一方では、相続人からの
　　照会がなされた場合に、印鑑登録除原票や除印の補助原票が回答された例もあります。

Ⅲ　戸籍の届出内容

　戸籍の届出書類（婚姻届・離婚届・養子縁組届等）は、一定期間経過後に（受理後1か月程度）、法務局に送付されることになっています（戸籍法施行規則48条2項）。そのため、当該書類が法務局に送付されている場合には、法務局において内容を確認することになります。

　ただ、戸籍法48条2項は「利害関係人は、特別の事由がある場合に限り、届書その他市町村長の受理した書類の閲覧を請求し、又はその書類に記載した事項について証明書を請求することができる。」と規定しており、そのため、弁護士会照会をすると、「弁護士会は利害関係人でない」との理由で回答を拒否される場合が多いです（もっとも、離婚届・養子縁組届等戸籍の届出書関係書類については、法務局は不動産登記や法人登記の場合とは異なって柔軟に対応しており、特別な事由があることが疎明される場合には、弁護士会照会の形式でも同条項に準じて回答することが認められています）。

　このような回答拒否は不当なものと考えておりますが、実際問題としては、裁判所へ提出するなどのために記載事項の証明が必要な場合は、直接、法務局などにおいて、「特別の事由」と「利害関係人」であることを明らかにして証明書を請求すれば、必要な情報が得られます。

　そして、利害関係人自身のほか、委任状を添付して弁護士が代理人として請求することもできます。この場合、委任状に閲覧等を求める書類とその理由を記載するとともに、申請対象となる戸籍事項が記載された戸籍謄本等とともに、代理人弁護士の本人確認をするために代理人弁護士の運転免許証等の提示が求められることになりますので、事前にご確認いただいた方がよいかと思います。

Ⅳ　登記申請関係書類

1　登記申請書及びその添付書類に関する弁護士会照会

　登記申請書及びその添付書類について、不動産登記法は、図面（土地所在図、地積測量図、地役権図面、建物図面及び各階平面図）については何人も手数料を納付して写しの交付を請求することができると規定しており、これらの図面以外の書類については、利害関係人が閲覧を請求することができる旨規定しています（121条）。また、商業登記法も、商業登記の登記申請関係書類については利害関係人が閲覧の請求をすることができる旨を定めています（11条の2）。しかしながら、管轄法務局が遠隔地にある等の事情により、依頼者がこれらの書類を閲覧することが困難な場合には、弁護士会照会によって報告を求める必要性があります。また、依頼者が当該登記申請関係書類について利害関係を有する場合には、弁護士会照会により報告を求める相当性もあります。

　よって、法務局に対して登記申請関係書類に関する弁護士会照会をする場合には、これらの必要性及び相当性を明らかにするべく、照会理由において、依頼者が利害関係人に該当することを記載するとともに、依頼者自ら閲覧することが困難な具体的事情があること等を記載することが適当であると思われます。

2　法務局の回答状況

　法務局を照会先とする登記申請関係書類に関する弁護士会照会については、弁護士会が利害関係人に該当しないこと等を理由として回答拒否されているのが現状です。そこで、実務的には、依頼者本人またはその代理人が法務局に赴いて閲覧請求し、カメラ撮影等で内容を保存することが一般的に行われています。

　しかしながら、弁護士会照会を受けた公務所または公私の団体は、正当な理由がない限り、照会された事項について報告をすべきものと解され（最判平成28年10月18日）、法務局に対する弁護士会照会も、必要性及び相当性を充たすものであれば正当な理由がない限り報告がなされるべきものであって、上記のような理由により回答拒否されることは不当であると考えられます。

◆照会例4-2　登記申請関係書類に関するもの

照会先：
　〇〇法務局
照会理由：
　依頼者は、下記に記載されている土地（本件土地）を所有しているところ、依頼者の気付かない間に第三者が依頼者の名義を冒用して本件土地の所有権移転登記手続が行われ、相手方に名義が移転されていることが判明しました。依頼者は、現在〇〇県の離島に居住しているため、法務局に赴いて登記申請書及びその添付書類を閲覧することができません。そこで、依頼者は、本件土地に関し、相手方を被告とする所有権移転登記抹消登記手続請求訴訟を提起するにあたって、権限なく行われた登記手続の内容を調査するため本照会をします。

記

　所在　　〇〇市〇〇町〇丁目〇番〇号
　地番　　〇番
　地目　　宅地
　地積　　〇〇〇平方メートル

照会事項：
　下記に記載されている土地に関する〇〇年〇月〇日受付第〇〇〇号所有権移転登記に関し、所有権移転登記申請書及びその添付書類に記載された内容をご回答ください。回答に代えて所有権移転登記申請書及びその添付書類の写しをご送付いただいても結構です。

記

　所在　　〇〇市〇〇町〇丁目〇番〇号
　地番　　〇番
　地目　　宅地
　地積　　〇〇〇平方メートル

V 契約書用紙の製造時期

　売買契約書などその文書によって法律行為が行われている処分証書は、文書の成立の真正が証明されれば、少なくともその行為が行われたことは確かとなるという意味で、その証明力は報告証書に比べて高いといえます。そこで、例えば、売買代金請求事件において、売主である原告から売買契約書が書証として提出された場合、買主である被告としては、当該契約書が作成された時期に当該用紙がまだ製造販売されていなかったという事実を主張し、当該契約書の成立の真正を争うことが考えられます。

◆照会例4-3　**契約書用紙の製造時期等に関するもの**

> **照会先：**
> 　○○株式会社○○部○○課
> **照会理由：**
> 　依頼者は、相手方から売買代金請求訴訟を提起されており、相手方は、その証拠として、依頼者の代理人が署名押印したと主張する別添（略）の売買契約証書（以下「本件契約書」といいます）を提出しています。これに対し、依頼者は、売買契約の存在自体を争っています。本件契約書の用紙には、貴社が製造販売する各種契約書用紙に用いられる著名なロゴ「○○」と品番等が印刷されています。
> 　これらにより、当該契約書用紙の製造・販売時期等を特定して、相手方が主張する本件契約書の作成時期に矛盾がないかを確認するため、本照会をします。
> **照会事項：**
> 　1　別添（略）の契約書は、貴社が製造した品番○○○の契約書用紙を使用したものでしょうか。
> 　2　貴社において、品番○○○の契約書用紙の製造及び販売は、いつから行っていますか。
> 　3　品番○○○の契約書用紙は、過去に同一品番のまま仕様変更をしたことがありますか。ある場合、仕様変更された用紙の製造・販売を開始した時期をご教示ください（仕様変更の事実が複数回ある場合、それぞれ

の時期をご回答ください）。

4　別添の契約書用紙の製造時期を特定することはできますか。できる場合、その製造時期はいつ頃ですか。

5　品番○○○の契約書用紙の出荷地域はどこですか。

第5章 交通事故

I　はじめに

　交通事故のうち、人身事故については、過失運転致死傷罪等として刑事事件として扱われる場合には、実況見分調書等が作成されます。また、物損事故の場合は、警察において事故処理のために物件事故報告書が作成されます。物損事故でも、信号機や道路標識等の損壊を伴う事故の場合や、住宅等他人の建造物の損壊等を伴う事故の場合等は、それぞれ道路交通法115条の罪、同法116条の罪に係る刑事事件として立件されることもあります。この場合は、実況見分調書等も作成されます。

　このように交通事故については警察や検察庁が何らかの書類を作成するため、交通事故に起因する民事賠償の問題を解決する際に貴重な手がかりとなります。

　そこで、最初に、警察署や検察庁に対する弁護士会照会を利用した照会方法を説明します。

　その後、交通事故に関連する照会についても例を挙げて説明します。

II　実況見分調書（不起訴記録の場合）

1　はじめに

　交通事故が人身事故の場合、前記のように、原則として過失運転致死傷罪等の被疑事件として立件され、実況見分調書が作成されるため、不起訴となってもこれを弁護士会照会により照会することができます。

　実況見分調書を取り寄せるには、名古屋地方検察庁管内の場合、警察署への

照会と検察庁への照会の2回の照会申出が必要です。他の地検管内においては
扱いが異なる場合がありますが、ここでは名古屋地方検察庁管内での照会手順
を例に説明します。

2　手順（名古屋地方検察庁管内）

（1）送致先検察庁・事件番号の照会（1段階目の照会）

　まず、1段階目として、警察署に対し、送致の事実及び送致先の検察庁を確
認する照会を行います。

　具体的には、交通事故証明書に記載された「事故照会番号」「発生日時」「発
生場所」「当事者名」等をもとに事故を特定し、当該交通事故を管轄する警察署
に対して、「被疑者名」「罪名」「送致年月日」「送致番号」「送致先検察庁」「簡
約特例事件であるか否か」を照会し（◆照会例5-1）、これによって送致の事実、
送致先の検察庁その他必要な情報を確認します。

　なお、ここで確認する「送致番号」は、当該警察署が用いる番号であり、次
に述べる「検番」とは異なりますので注意してください。

　また、事件が簡約特例事件であった場合は、名古屋地方検察庁本庁管内であ
れば、「検番」を確認しなくてもよく、後記（3）に進むことが可能です。なお、
簡約特例事件とは、事故原因や違反の内容が軽微で、かつ怪我の程度が比較的
軽傷の事故の場合を対象とし、簡約特例書式を用いられる事件をいいます。

（2）検番・処分結果の問い合わせ

　警察署からの回答に基づいて、検察庁に電話等で問い合わせをし、送致先検
察庁が用いる事件番号である「検番」を確認します。

　同時に、処分結果も確認します。

・　捜査中：閲覧・謄写はできません。
・　起訴：確定記録（第1部第5章Ⅱ1参照）または公判段階の記録（同2
　　参照）として閲覧・謄写を検討します。
・　家庭裁判所に送致：少年事件で捜査終了後の場合、家庭裁判所に送致さ
　　れますので、少年事件の記録（同4参照）として家庭裁判所への閲覧・謄
　　写を検討します。
・　不起訴処分：次の（3）に進みます。

　なお、名古屋地方検察庁・名古屋区検察庁・春日井区検察庁・瀬戸区検察庁・

津島区検察庁（以下、名古屋地方検察庁本庁管内といいます）の場合は、処分調査票（巻末資料 5 参照）を用いて検察庁に照会をします。

（3）検察庁への不起訴記録（実況見分調書）の照会（2 段階目の照会）

次に、2 段階目として、送致先検察庁に対し、「被疑者名」「罪名」「送致年月日」「送致番号」を記載して照会を行います（◆照会例5-2）。

なお、「検番」の問い合わせまでの段階で、同一の交通事故について、交通事故の双方の当事者をそれぞれ「被疑者」とする 2 種類の「検番」が出てくることがありますが、その場合も、1 組の交通事件専用書式に 2 種類の「被疑者」及び「検番」を併記してかまいません（検番ごとに 2 種類の照会申出書を作成する必要はありません）。

3　依頼者が事故当事者と異なる場合の注意事項

受任事件の依頼者が事故の当事者ではない場合、警察署や検察庁には、依頼者と当該交通事故との関係が直ちには分かりません。例えば、加害者を被保険者とする自動車保険会社が依頼者となっている場合等が考えられます。そこで、依頼者と当該事故との関係が分かるように記載する必要があります。

「照会を求める理由」の記載の仕方の具体例をいくつか挙げます。

① 依頼者は、事故当事者である××と保険契約を締結しているものであるが、……
② 依頼者は、事故当事者を被保険者とする保険契約を被保険者の夫△△と締結しているものであるが、……
③ 依頼者は、事故車両（○○運転）の所有者であるが、……
④ 依頼者は、事故車両（○○運転）の所有者である××と保険契約を締結しているものであるが、……

4　交通事件専用の書式

愛知県弁護士会では、これらを踏まえた交通事件専用の書式を用意していますので、申出をする際にはそちらを利用すると便利です（◆照会例5-1、5-2）。

◆照会例5-1　警察署への送致内容の照会（1段階目の照会）

照会先：
　〇〇警察署

照会理由：
　依頼者は、別紙交通事故証明書記載の交通事故（以下、「本件事故」といいます）の
　　　□　事故当事者
　　　□　事故車両の所有者（保有者）
　　　□　事故当事者を被保険者または事故車両を被保険自動車とする自動車
　　　　　保険契約の保険会社（被保険者または被保険自動車　　　　　　　　）
　　　□　事故当事者の相続人
　　　□　その他（　　　　　　　　　　　　　　　　　　　　　　　　　　）
　であり、相手方は、
　　　□　事故当事者
　　　□　事故車両の所有者（保有者）
　　　□　事故当事者を被保険者または事故車両を被保険自動車とする自動車
　　　　　保険契約の保険会社（被保険者または被保険自動車　　　　　　　　）
　　　□　事故当事者の相続人
　　　□　その他（　　　　　　　　　　　　　　　　　　　　　　　　　　）
　です。
　本件事故について、事故当事者の過失の有無、内容等（保険契約上の免責
事由の有無）を調査するため、本照会を求めます。

照会事項：
　別紙交通事故証明書記載の交通事故（以下、「本件事故」といいます）につ
いて、下記事項をご回答ください。
　1　本件事故について、交通事故証明書記載の各当事者を被疑者として検
　　察官送致をしましたか。
　2　送致済みの場合、すべての被疑者について、次の事項をご回答くださ
　　い。
　　①　送致日
　　②　送致番号【※1】
　　③　送致先検察庁

④　被疑罪名（特別法違反の場合、罰条もご回答ください）

⑤　簡約特例事件【※ 2】に該当するか

3　本件事故について、送致未了かつ送致の予定がない場合、本件事故について、事故当事者は、事故当時、事故状況についてどのように説明していたかご回答ください。事故当事者の説明内容の回答に代えて、物件事故報告書の写しをご送付いただければ幸いです。

◎　送致予定があり、現在未送致であれば、送致後にご回答いただきますようお願いします。

※ 1　名古屋地方検察庁管内では送致番号を照会することになっていますが、他の地域では警察に対して検番を照会する必要がある場合がありますのでご注意ください。

※ 2　簡約特例事件については、本文参照。

◆照会例5-2　**検察庁への実況見分調書の閲覧・謄写の照会（ 2 段階目の照会）**
（巻末資料4-1）

照会先：

〇〇地方検察庁

当事者の属性：

依頼者

□　事故当事者

□　事故車両の所有者（保有者）

□　事故当事者を被保険者または事故車両を被保険自動車とする自動車
　　保険契約の保険会社（被保険者または被保険自動車　　　　　　　　）

□　事故当事者の相続人

その他（　　　　　　　　　　　　　　　　　　　　　　　　　　　　）

相手方

□　事故当事者

□　事故車両の所有者（保有者）

□　事故当事者を被保険者または事故車両を被保険自動車とする自動車
　　保険契約の保険会社（被保険者または被保険自動車　　　　　　　　）

□　事故当事者の相続人

□　その他（　　　　　　　　　　　　　　　　　　　　　　　　　　　）

> **照会理由：**
> 　□　事故状況を確認するため
> 　□　損害賠償請求権を行使するため
> 　□　その他（　　　　　　　　　　　　　　　　　　　　　　　）
> **照会事項：**
> 　被疑者　甲野太郎　　（生年月日）　　　年　月　日生　に係る
> 　　　　　　　　　　被疑事件（貴庁　　　　　年　第　　　　　　　号）【※】
> 　の（①．実況見分調書　　２．　　　　　　　）の閲覧・謄写
> 　簡約特例事件の場合　　送致日　　　　　　　　送致警察署　　　　　　

※　名古屋地方検察庁本庁管内では、簡約特例事件の場合は、検番を記載しなくても照会可能です。その場合は、検番に代えて送致先警察署・送致日を記載します。

Ⅲ　物件事故報告書

1　はじめに

　物損事故で、刑事事件として立件されない場合、原則として実況見分調書は作成されません（物損事故の場合でも稀に実況見分調書が作成されることがありますが、物損事故であるため刑事記録としては扱われないので、その場合には実況見分調書が開示されないことが多いと思われます）。ただし、その場合でも、事故直後に事故当事者が警察官に説明した事故状況の概要が記載された「物件事故報告書」は作成されるのが通常です。

　物件事故報告書は、ごく簡易な事故状況のメモ程度の図面であることが多く、実況見分調書のような詳細な図面ではありません。しかし、事故状況が全く分からない場合には手がかりになり得ますし、また双方当事者の事故状況の説明が食い違っている場合や、当事者の事故状況の説明が変遷している場合に、事故直後にはどのように説明されていたかを知る手段として役に立つことがあります。

　なお、前述のとおり信号機や道路標識等の損壊を伴う事故の場合や、住宅等他人の建造物の損壊等を伴う事故の場合等には、実況見分調書が作成されてい

ることがあり、この場合は人身事故の場合と同様に実況見分調書の照会をすることが可能です。

愛知県弁護士会では、前記のように、交通事件専用の書式を用意していますので、申出をする際にはそちらを利用すると便利です（◆照会例5-1）。

2 各警察署の対応状況

弁護士会照会によって物件事故報告書の写しの交付を求めた場合、愛知県内の各警察署では、愛知県弁護士会との協議により、物件事故報告書の写しの交付に応じています。

ただし、他県の警察署の中には、図面部分や当事者の説明部分を含め、ほとんどマスキングされた状態で開示される場合もあります。また、図面部分の写しの開示に代えて文言による事故状況の説明がなされる場合や、物件事故報告書の開示そのものがなされない場合もあるため、注意が必要です。

Ⅳ 信号サイクル

交差点に信号機が設置されている場合、各都道府県警察本部の交通管制を担当する部署（愛知県の場合「愛知県警察本部交通部交通規制課管制実施係」、岐阜県の場合「岐阜県警察本部交通部交通規制課」）に対して、信号サイクル等を照会することが可能です。ただし、信号サイクルは変更されることがあり、一定期間しか信号サイクルの記録が残されていない（例えば、コンピュータ制御式の信号機の場合90日など）ので注意が必要です。

なお、複数の信号機の間に関連性があるか（系統式であるか、事実上の連動があるか等）を照会事項とする場合、基本となる信号機と、どの信号機との関連を照会したいのか明示するようにしてください。具体的には、「1本北側の○○交差点の信号機との関連」というように、東西南北のいずれの信号機との関連の有無及び状況を明確にする、別紙として地図を添付しその地図上で関連を照会したい信号機に番号をつけて明示するなどしてください。

また、愛知県警察本部交通部交通規制課管制実施係からは、信号サイクルの照会については、原則として交通事故の発生時刻を中心とする3サイクル分に

限定していただきたい旨の連絡がありますので、照会の際にはご留意ください。

◆照会例5-3　**信号サイクル**

照会先：
　　○○県警察本部

照会理由：（◆照会例5-1を利用することもできます。）
　　依頼者は照会事項記載の交通事故に遭い、損害を受けたため、現在、相手方に対して不法行為に基づく損害賠償請求訴訟を準備中です。相手方は自己の過失の有無、程度を争っております。
　　そこで、相手方の過失の有無・内容を明らかにするため、事故発生時における事故発生場所及びそこに至る経路の交差点の相手方の対面信号表示並びに依頼者の対面信号表示を確認する必要があるので、本照会を求めます。

照会事項：
　　（交通事故の表示）
　　　　照会番号　　　○○署第○○号
　　　　発生日時　　　○○年○月○日午前2時○分ころ
　　　　発生場所　　　○○市○○町○○番地先路線上
　　　　第1車両　　　自家用普通乗用自動車（○○＊＊＊○＊＊＊＊）
　　　　同運転者　　　甲野太郎
　　　　第2車両　　　事業用大型貨物自動車（○○＊＊＊○＊＊＊＊）
　　　　同運転者　　　乙野次郎
　　標記交通事故に関し、下記の事項についてご回答ください（以上の記載に代えて、「別紙交通事故証明書記載の交通事故に関し、下記の事項についてご回答ください」とすることもできます）。
　　1　別紙地図記載①〜④の交差点の各信号機（歩行者信号を含む）の信号サイクルについて、上記交通事故発生日時を中心とする3サイクル分は、どのようになっていましたか【※】。
　　2　上記日時において、上記各信号機は正常に作動していましたか。
　　3　上記日時現在の上記の交差点の各信号機は系統式になっていましたか。系統式になっていない場合でも、事実上の連動の有無はありましたか。
　　4　前項記載の系統式及び事実上の連動があった場合、その具体的内容を

ご回答ください。

5　1項記載の日時の信号サイクルが保存されていない場合は、それに最も近接した時期の同じ時間帯の信号サイクルに関して、1項、3項及び4項につきご回答ください。

※　住宅地図や道路地図等の写しを添付した上で、地図上のどの信号機のことを示しているか明確にしてください。

Ⅴ　防犯カメラの映像

交通事故が発生した場合、事故現場付近に店舗等が存在すれば、その店舗等に設置されていた防犯カメラの映像内容を調査することで、事故状況を確認することができる可能性があります。

◆照会例5-4　コンビニエンスストアの防犯カメラ映像

照会先：
　　○○マート○○店
照会理由：
　　○○年○月○日○時○分頃、○○マート○○店の駐車場内において、依頼者運転の自家用普通乗用自動車（○○＊＊＊○＊＊＊＊）と相手方運転の自家用普通乗用自動車（○○＊＊＊○＊＊＊＊）が衝突する交通事故が発生しました。そこで、同店舗の屋外南東角の軒下に設置されている防犯カメラに写っている当時の事故状況を確認し、相手方の過失の有無・内容等を調査する必要があるため、本照会を求めます。
照会事項：
　　○○年○月○日○時○分頃、○○マート○○店の駐車場内において発生した、依頼者と相手方との間の交通事故の具体的な状況をご回答ください。なお、回答に代えて、同店舗の屋外南東角の軒下に設置している防犯カメラに記録された事故状況の映像のデータ、プリントアウトされた画像等をご送付いただければ幸いです。

※1　コンビニエンスストアに設置された防犯カメラは、コンビニエンスストアが管理している場合のほか、店舗内のATM銀行が管理している場合もあります。防犯カメラの管理者に応じて照会先が異なりますので、照会対象の防犯カメラをどこが管理しているか（コンビニエンスストアの場合：本部か加盟店か等、銀行の場合：本店か支店か等）を事前に確認する必要があります。

※2　照会対象の防犯カメラが店舗のどの場所に設置されているものか、特定する必要があります。

※3　事前に、照会先に対して、事故状況が写っているか否か、弁護士会照会によって回答がなされるか否か等を確認しておくとよいでしょう。また、期間の経過により画像データが上書き消去されてしまう場合もありますので、できるだけ早期に照会先に連絡を入れて、データの保存を申し入れる必要があります。

Ⅵ　車両の所有者

　人身事故の場合、車両の運行供用者も自動車損害賠償保障法3条により損害賠償責任を負うため、車両の所有者を調査する必要が生ずる場合があります。また、物損事故であっても、車両損害の賠償請求権者を確定するために、車両の所有者の調査が必要となることがあります。

　車両の所有者の調査については、第2部第1章Ⅳを参照ください。

Ⅶ　損害保険等の加入状況

　交通事故によって被害を受けた場合、相手方が損害保険契約をしていたか否か、あるいはどこの保険会社にどのような損害保険契約が存するか、調査する必要がある場合があります。

◆照会例5-5　**損害保険契約の有無・内容**

照会先：
　一般社団法人日本損害保険協会○○支部事務局長
照会理由：

　依頼者は、別紙交通事故証明書記載の交通事故に遭い、損害を受けたため、相手方が締結している損害保険契約に基づいて、損害保険会社に対し、被害者の直接請求をすることを検討しています。

　そこで、相手方が損害保険契約を締結している損害保険会社、及び損害保険契約の内容等を確認する必要があるので、本照会を求めます。

照会事項：

1　貴協会加盟の各損害保険会社に下記の自動車を被保険車両とする損害保険契約がありますか。

登録番号	○○○○
車　　名	○○○○
車台番号	○○○○
原動機の形式	○○○○
所有者の氏名	○○○○（フリガナ）

2　保険契約が存在する場合、①保険の名称、②契約者の氏名・住所、③被保険者の氏名、住所、④保険の種類、⑤証券番号、⑥保険金額、⑦保険期間、⑧特約事項をご回答ください。

※　同様の照会は、一般社団法人外国損害保険協会、一般社団法人日本共済協会、一般社団法人日本少額短期保険協会を照会先として行うことも可能です。

Ⅷ　飲酒の有無

　事故時、運転者が飲酒していたか否かは、過失割合に影響を及ぼすものです。また、損害保険会社が車両保険金等の請求を受けた場合、それが酒気帯び運転・酒酔い運転による事故であれば、約款上免責されます。

　警察が飲酒検知を行っている場合、その結果等については、実況見分調書同様代替性の乏しい客観的な資料であることから、当該警察署に対して照会すれば一定の回答を得ることができます。なお、飲酒検知の結果が政令指定値を超え、酒気帯び運転等で送致されている場合、単に「送致済み」として、検察庁に照会するよう促されることもあります。

　事故時、運転者が飲酒していたか否かについては、事故後の運転者の救急搬

送時にアルコール臭がしたか否かによって判明することもあります。救急搬送時の状況に関する照会については、本章Ⅸを参照してください。

◆照会例5-6　飲酒の有無

照会先：
　　○○警察署
照会理由：（◆照会例5-1を利用することもできます。）
　　依頼者は、相手方を保険契約者とする自動車保険契約の保険会社です。
　　相手方は、照会事項記載の第1車両を運転して、本件保険事故を発生させました。そこで、相手方から、依頼者に対し、本件保険事故について上記保険契約に基づく保険金の支払請求がありました。
　　上記保険契約の約款では、酒に酔った状態もしくは酒気を帯びた状態で運転していた場合には保険金の支払が免責されることとなっています。
　　そこで、同免責事由の存否を明らかにするため、本照会を求めます。
照会事項：
　　（交通事故の表示）
　　　　照会番号　　○○署第○○号
　　　　発生日時　　○○年○月○日午後○時○分ころ
　　　　発生場所　　○○市○○町○○番地先路線上
　　　　第1車両　　自家用普通乗用自動車（○○＊＊＊○＊＊＊＊）
　　　　同運転者　　甲野太郎
　　　　第2車両　　事業用大型貨物自動車（○○＊＊＊○＊＊＊＊）
　　　　同運転者　　乙野次郎
　　標記交通事故に関し、下記の事項についてご回答ください（以上の記載に代えて、「別紙交通事故証明書記載の交通事故に関し、下記の事項についてご回答ください」とすることもできます）。
　　1　甲野太郎が、事故当時酒に酔った状態もしくは酒気を帯びていたとの疑いで調査もしくは捜査をされたことがありますか。
　　2　運転者の血液または呼気中のアルコール濃度を測定されましたか。
　　3　測定されたとすれば、測定結果と測定日時。
　　4　甲野太郎を被疑者として検察官送致済みの場合、送致日、送致番号、送致先検察庁をご回答ください。

Ⅸ 救急活動中の相手方の症状

　交通事故において、相手方の主張する負傷が当該事故により負ったものではない旨の反論をする場合など、事故直後の相手方の症状について照会することが有用である場合があります。その場合、例えば、事故直後に相手方が救急搬送された際の相手方の症状について照会することが考えられます。この場合、照会事項に「なお、救急出動報告書から回答が分かる場合は、回答に代えて救急出動報告書の写しをもって回答に代えていただいても結構です。」などと記載することで、救急出動報告書の写しが開示されることもあります。

　また、この照会は、救急搬送時の相手方のアルコール臭の有無を照会することで、相手方が事故時に酒に酔った状態もしくは酒気を帯びた状態であったか否かについて調査する場合にも応用可能です。

◆照会例5-7　**救急活動中の症状**

照会先：
　○○消防署長

照会理由：
　依頼者は、交通事故により相手方を負傷させた者であり、相手方に対し損害賠償債務を負っています。相手方の主張する症状について疑義があるので事故直後の状況について確認するため本照会を求めます。

照会事項：
　○○年○月○日○時○分頃、○○市○○町○○番地における交通事故についての甲野太郎（○○年○月○日生）に対する救急活動に関し、下記事項についてご回答ください。
　　1　出動時刻
　　2　現場着時刻
　　3　到着時・搬送中の甲野太郎の意識障害の有無その他の状態
　　4　病院収容時刻
　なお、救急出動報告書から上記照会に対する回答が分かる場合には、回答に代えて救急出動報告書の写しをご送付いただければ幸いです。

X　運転免許の有無

　事故時、運転者が有効な運転免許を保有していたか否かは、過失割合に影響を及ぼす場合があります。また、損害保険会社が車両保険金等の請求を受けた場合、一般に有効な運転免許を持たずに自動車を運転して起こした事故であれば、免責されます。

　事故時に有効な運転免許を保有していたか否かは、各都道府県警察本部で運転免許を扱う部署に対して照会をすることができます（愛知県の場合は、「愛知県警察本部交通部運転免許試験場」に対して照会します）。

　ただし、当該事故について検察庁に送致されている場合には、検察庁に対して照会すれば回答を得られる場合があります。

◆照会例5-8　**運転免許の有無（愛知県の場合）**

照会先：
　愛知県警察本部交通部運転免許試験場
照会理由：（◆照会例5-1を利用することもできます。）
　依頼者は、相手方を保険契約者として自動車保険契約を締結していました。相手方は、照会事項記載の第1車両を運転して、照会事項記載の交通事故を惹起し、第1車両を破損したとして、依頼者に対し、上記保険契約に基づく車両保険金の請求をしています。
　上記保険契約の約款には、法令により定められた運転資格を持たないで被保険自動車を運転している場合には保険金の支払が免責されることとなっています。
　そこで、同免責事由の存否を明らかにするため、本照会を求めます。
照会事項：
　（交通事故の表示）
　　　照会番号　　○○署第○○号
　　　発生日時　　○○年○月○日午後○時○分ころ
　　　発生場所　　○○市○○町○○番地先路線上
　　　第1車両　　自家用普通乗用自動車（○○＊＊＊○＊＊＊＊）
　　　同運転者　　甲野太郎

```
第２車両　　事業用大型貨物自動車（○○＊＊＊○＊＊＊＊）
同運転者　　乙野次郎

　甲野太郎（本籍：○○○、住所：○○○、生年月日：○○○、性別：○）
は、標記交通事故当時、標記第１車両を運転するに必要な運転免許を有して
いましたか【※】。
```

※　運転免許の有無を照会する場合は、照会事項に、氏名、本籍、住所、生年月日、性別の５
　　項目、特に、氏名・生年月日・性別は忘れずに記載するようにしてください。

XI　被害者の治療経過等

　加害者（損害保険会社）側が、被害者の事故に基づく受傷病に対する治療の経過等について、医療機関に対し、照会をすることがあります。この場合、単に事実の報告を求めるだけではなく、治療等に関する医師の意見を求める照会にまで及ぶことがあります。この点については、照会先において容易に判断できる医学的意見は、照会が可能です（愛知県弁護士会、弁護士会照会申出審査基準規則５条２項ただし書）。

　しかし、実際の照会では、「照会先において容易に判断できる」とは言い難いものや、照会先の治療方法を非難するかのような内容の照会事項が見受けられることがあります。こうした照会においては、照会先から回答が得られない原因ともなります。照会申出時には、回答をする照会先の負担等も十分考慮して、できるだけ回答しやすい照会事項を検討してください。

　なお、照会に対して回答することに関する患者の同意書がある場合には、添付するか、既に照会先医療機関に対して提出済みであることを照会理由に付記してください。

◆照会例5-9　**被害者の治療経過等**

```
照会先：
　○○病院
```

照会理由：

　依頼者は、相手方に対して交通事故に基づく損害賠償債務を負っています。適切な賠償をするためには相手方の受傷の内容、程度等を確認する必要があります。そこで、相手方の受傷の内容等について本照会を求めます。

照会事項：

　患者の表示　住　　　所　　〇〇市〇〇町〇〇番地

　　　　　　　氏　　　名　　甲野太郎

　　　　　　　生年月日　　〇〇年〇月〇日

　　　　　　　事　故　日　　〇〇年〇月〇日

　上記患者の事故日以降の治療状況に関し、下記事項についてご回答願います。

　1　患者の診断名をご教示ください。

　2　患者の症状についてお伺いします。

　　①　改善された症状についてご教示ください。

　　②　増悪した症状についてご教示ください。

　　③　変化のない症状についてご教示ください。

　3　上記の症状を説明する他覚的所見（特に神経学的な所見）はありますか。それとも、患者の告知内容によって評価されていますか。他覚的所見がある場合は、現状での検査項目及び所見をご教示ください。

　4　患者に対し、就労について、医学的な理由から制限あるいは禁止などの指示は出されていますか。出されているとしたら、

　　①　ご指示の内容についてご教示ください。

　　②　ご指示の継続期間についてご教示ください。

　5　特に、就労の制限等についてご指示を出されていない場合、就労は、患者の意思に委ねていると理解してよろしいか否かをご教示ください。

　6　就労について、制限、禁止などのご指示を出されている場合、その医学的な根拠についてご教示ください。

　7　患者の傷病はどのくらいの時期で治癒または症状固定になる見込みでしょうか。ご教示ください。

　8　治療終了にむけて今後の治療方針がございましたらご教示ください。

XII 相手方の既往症の有無（従前の後遺障害）

交通事故の相手方に既往症が認められる場合には、既往症を理由に相手方の損害額の減額を主張することがあり、その場合、当該事故以前に相手方が受けていた後遺障害認定の内容について照会することが考えられます。

なお、自賠責保険の取扱い保険会社が判明している場合は、当該保険会社宛に照会することもできます。

◆照会例5-10　**後遺障害の内容**

照会先：

損害保険料率算出機構

照会理由：

依頼者は、相手方に対し交通事故を原因とする損害賠償債務を負っています。相手方に既往症が認められる場合には、既往症を理由に減額する必要があるので、既往症の有無を確認するために本照会を求めます。

照会事項：

甲野太郎（○○年○月○日生）に対する過去の後遺障害認定の有無等に関し、下記事項についてご回答ください。

　　1　当該後遺障害の原因となる交通事故の発生年月日

　　2　後遺障害の内容

　　3　後遺障害の等級

　　4　同等級認定の理由

なお、回答に代えて後遺障害認定票など一件書類の写しをご送付いただければ幸いです。

XIII 死亡した被害者の給与等（逸失利益の算定資料）

　交通死亡事故などで、被害者の遺族が被害者の逸失利益を請求したい場合等に、死亡した被害者の元勤務先に、給与や退職金の額について照会し、これを逸失利益算定の資料とすることが考えられます。

　この照会は、交通事故の相手方の休業損害や逸失利益の主張が過大である場合に、これに反論するための資料を得るためにも応用可能です。ただし、相手方の勤務先に対する照会となるため、相手方の名誉やプライバシーを損なうことがないよう、照会理由や照会事項の記載に十分に配慮することが必要です。

◆照会例5-11　**死亡した被害者の元勤務先における給与・退職金等**

照会先：
　○○株式会社

照会理由：
　甲野太郎は、○○年○月○日交通事故により死亡しました。依頼者らは甲野太郎の相続人ですが、事故の加害者に対し、損害賠償を求めるにあたり、逸失利益算定の資料を得る必要があるため本照会を求めます。

照会事項：
　貴社の元従業員甲野太郎（住所：○○市○○町○○番地・○○年○月○日死亡）について、以下の事項にご回答願います。
　1　事故前の所属及び職務内容
　2　事故前3年間（○○年～○○年）の年収額。なお、回答に代えて源泉徴収票の写しをご送付いただければ幸いです。
　3　貴社の定年は何歳でしょうか。また、定年まで勤務したとすれば、退職時における退職金はいくらでしたか。なお、回答に代えて貴社の退職金規程の写しをご送付いただければ幸いです。

第6章 保険事故（交通事故以外）

Ⅰ　はじめに

　交通事故に限らず日々生起する事故が保険事故に該当する場合、保険金が支払われることになります。これによって、被害者は被害を回復することができますが、保険会社が不当に保険金の支払いを拒否すれば被害者救済はなされません。他方、ときに不当な保険金請求の場合もあります。そこで、保険制度が適正に運用されるために、事故の原因や事故態様、保険金支払の免責事由の有無などが争点となることがあります。また、事故によって受けた被害の回復に資する保険契約の存否を確認する必要がある場合もあります。これらの場合などに弁護士会照会が利用できます。

　以下、利用頻度の高い火災事故を中心に具体的な利用方法を紹介します。

Ⅱ　火災事故

1　照会を必要とする場合

　建物が延焼被害に遭い、出火元に対し損害賠償請求をする場合には、出火元や出火原因について調査する必要があります。

　また、火災による被害について損害保険会社が保険金を請求されている場合には、損害保険会社としては、免責事由の有無についての判断が必要であり、その一環として出火原因を調査する必要があります。

2　出火元・出火原因等を調査する照会の実情

（１）火災調査報告書作成の流れ

　通報があって鎮火したあと、消防法31条以下の規定により、消防長（消防本部を置かない市町村においては市町村長）または消防署長は、警察と協力して火災原因等の調査を行い、報告書を作成します。作成される書類としては、①火災調査書、②原因判定に関する書類、③実況見分調書、④質問調書、⑤写真類があります（市町村によって文書名が異なることがあります）。車両火災など単純な火災の場合は、上記①しか作成されないこともあります。

（２）名古屋市の場合

　名古屋市消防局によれば、回答を拒否するのは次の①〜⑤のいずれかに該当する場合であり、それ以外の場合は、客観的事項については回答しているとのことです。

　　①　弁護士会という公益的団体の活動内容を考慮しても、なお個人の権利保護の観点から提供不能と判断できる個人情報で、本人の同意が確認できない場合

　　②　捜査機関が捜査中の場合で、情報提供することが捜査に支障を及ぼすおそれがある場合

　　③　消防署が調査中の場合

　　④　照会された事項について、記録がない場合

　　⑤　クレームなどの可能性があって、以後の職務遂行に支障の出るおそれのあるとき

　また、名古屋市は、名古屋市個人情報保護事務取扱要綱を定め、その基準に従って回答の可否を判断しています。

名古屋市個人情報保護事務取扱要綱抜粋

第５　目的外利用・提供の手続

　２　条例第11条第１項第２号の規定に基づく目的外提供の検討

　　　事務所管課は、法令又は条例の規定に基づき個人情報の提供を求められた場合は、提供を行うことを罰則等で強制されない限り、提供を行う

ことにより個人の権利利益が不当に侵害されることがないように、提供を求める目的、内容を次に掲げる基準に照らし合わせ、提供の可否について判断をしなければならない。

（1）提供を求める内容が明確・適正であり、かつ、当該目的の達成によりもたらされる公益が、個人情報が提供されることにより個人の権利利益に及ぼす不利益と比較して、なお上回る利益を有するものであるか。

（2）提供を求める個人情報の内容が目的からみて必要不可欠のものか。

（3）提供を求める個人情報の内容に要注意情報が含まれていないか。

（4）本市に提供を求める以外に当該個人情報を確認する有効な手段はないか。

したがって、照会申出の際は、上記基準を意識した照会理由を示してください。

（3）回答の実情

出火日時・場所については回答されるのが通常ですが、天災以外の出火原因については、個人情報に該当することを理由として回答されないことがあります（「放火」などと回答を得られることもあります）。なお、消防機関の保有する情報の開示に関して、消防庁より、「火災原因等調査書類の開示に際しての取扱いについて（通知）」（平成7〔1995〕年6月27日消防予第144号消防庁予防課長）と題する通達が出されています。都道府県や市町村の場合、自治体ごとに条例や事務取扱要綱を制定していますので、ホームページなどで調査したうえで照会理由を記載することで回答が得られやすくなります。

3　出火状況

◆照会例6-1　出火元・出火原因・消防記録【※1】

照会先：
　○○消防署長【※2】
照会理由：
（例1：依頼者が保険金請求権者の場合）【※3】
　依頼者は、損害保険会社である相手方との間で、依頼者の自宅を保険の目

的物とする火災保険契約（証券番号○○○-○○○○○）を締結しています。

　○○年○月○日午後○時○分頃、依頼者の自宅が全焼したため、依頼者は相手方に対して保険金の支払請求を行ったのですが、相手方は保険金請求に応じようとしません。

　そこで、相手方に対する保険金請求訴訟を提起すべく準備中ですが、出火原因及びその理由を明らかにする必要があるため、本照会を求めます。

（例2：依頼者が損害保険会社の場合）【※4】

　損害保険会社である依頼者は、相手方との間で、相手方の自宅を保険の目的物とする火災保険契約（証券番号○○○-○○○○○）を締結しています。

　○○年○月○日午後○時○分頃、相手方の自宅が全焼したため、依頼者は相手方から保険金の請求を受けることになりました。依頼者の保険金支払義務の有無及び求償先の有無の判断ないし確認が必要であり、そのためには出火原因等を明らかにする必要があるため、本照会を求めます。

照会事項：

　○○年○月○日午後○時○分頃、○○市○○町○○番地、甲野太郎方で発生した火災につき、以下の事項について回答してください。なお、回答に代えて、消防記録【※5】（火災調査書、火災原因判定書、実況見分調書、活動報告書等、同火災に関する一切の書類）の写しを送付していただければ幸いです。

　　1　出火日時【※6】
　　2　出火場所
　　3　出火原因
　　4　その結論に至った理由
　　5　焼損場所及び範囲

※1　各市町村の情報公開条例に基づく情報公開請求を行うと、請求者の地位に応じて、一定の回答が得られる場合があります。どのような情報を開示するかは、各市町村の情報公開に関する要綱等によって定められているようです。

※2　照会先は、火災が発生した場所を管轄する消防署長宛とすることが一般的ですが、自治体によっては「○○消防本部　消防長」などの場合もありますので、事前にご確認ください。

※3　自己情報にあたる場合は、個人情報保護条例に基づく開示請求もできる場合があります。

※4　依頼者が損害保険会社の場合などにおいて、対象者の同意書があると回答が得られ易くなりますので、照会申出書に写しを添付してください。
※5　消防記録については回答されないことがあります。市町村によっては、情報公開条例に基づく請求がなされた場合に火災調査書を開示しているようです。
※6　回答される場合であっても、出火日時・出火場所以外の事項については、回答されないことがあります。

Ⅲ　海難事故

1　はじめに

　港や海で発生した事故については、海上保安庁に照会をすることになります。自動車事故の場合と同様に事故態様が判明したり、あるいは海中転落事故について保険金支払の可否について有益な情報が得られたりすることもあります。

2　海難事故の発生状況

◆照会例6-2　**海難事故の実況見分調書・処理結果**

照会先：
　海上保安庁○○海上保安部【※1】
照会理由：
　依頼者は、照会事項記載の事故により死亡した甲野太郎の相続人であり、加害者である乙野次郎に対して、不法行為に基づく損害賠償請求訴訟を提起する予定です。
　そこで、相手方の過失の有無等を明らかにするため、上記事故の発生状況を確認する必要があるので、本照会を求めます。
照会事項：
　（海難事故の表示）
　　　日　　時　　○○年○月○日○時○分頃
　　　場　　所　　○○市○○町○○番地　岩壁○○メートル沖○○　港内
　　　事故態様　　甲野太郎操縦の水上バイクが向きを変えようと速度を落とし

　　　　　　たところへ乙野次郎操縦の漁船が衝突した。

　上記事故に関しまして、次の事項についてご回答ください。

　1　上記事故について、御庁の実施された実況見分の結果をご教示ください。なお、本件事故の再現は不可能であり、実況見分調書が事故状況を示す唯一の客観的証拠ですから同調書の写しの送付をもってご回答いただければ幸いです。

　2　上記事故の御庁における処理結果（送致日、送致先検察庁、送致番号、送致罪名）をご回答ください【※2】。

※1　事故の場所等の事情により照会先が警察になる場合がありますので、事前にご確認ください。
※2　海上保安庁における事故処理は、交通事故における所轄警察署での捜査と同様であり、捜査終了後検察庁に送致されます。

3　海中転落事故の発生状況

◆照会例6-3　海中転落事故の実況見分調書・遺留品の状況

照会先：
　海上保安庁○○海上保安部【※】
照会理由：
　依頼者は保険会社であり、海中転落事故によって死亡した被保険者の相続人から保険金請求をされています。
　そこで、上記海中転落事故が事故によるものか否か等、保険金支払の可否を判断するために、転落事故状況を明らかにする必要があるので、本照会を求めます。
照会事項：
　（海中転落事故の表示）
　　日　　時　　○○年○月○日○時○分頃
　　場　　所　　○○市○○町○○番地　○○港内
　　転 落 者　　甲野太郎
　上記事故に関しまして、次の事項についてご回答ください。
　1　上記事故について、御庁の実施された実況見分の結果をご教示くださ

い。なお、本件事故の再現は不可能であり、実況見分調書が事故状況を示す唯一の客観的証拠ですから同調書の写しの送付をもってご回答いただければ幸いです。

2　上記事故現場付近に転落者の遺留品は存在しましたか。存在していた場合は、遺留品の品目、発見場所、発見したときの遺留品の状態をご回答ください。

※　事故の場所等の事情により照会先が警察になる場合がありますので、事前にご確認ください。

Ⅳ　損害保険等の加入状況、保険金の支払状況

1　はじめに

事故によって被害を受けた場合、相手方が保険契約をしていたか否か、あるいはどこの保険会社に保険契約が存するかを調査する必要がある場合があります（第2部第5章Ⅶ参照）。

また、保険金支払の可否を判断するにあたり過去に類似の事故による保険金支払があるかを調査する場合もあります。

あるいは、重複する保険が存在するかどうかの調査にも照会が利用できます。

2　類似事故による保険金支払の有無

◆照会例6-4　**類似事故による保険金支払の有無**

照会先：
　一般社団法人日本損害保険協会○○支部事務局長
照会理由：
　依頼者（保険会社）は相手方との間で住宅総合保険契約を締結しており、風災を理由に建物の修繕に関し保険金請求を受けています。しかし、その請

求内容には疑義があり、過去に類似の請求をしている可能性もありますので、本照会を求めます。

照会事項：

貴協会会員の各損害保険会社についてお伺いします。

氏　　名　　甲野太郎
生年月日　　○○年○月○日
住　　所　　○○市○○町○○番地

1　上記の者から、過去3年の間に住所地の建物の修繕に関し保険金の請求を受けたことはありますか。

2　上記1で請求を受けたことがある場合、

（1）保険金請求の原因（台風、豪雨、地震等）は何でしたか。

（2）上記の者からどのような資料が提出されましたか。回答に代えて当該資料の写しの添付をいただければ幸いです。

（3）建物の損壊状況はいかがでしたか。回答に代えて写真の写しの添付をいただければ幸いです。

（4）支払日と支払金額をご回答ください。

※　同様の照会は、一般社団法人日本少額短期保険協会、一般社団法人日本共済協会や一般社団法人外国損害保険協会を照会先として行うことも可能です。

3　火災保険金支払の有無

◆照会例6-5　**火災保険金支払の有無**

照会先：

○○保険株式会社【※1】【※2】

照会理由：

損害保険会社である依頼者は、相手方との間で、照会事項記載の建物（以下「本件建物」といいます）を保険の目的とする火災保険契約を締結しています。依頼者は、現在、相手方から、○○年○月○日に本件建物が焼失したとして火災保険金の請求を受けているところ、相手方は、貴社との間でも、本件建物を保険の目的とする火災保険契約を締結しているとの情報を得ました。重複保険の場合、支払保険金額に影響がありますので本照会を求めます。

照会事項：
1 ○○年○月○日、下記の者が所有する○○市○○町○○番地の建物において発生した火災について、貴社は、下記の者に対して火災保険金の支払いをしましたか。
2 支払いをした場合、①保険契約の種類、②支払いの年月日、③支払いの額、をご教示ください。

記

氏　　名　　甲野太郎
生年月日　　○○年○月○日
住　　所　　○○市○○町○○番地

※1　このような照会をしても、個人情報の保護を理由に、相手方の同意がない限り回答を拒否される可能性があります。
※2　このようなケースで、保険会社が特定できていない場合は、一般社団法人日本損害保険協会や一般社団法人外国損害保険協会等を照会先として、火災保険の有無・契約の内容について照会することができます。上記協会に加盟している保険会社については、上記協会のホームページを参照してください。

V 保険金請求の適否の調査

1 はじめに

　保険金請求事件において比較的多い紛争に自動車盗難による請求があります。その場合、保険金請求の当否について、被害事実に関する届出内容等を調査したり、当該自動車の購入価格に比して高額の車両保険が設定されていないかを調査することが有効な場合があります。

2 警察署における被害届の届出状況

◆照会例6-6　警察署における被害届の提出の有無・提出日・被害内容等

照会先：
　○○警察署

照会理由：

　依頼者（保険会社）と相手方は、下記の自動車を被保険自動車として車両保険契約を締結していました。そして、相手方は、その保険期間中に当該自動車の盗難の被害に遭ったとして、依頼者に対し車両保険金の請求をしました。

　当該盗難が、相手方の故意によって生じたか否かを判断するにあたって、被害日時、被害場所等に関する相手方の届出内容を調査する必要があります。

　そこで、本照会を求めます。

（自動車の表示）

　　用途・車種　　自家用普通乗用自動車
　　車　　　名　　○○○○
　　仕　　　様　　3000ターボ
　　登録番号　　　○○12あ3456
　　車台番号　　　ABC999-0123456
　　型　　　式　　ABC-DEF888A
　　初度登録　　　○○年○月

照会事項：

　下記事件の被害届について、次の事項をご回答ください。

1　甲野太郎から下記事件の被害届が提出されていますか。
2　被害届が提出されている場合には、提出日及びその受理番号をご回答ください。
3　甲野太郎が提出した被害届の内容（被害日時、被害場所、被害物品の種類・量）についてご回答ください。なお、回答に代えて被害届の写しを送付していただければ幸いです。
4　下記事件について検察官送致済みである場合、次の事項をご回答ください。なお、送致未了の場合には、送致後にご回答ください。
　①　送致日
　②　送致番号
　③　送致先検察庁
　④　被疑者の氏名
　⑤　被疑罪名（特別法違反の場合、罰条もご回答ください）

記

第 6 章 保険事故（交通事故以外）

```
  1  事 件 名  ：窃盗事件
  2  事件発生日時：○○年○月○日○時頃
  3  事件発生場所：○○市○○町○○番地
  4  被 害 者  ：甲野太郎（住所　○○県○○市○○町○○番地）
```

3　自動車オークションにおける落札状況

◆照会例6-7　**自動車オークションにおける落札の有無・走行距離・落札金額等**

照会先：
　株式会社○○○（オークション会場名）【※１】
照会理由：
　依頼者（保険会社）と相手方は、下記の自動車を被保険自動車として車両保険契約を締結していました。そして、相手方は、その保険期間中に当該自動車の盗難の被害に遭ったとして、依頼者に対し車両保険金の請求をしました。
　当該盗難が、相手方の故意によって生じたか否かを判断するにあたって、被保険自動車がどれだけの価値を有するものであるか調査する必要があります。そして、オークションを経由して売買されていれば、オークションの関係資料から落札時の車両の状態や落札額が分かります。
　そこで、本照会を求めます。
　（自動車の表示）
　　用途・車種　自家用普通乗用自動車
　　車　　名　　○○○○
　　仕　　様　　3000ターボ
　　登録番号　　○○12あ3456
　　車台番号　　ABC999-0123456
　　型　　式　　ABC-DEF888A
　　初度登録　　○○年○月
照会事項：
　1　下記の自動車について、○○年○月から○○年○月までの間に【※２】、
　　　貴社のオークションの対象として取り扱ったことはありますか。

　　2　取り扱ったことがある場合は次の事項をご回答ください。

　　① 出品者

　　② 出品者の設定したスタート金額

　　③ 希望落札金額

　　④ オークション出品時の走行距離

　　⑤ オークション出品時の車両の状態（回答に代えて出品票等の写しを
　　　ご送付いただければ幸いです）

　　⑥ 落札日

　　⑦ 落札者

　　⑧ 落札金額

（自動車の表示）

　　用途・車種　　自家用普通乗用自動車

　　車　　名　　○○○○

　　仕　　様　　3000ターボ

　　登録番号　　○○12あ3456

　　車台番号　　ABC999-0123456

　　型　　式　　ABC-DEF888A

　　初度登録　　○○年○月

※1　オートオークション会場が不明の場合は一般社団法人日本オートオークション協議会
　　に問い合わせる方法もあります。
　　　〒103-0027　東京都中央区日本橋3-2-14　日本橋KNビル3階
　　　一般社団法人日本オートオークション協議会　事務局

※2　一定期間中に出品・落札が複数回ある場合などに、そのすべての出品・落札について回
　　答を求めるのか、あるいは一番直近の情報について回答を求めるのか明らかにしてくだ
　　さい。出品・落札の回数が多い場合もあり、その場合に照会先から回数に応じた手数料
　　を求められ、これが結果的に高額になるケースがあるのでご注意ください。

第**1**章 家事事件

I 相続に関する照会

1 はじめに

　相続に関する相談を受けた場合には、相続人と遺産を確定し、遺言書の存否を確認する必要があります。また、債権者から、債務者が亡くなったため誰に対して権利を行使すればいいのかという相談を受けた場合にも、債務者の相続人を確定する必要があります。

　そこで、以下、①相続人の確定、②遺産の確定、③遺言書の確認について弁護士会照会を中心に証拠収集の方法について述べていきます。

2 相続人の確定

　遺産分割をする場合、あるいは、債務者が亡くなった場合には、相続人を確定する必要があります。そのためには、戸籍類を取得して相続関係（法定相続人）を把握した上で、法定相続人の中に相続放棄をした者がいるか否かを調査します。特定の法定相続人が相続放棄をしたか否かは、被相続人の最後の住所地を管轄する家庭裁判所に照会して調査します。この照会は、弁護士会照会によって行うことができますが、家庭裁判所に対して直接照会しても回答が得られます。家庭裁判所に対して直接照会する場合には、弁護士会照会と異なり、照会手数料は不要です（この手続で回答書を得ることができますが、受理証明書が必要な場合は手数料〔収入印紙〕が必要です）。

　次に、相続人の居住地を把握する必要があります。通常は、関係者への聴取、住民票の調査により把握できますが、海外に在住している相続人で、その所在地が不明な場合は、外務省領事局海外邦人安全課に照会することにより判明する場合があります。

3　遺産の確定

（1）預貯金・貸金庫

①　はじめに

　相続人は、相続開始時に被相続人の財産に属した一切の権利義務を承継しますが（民法896条）、遺産の範囲が定かでない場合があります。その場合には被相続人の預貯金調査、貸金庫の調査などの遺産調査が必要です。

　金融機関に預貯金が存在するかどうか不明なとき、預貯金が存在することは間違いないが残高が定かでないとき、あるいは、親族の1人が被相続人の預貯金を管理しており、その入出金が他の相続人には判然としないときには、預貯金の存否、残高、取引履歴を照会するとよいでしょう。

　ただ、被相続人の預貯金調査の方法としては、実体法の権利に基づいて直接金融機関に対して報告を求める方法もあります。

　実体法上の権利に基づく請求の場合には弁護士会照会の手数料がかからないというメリットがあります（金融機関の場合は各支店において預金の残高、取引履歴の資料を求めることになりますが、ゆうちょ銀行においては最寄りの郵便局を通じてそれらの資料を取り寄せることができます）。

　実体法上の権利については、最一小判平成21年1月22日（民集63巻1号228頁）が、①預金契約は委任契約ないし準委任契約の性質も有しており、民法645条・656条により、金融機関は預金者に対して預金口座の取引経過を開示する義務を負っていること、②共同相続人の1人は、民法264条・252条ただし書により、共同相続人全員に帰属する預金契約上の地位に基づき、取引経過の開示を求める権利を単独で行使することができると判示しています。

　また、預金の取引経過についての開示請求だけでなく、預金の払戻しをした者についての開示請求や貸金庫の開設・利用履歴についての開示請求も、預金契約に基づく報告請求（民法645条・656条）と考えられます（上記の判例の調査官解説（最高裁判例解説平成21年度〔上〕66頁）においても、払戻請求書及び振込依頼書等の伝票類についても必要性が認められる場合には、実体法上の権利として開示請求できることを前提としているものと思われます）。

②　照会対象期間の限定

　上記の判例は、開示請求の態様、開示を求める対象ないし範囲等によっては、取引経過の開示請求が権利の濫用に当たり許されない場合があると判示してお

り、その調査官解説（上記判例解説66頁）においては、「特段の事情もなく」「口座開設以来の長期間にわたる開示を求めたりするような場合」は「権利濫用に当たると解する余地がある」とされています。

　このため、調査室においては、照会対象期間を原則として相続開始時から遡って 5 年以内とし、それ以上遡る場合には、申出書にその必要性（例えば、ある事情から 5 年より前に被相続人から他の相続人に贈与等がなされ、特別受益に該当する可能性が高い等）を記載していただくことになっていますので、ご注意ください。

　③　生前に被相続人が預金契約を解約していた場合の取引経過の照会

　取引開始以後のすべての取引経過の開示を求めた事案において東京地判平成22年 9 月16日（金法1924号119頁）は、銀行の取引経過開示義務は商事債権の消滅時効期間を参考に解約の日から 5 年の限度で存続するとしましたが、その控訴審判決である東京高判平成23年 8 月 3 日（金法1935号118頁）は、銀行は解約後被相続人に対して取引経過の報告を完了しており（取引経過の報告を完了していない場合は、民法645条後段の顛末報告義務として開示請求が認められる（前記判例解説67頁参照）、報告義務は消滅しているとし、仮に信義則上の義務があるとしても、銀行の過大な負担等を理由に当該開示請求は権利濫用であるとして認められないとしています。

　以上の裁判例を踏まえると、生前に被相続人が預金契約を解約していた場合の取引経過の照会については、解約をしていない通常の場合よりも対象期間を限定した方がよいといえます。

　④　戸籍謄本・相続人関係図の添付

　照会先金融機関から、相続関係が分かる資料（戸籍謄本等）の写しの添付を求められることがありますが、審査の段階においても、被相続人の死亡の事実及び照会申出依頼者が相続人であることを確認すべく、資料の添付が必要です。また、照会先から迅速に回答を得るため、相続人関係図の添付も必要となります。

◆照会例7-1　**被相続人名義の預金の有無・残高・取引履歴**

　照会先：
　　株式会社○○銀行○○支店
　照会理由：
　　依頼者は、被相続人甲野太郎（○○年○月○日死亡）の長女（相続人）、相

手方は被相続人の長男です【※1】。被相続人の遺産について、依頼者は相手方と分割協議をしていますが、その前提として、被相続人の遺産内容を明らかにする必要があります。

　被相続人の預金口座は相手方が管理していましたが、○○年○月○日から被相続人が死亡した○○年○月○日までの間に、相手方は一部の預金口座の預金を引き出したり、解約をしたりして預金を費消している可能性があります。分割協議にあたっては、その事実の有無・内容を把握しておく必要があるため、本照会を求めます。

照会事項：

　下記の者について、下記事項の回答をお願いします。

記

○○市○○町○○番地

（前住所　○○市○○町○○番地）

甲野太郎（こうのたろう）【※2】

○○年○月○日生、○○年○月○日死亡

1　○○年○月○日（死亡日）時点で、上記の者の預金口座は存在しましたか。存在している場合は、その種類、口座番号、死亡日の残高をご回答ください。

2　各預金について、○○年○月○日から○○年○月○日（死亡日）までの取引履歴につき、ご回答ください【※3】。なお、同期間中に解約された預金口座がある場合、同口座についてもご回答ください。

※1　照会にあたっては、依頼者が相続人であることを示す戸籍関係の資料とともに相続人関係図の添付が必要です。

※2　預金名義の特定のためふりがなを付してください。

※3　取引履歴の照会をする際には、照会対象期間を原則として相続開始時から遡って5年以内とし、それ以上遡る場合には、申出書にその必要性（例えば、ある事情から5年より前に被相続人から他の相続人に贈与等がなされている可能性が高く、特別受益の有無を判断する必要がある等）を記載していただくことになっています。ただし、一定期間を経過した取引（例えば、回答日時点から10年以上前の取引）については保存していないとして拒否されるケースもあります。

◆照会例7-2　被相続人名義の預金の払戻

照会先：
　株式会社○○銀行○○支店
照会理由：
　依頼者及び相手方は、○○年○月○日に亡くなった甲野花子の法定相続人です【※1】。亡甲野花子は○○年頃から認知症となり、意思能力がない状態にありました。しかし、その後の○○年○月○日に甲野花子名義の預金が払戻しされています。この払戻しを相手方が行った可能性があるので、同預金が誰によって払戻しをされたか確認するために本照会を求めます。
照会事項：
　（預金口座の表示）
　　○○銀行○○支店
　　普通預金　口座番号　○○○○○
　　名　　義　甲野花子（こうのはなこ）【※2】
　上記口座について○○年○月○日に払戻しがされています。
　1　払戻手続のために窓口に来たのは誰ですか。
　2　払戻手続の際に貴行が提出を受けた書類（払戻請求書）の筆跡を教えてください。ご回答に代えて、同書類の写しをご送付いただければ幸いです。

※1　相続関係を示す戸籍謄本等の写しと共に相続人関係図の添付が必要です。
※2　預金名義の特定のためふりがなを付してください。

◆照会例7-3　被相続人名義の貸金庫の有無・利用履歴

照会先：
　株式会社○○銀行○○支店
照会理由：
　依頼者は、被相続人甲野太郎（○○年○月○日死亡）の長女、相手方は被相続人の長男です【※1】。被相続人の遺産について、依頼者は相手方と分割協議をしていますが、その前提として被相続人の遺産内容を明らかにする必

要があります。被相続人の財産は相手方が管理していましたが、○○年○月○日から被相続人が死亡した○○年○月○日までの間に被相続人の貸金庫の中にあった財産を相手方が持ち出した可能性があります。

　遺産分割協議にあたっては、その事実の有無・内容を把握しておく必要があるため、本照会を求めます。

照会事項：

　下記の者について、下記事項の回答をお願いします。

記

○○市○○町○○番地

（前住所　○○市○○町○○番地）

甲野太郎（こうのたろう）【※2】

○○年○月○日生、○○年○月○日死亡

1　上記の者に、貸金庫を貸したことがありますか。ある場合には、貸金庫を貸した年月日を教えてください。

2　貸金庫を貸した日から現在までの利用日時、利用した者が本人か代理人か、代理人である場合には代理人の氏名を教えてください。なお、利用期間が死亡から遡って5年を超える時は、死亡前5年間の利用履歴で結構です。

※1　相続関係を示す戸籍謄本等の写しと共に相続人関係図の添付が必要です。
※2　貸金庫名義の特定のためふりがなを付してください。

（2）株式

　被相続人に対する配当通知等の通知類から、証券会社・信託銀行（証券代行部）が判明することがあります。この場合には、証券会社・信託銀行に弁護士会照会をすることになります。

　被相続人に対する配当通知等がなく、どの証券会社等に被相続人が口座を開設しているか分からない場合には、相続人であれば単独で株式会社証券保管振替機構の定める手続に従って同機構に対して、どの証券会社等に被相続人が口座を開設しているかについて開示請求をすることもできます。そして、口座を開設している証券会社の名称に関する情報の開示を受けた後、各証券会社に照会することができます（第2部第3章Ⅱ6参照）。

◆照会例7-4　被相続人名義の株式の有無・銘柄・数量

> **照会先：**
> 　○○証券株式会社○○支店
> **照会理由：**
> 　依頼者は、被相続人甲野太郎（○○年○月○日死亡）の長女（相続人）、相手方は被相続人の長男です【※1】。被相続人の遺産について、依頼者は相手方と分割協議をしていますが、その前提として被相続人の遺産内容を明らかにする必要がありますので、本照会を求めます。また、生前に相手方が勝手に被相続人の株式を譲渡して利得した可能性があり、その場合は特別受益に該当するか、または、不当利得として相手方に対し返還を求めることができる可能性があります。したがって、本照会を求めます。
> **照会事項：**
> 　下記の者について、下記事項の回答をお願います。
>
> 記
>
> ○○市○○町○○番地
> （前住所　○○市○○町○○番地）
> 甲野太郎（こうのたろう）【※2】
> ○○年○月○日生、○○年○月○日死亡
> 1　○○年○月○日時点で、上記の者から受託した株式は存在しましたか。存在している場合には、その銘柄・数量をご回答ください。
> 2　上記の者が生前に譲渡した株式がある場合には、その株式について、いつ名義変更がなされましたか。名義変更がなされている場合には、名義変更に必要な書類に記載された内容をご回答ください。ご回答に代えて名義書換に必要な書類の写しをご送付いただければ幸いです。

※1　相続関係を示す戸籍謄本等の写しと共に相続人関係図の添付が必要です。
※2　株式名義の特定のためふりがなを付してください。

（3）保険
　被相続人が保険についての解約返戻金を受け取るべき地位にある場合には、遺産分割の際にその金額の確認を行う必要性が生じます。また、共同相続人の

1 人が死亡保険金の受取人となっているケースであっても、保険金受取人である相続人とその他の共同相続人との間に生ずる不公平が民法903条の趣旨に照らし到底是認することができないほどに著しいものであると評価すべき特段の事情が存する場合には、同条の類推適用により、当該死亡保険金請求権は特別受益に準じて持戻しの対象となることから（最二小決平成16年10月29日〔民集58巻 7 号1979頁〕参照）、同じく、遺産分割の際にその金額の確認を行う必要性が生じます。

　生命保険契約については、生命保険会社を特定してその会社を照会先として照会する必要があります。これに対し、共済契約については一般社団法人日本共済協会に、少額短期保険については一般社団法人日本少額短期保険協会に、損害保険については一般社団法人日本損害保険協会に契約の有無等について照会することができます。

◆照会例7-5　被相続人名義の生命保険契約の有無・内容

照会先：
　○○生命保険会社○○部

照会理由：
　依頼者は、被相続人甲野太郎（○○年○月○日死亡）の長男（相続人）です【※】。現在、被相続人の遺産について分割協議中ですが、被相続人は貴社と生命保険契約を締結しており、被相続人の死亡後、相手方に死亡保険金の支払いがあったと聞いております。
　被相続人が契約者である生命保険契約の解約返戻金は被相続人の遺産を構成し、また、相手方に死亡保険金が支払われている場合には、その額如何によっては特別受益に準じて持戻しの対象となるため（最高裁平成16年10月29日決定）、本照会を求めます。

照会事項：
　1　貴社に、下記の者を保険契約者とする保険契約は存在しますか。
　　住　　所　：〒○○○-○○○○
　　　　　　　　○○市○○町○○番地
　　　　　　　（以前の住所：○○市○○町○○番地）
　　氏　　名　：甲野太郎（こうのたろう）
　　性　　別　：男

　　生年月日　：○○年○月○日

　　死亡年月日：○○年○月○日

　2　保険契約が存在する場合、①契約日、②受取人、③被保険者、④保険
　　の種類、⑤証券番号、⑥保険金額、⑦死亡日時点の解約返戻金額、⑧保
　　険期間をご回答ください。

　3　保険金が支払われている場合、①支払年月日、②支払金額、③受取人
　　をご回答ください。

※　相続関係を示す戸籍謄本等の写しと共に相続人関係図の添付が必要です。

（4）不動産

　市町村に対して、課税台帳、名寄帳の記載内容について弁護士会照会をして
も、地方公務員法及び地方税法に基づく守秘義務を根拠に回答を拒否されるの
が通例です。

　ただし、相続人自身は、直接、市町村に対し、被相続人名義の不動産の課税
台帳、名寄帳の開示を求めることが可能です（課税台帳－地方税法382条の 2 、
382条の 3 、同施行令52条の14、15、名寄帳－地方税法387条 3 項）。なお、名古
屋市では名寄帳の開示はされないため、課税明細書及び資産明細書の再発行を
求めることになります。

（5）相続税申告内容

　相続税の申告書の内容を確認することで、遺産の内容を把握できるきっかけ
となります。そこで、申告について税務代理している税理士に対して、申告書
の記載内容を照会することが考えられます。

　他方、税理士、弁護士、司法書士などの専門職は法律上、その業務において
自己が知り得た事項に関して守秘義務を負う旨が規定されています（税理士法
38条、弁護士法23条本文、司法書士法24条など）。

　そのため、専門職を照会先とする弁護士会照会では、報告の際、照会先が負
っている法律上の守秘義務と、弁護士会照会に基づく公法上の報告義務が衝突
する場面となります。

　照会対象者の税務申告をした税理士法人に対して、就労実態を立証するため
に過去10年分の所得税の確定申告書の控え等の開示を求める弁護士会照会をし
たところ、税理士法人が過去 6 年分の確定申告書の控え等を報告したことにつ

き、照会対象者から税理士法人に対して損害賠償請求がなされ、照会対象者に対するプライバシー侵害にあたり不法行為の成立が認められた事案があります（第 1 部第 1 章裁判例❸参照）。

　上記事案の控訴審判決では、弁護士会照会の報告義務について触れられており、照会先は、原則報告義務を負う事を前提に、報告が得られないことによって生じる不利益と、照会に応じて回答することにより生じる不利益とを比較衡量し、後者が勝ると認められる場合には回答を拒否することに正当な理由があると解しています。

　したがって、照会理由には、報告を拒否することにより生じる不利益が大きく、報告することにより生じる不利益が小さいことを具体的に説明し、照会事項としては、双方の不利益を慎重に比較衡量した上でもなお報告義務を負うべき事項に限定することをより意識する必要があります。

◆照会例7-6　税理士に対する相続税申告書の記載内容

照会先：
　○○税理士事務所

照会理由
　依頼者と相手方は、被相続人○○○○（○○年○月○日生、○○年○月○日死亡）の子であり、相続人です。生前、被相続人○○○○は相手方と同居しており、相手方に遺産の全てを相続させる旨の公正証書遺言を遺していました。そのため、依頼者は、相手方に対し、遺留分侵害額請求の意思を通知し、相続財産の内容を開示するよう求めましたが、相手方は明らかにしません。依頼者は別居していたため、相続財産の内容を把握しておらず、具体的な遺留分侵害額を算定することができません。

　この度、依頼者は、相手方が、照会先に対して依頼して、被相続人○○○○の相続にかかる相続税申告をした旨を聞きました。

　そのため、相続税申告内容を確認し、被相続人の相続財産の内容を把握して遺留分侵害額の算出をすべく、本件照会を求めます。

照会事項：
　被相続人の表示
　　氏　　　名　：○○　○○
　　本　　　籍　：○○○○○

　　最後の住所：○○○○○
　　生年月日　：○○年○月○日
　　死亡日　　：○○年○月○日
1　貴殿は上記被相続人に係る相続につき、相手方○○○○（○○年○月○日生、住所：○○○○○）から依頼を受けて、相続税申告をしましたか。
2　上記1にて、相続税申告をした場合、以下の事項につきご教示ください。
　（1）申告書第1表の記載事項のうち、相手方○○○○に関する以下の事項
　　　　ア、「取得財産の価額」
　　　　イ、「相続時精算課税適用財産の価額」
　　　　ウ、「債務及び葬式費用の金額」
　（2）申告書第11表「相続税がかかる財産の明細書」に記載されている財産及びその価額
　（3）申告書第13表「債務及び葬式費用の明細書」に記載されている債務の明細
　（4）申告書第14表「純資産価額に加算される暦年課税分の贈与財産価額及び特定贈与財産価額、出資持分の定めのない法人などに遺贈した財産、特定の公益法人などに寄附した相続財産・特定公益信託のために支出した相続財産の明細書」に記載されている純資産価額に加算される暦年課税分の贈与財産価額及び特定贈与財産価額の明細
3　上記2の回答に代えて、申告書第1表、第11表、第13表及び第14表の写しをご送付いただけると幸いです。

（6）その他

◆照会例7-7　**大学の学費等**

照会先：
　○○大学
照会理由：
　依頼者は、亡父○○の二男ですが、現在、相手方である長男○○との間で、

亡父の遺産について分割協議中です。相手方は貴大学○○学部を卒業していることから、相手方に対する特別受益の有無及び額が争われています。

そこで、特別受益の額を明らかにするため、本照会を求めます。

照会事項：

貴大学○○学部に○○年 4 月に入学し、○○年 3 月に卒業した者について、在籍期間中に貴大学に納付が必要な費用（入学金、授業料、施設費、実験実習費等）はいくらでしたか。各年度毎に、必要な費用の名目及び各費用の額について、ご回答ください。

◆照会例7-8　**在職中死亡した者の遺族に支払われた退職金等の額**

照会先：

○○株式会社

照会理由：

依頼者及び相手方は、被相続人甲野太郎（○○年○月○日死亡）の相続人です。依頼者と相手方とは、被相続人の遺産分割について現在協議しています。

被相続人は、貴社在職中に死亡したため、貴社が遺族に対し退職金を支払っていれば、その額如何によっては特別受益として持戻しの対象となりうるため、本照会を求めます。

照会事項：

被相続人の表示

　○○市○○町○○番地

　甲野太郎（こうのたろう）

　○○年○月○日生、○○年○月○日死亡

　死亡時の役職名　営業部長

上記の者について、下記の点についてご回答願います。

1　貴社は、上記の者が在職中死亡したことにより、同人の遺族に対し、退職金その他の給付金を支払われましたか。

2　支払われたのであれば、支払われた退職金その他の給付金につき、その支払名目・金額・支払日・受取人をご回答ください

3　上記受取人に支払われた退職金その他の給付金の根拠規程の内容をご

回答ください。ご回答に代えて、退職金規程等の写しを送付いただければ幸いです。

4 遺言書の確認

(1) 自筆証書遺言

相続人は、家庭裁判所での検認手続において、遺言書の存在、内容を確認することができます。検認手続に立ち会わなかった相続人、受遺者その他の利害関係人に対しては、検認手続終了後に、家庭裁判所から、検認手続がなされた旨が通知されます（家事事件手続規則115条2項）。

検認手続を経た遺言書の写しが添付された検認調書については、利害関係人であれば、その閲覧、謄写が可能です（家事事件手続法47条［審判］、同法254条［調停]）。

(2) 公正証書遺言

相続人は、全国どこの公証役場においても、日本公証人連合会の遺言検索システムを使って、無料で被相続人の公正証書遺言の有無を調査することができます。公正証書遺言がある場合、相続人及び利害関係人は、相続開始後、当該公正証書遺言を作成した公証役場に対して、その謄本の交付を請求することができます（公証人法51条1項）。その場合の手数料は1枚につき250円となっています（2019年11月現在）。

なお、公正証書遺言の内容を弁護士会照会しても、弁護士会は利害関係人でないとして、回答を拒否されるのが通例です。

5 被相続人の意思能力

被相続人の生前に、被相続人の財産を相続人の1人に相続させる旨の公正証書遺言が作成されていた場合、被相続人名義の銀行口座から推定相続人の1人に対して資金移動があった場合等、被相続人の生前の特定の日における被相続人の意思能力の立証が問題となる場合があります。

被相続人が要介護認定を受けていた場合、問題となる日の直近になされた介護認定審査の結果について照会することで、被相続人の意思能力の立証に必要

な事項の報告を求めることができます（介護認定には有効期間があり、新規認定の場合は原則として6か月〔最大12か月〕、更新認定の場合は原則として12か月〔最大24か月〕です）。介護認定調査では、認知機能、精神・行動障害、金銭の管理や日常の意思決定といった、社会生活への適応等についても、調査が行われます。問題となる日の直近になされた介護認定の調査内容や審査・判定の資料等について報告を求めることは、被相続人の意思能力の立証について、極めて重要な証拠となりえます。要介護認定は市町村が行いますので、照会先は、被相続人が住民登録を行っていた自治体の担当課となります（担当課の名称等は自治体によって異なりますので、事前に照会先にご確認ください）。

　なお、自治体によっては、個人情報保護条例によって、被相続人の介護認定調査の結果について、開示請求を行うことが出来る場合があります。例えば、被相続人が名古屋市の住民であった場合、名古屋市個人情報保護条例18条1項の開示請求権に基づいて、介護認定審査の結果について開示請求を行うことができます（名古屋市役所西庁舎1階の市民情報センターに「個人情報開示請求書」が備え付けられているほか、名古屋市のサイトからも個人情報開示請求書の書式をダウンロードできます）。同条の明文においては、被相続人に関する個人情報の開示請求が認められるかどうかは規定されていませんが、名古屋市個人情報保護条例の開示等要綱第3第2項第2号カにおいて、死者（成人に限る）の医療・介護関係情報については、死者の父母、配偶者、子、祖父母及び孫に限り（ただし、これらの者が死亡している等存在しない場合は、法定相続人）、開示請求を行うことができる旨が規定されています。

◆照会例7-9　介護認定調査の照会

照会先：
　○○市役所　介護保険課【※】
照会理由：
　依頼者及び相手方は、被相続人甲野太郎（○○年○月○日死亡）の相続人です。
　被相続人については、○○年○月○日付の、相手方に被相続人の財産を全て相続させる旨の公正証書遺言が存在します。しかし、○○年○月○日当時、被相続人は、高度な認知症のためC特別養護老人ホームに入居中であり、金銭の管理や日常の意思決定をなしえない状態でした。依頼者は、上記の公正

証書遺言について、遺言無効確認訴訟の提起を予定しています。○○年○月○日当時の被相続人の意思能力の立証のため、本照会を求めます。

照会事項：

被相続人の表示

　○○市○○町○○番地

　甲野太郎（こうのたろう）

　○○年○月○日生、○○年○月○日死亡

上記の者について、下記の点についてご回答願います。

1　○○年○月○日に最も近い時期においてなされた同人についての要支援・要介護認定（以下「本件介護認定」といいます）における、同人の要介護状態区分をご回答ください。

2　本件介護認定の認定調査における、概況調査、基本調査、特記事項の記載内容をご回答ください。

3　本件介護認定における、主治医の診断書及び主治医意見書の記載内容をご回答ください。

4　その他、本件介護認定調査において、同人の意思能力の有無及び程度の判断に参考となる事項がございましたら、あわせてご回答ください。

なお、以上すべてのご回答に代えて、本件介護認定に係る資料等（認定調査票（特記事項を含む）、主治医意見書等）の写しを送付いただければ幸いです。

※　担当課の名称は各自治体により異なります。照会先の自治体にご確認ください

Ⅱ　離婚に関する照会

1　はじめに

　離婚に関する照会として数多くみられる弁護士会照会は、財産分与の対象財産についての照会です。また、ドメスティックバイオレンス（DV）に関する調査の照会も時々見受けられます。さらに、離婚原因となる不貞行為の調査として不貞行為の相手方特定のために携帯電話番号等の情報から相手方の住所・氏

名等を照会することも多くみられます。最近は、SNSに関する照会も見受けられますが、回答を得るのは難しいようです。

2　財産分与の対象財産等の調査

（1）預貯金

　離婚の効果として、離婚の当事者には、他方当事者（配偶者）に対する財産分与の請求権が認められます（民法768条1項）。この財産分与請求権は、婚姻中の共有財産の清算を中核とする権利であると一般に理解されているので、その行使にあたっては、配偶者の婚姻後に形成した財産（夫婦共有財産）を把握することが必要となります。その調査の一環として、一方配偶者を申出依頼人とし、金融機関に対して、他方配偶者名義の預貯金の有無、残高等を照会する弁護士会照会が利用されることが少なくありません。

　もっとも、このような照会に対し、金融機関によっては、他方配偶者名義の預貯金は申出依頼人の財産ではないとして、口座名義人の同意がない限り、照会に応じようとしないことがあります（弁護士会照会をしても金融機関が回答しない場合には、調停を申し立てた上で調停の中で調査嘱託を申し立てることになります。その申立てをする場合には弁護士会照会に対する金融機関の拒否回答を添付資料として提出すべきです。そのことによって証拠を収集する方法としては調査嘱託以外に方法がないことを裁判所に理解してもらうことができます）。

　未成年の子ども名義の預貯金については、他方配偶者名義の預貯金に回答を拒否する場合でも、回答を得られるケースが多くあります。

◆照会例7-10　**配偶者名義の預金の有無・残高等【※1】**

　照会先：
　　株式会社○○銀行○○支店【※2】
　照会理由【※3】：
　　依頼者と相手方は夫婦ですが、相手方は○○年○月○日から実家に戻り、同日以降2人は別居しています。現在、離婚及び財産分与について協議をしていますが、財産分与の協議にあたっては、相手方の預金の残高を把握することが必要ですので、照会を求めます。

照会事項：

　下記の者につき、ご回答願います。

記

　　○○市○○町○○番地

　　甲野花子（こうのはなこ）【※4】

　　女　　　○○年○月○日生

　　○○年○月○日現在、上記の者の名義の預金口座はありますか。ありまし

たら、その種類、口座番号、残高をご教示ください。

※1　離婚に基づく財産分与を請求するにあたり、相手方の資産を調査する必要性は高く、また、婚姻後に形成した財産は共有財産と推定されますので、このような照会は自己の資産についての照会ということができます。金融機関によっては、他人の名義の預金口座であることを理由に、預金名義人の同意を回答の条件とし、同意がない場合は、回答を拒否することがあります。

※2　ゆうちょ銀行の場合の貯金事務センターの管轄・住所は巻末資料14を参照してください。

※3　離婚に伴う財産分与の場合に婚姻関係破綻前の取引履歴を照会するときは、その期間について照会する理由を具体的に記載してください。

※4　預金名義の特定のため、ふりがなを付してください。

（2）　給与・退職金

　離婚までの婚姻費用や、離婚成立後の養育費の額を算定するために相手方の給与を調査したり、また離婚に伴う財産分与の対象財産となる退職金の額を調査したりするために、（元）勤務先に対してそれらの金額について弁護士会照会をすることがあります（以前の勤務先に対する照会については、◆照会例1-10参照）。相手方にとっては、離婚に関する争いはプライバシーにかかわる事柄であり、かつ紛争の具体的な内容は勤務先に知られたくない事情です。したがって、照会の理由には、相手方のプライバシー保護に十分に配慮しつつ、照会の必要性と相当性を記載する必要があります。また、照会事項についても、照会の理由との関係で必要な範囲に限定する必要があります。

◆照会例7-11　配偶者の給与・退職金等【※1】

照会先：

　株式会社○○【※2】

照会理由【※3】：

　依頼者は夫である相手方と○○年○月○日以降別居しており、現在、離婚、財産分与、及び養育費、並びに離婚成立までの婚姻費用について○○家庭裁判所において調停手続中です。

　養育費及び婚姻費用の額を定めるためには、相手方の正確な収入（直近の年収及び月収）を知る必要があります。

　また財産分与においては、仮に相手方が別居直後に婚姻当初から勤務していた勤務先を退職して退職金を受領している場合にはその金額も把握する必要がありますし、退職していない場合でも相手方は来年定年を迎えるところ、別居開始日時点に相手方が自己都合退職したとして算定される金額が将来の退職金として相手方に帰属する財産分与対象財産と評価されうることから、これらの金額を知る必要があります。

　しかしながら相手方は、調停期日において、いずれもこれらの開示を拒んでいることから、照会を求めます。

照会事項：

　貴社の従業員である下記の者につき、ご回答願います。

　　○○市○○町○○番地

　　甲野太郎（こうのたろう）

　　○○年○月○日生

　上記の者に対して○○年に支給した給与等の総額（源泉徴収票の「支払金額」欄に記載された金額）及び本照会書到着日の属する月を含む直近3か月の各月の給与支払額（各種控除前）は、それぞれいくらですか。

　上記の者が既に退職している場合、退職日は何時で、支給された退職金はいくらですか。退職していない場合は、○○年○月○日時点において同人が自己都合退職した場合の退職金はいくらですか。

※1　婚姻費用の請求や離婚に伴う財産分与や養育費を請求するにあたり、相手方の収入額を調査する必要性は高く、また、退職金（の一部）も給与の後払い的性格を有することから婚姻後に形成した共有財産ですので、照会を求める必要性があります。

※2　勤務先ないし元勤務先です。

※3　婚姻費用や養育費の算定に際しては、裁判所から直前の源泉徴収票と直近3か月の給与明細書等の提出を求められることが多いようです。また財産分与対象財産としての退職金については、実際に退職して退職金を受領している場合はもちろん、定年による退職金支給日が間近に迫っているような場合には退職前でも別居開始日に自己都合退職し

たとして算定される金額が（将来の）退職金として財産分与対象財産と評価（ただし、金額は婚姻期間に応じて按分）されているようです。

3 ドメスティックバイオレンス（DV）被害の調査

夫からDVを受けて警察等の機関に相談をしていた場合、後日、DV被害の立証のためにその相談内容について弁護士会照会をすることがありますが、警察によっては回答しないことがあります。

ただし、警察は各県の個人情報保護条例の適用により個人情報の開示義務を負っているのが一般で、その場合には各県の警察が定める開示請求書を警察に提出すれば、相談した際の相談票等の書面を取得することができます。

4 不貞行為の調査

（1）不貞行為の相手方の特定——携帯電話・メール・SNS
携帯電話番号やメールアドレスの情報があれば、当該電話会社に対する照会により、契約者の氏名・住所を特定することが可能であり、不貞行為の相手方の特定の手段としては、極めて大きな役割を果たしています。

なお、照会にあたっての注意点は、第1部第4章Iを参照ください。

また最近は、SNSの運営会社に対して不貞行為の相手方を特定するための照会がなされることがありますが、回答を得ることは難しいようです。

（2）車両
相手方が所有している車両の自動車登録番号が分かれば、運輸支局に照会して、相手方の住所・氏名を把握することができることもあります。詳しくは第2部第1章IVを参照ください。

（3）相手方の行動
相手方の行動を把握することが、不貞行為の証拠につながることがあります。例えば、相手方が、出張と偽って、不貞行為の相手と旅行に行っていた場合、相手方の行動を把握することにより、相手方の説明が虚偽であることになり、不貞行為の事実を推認させることとなる場合があります。

相手方の行動を把握する方法としては、具体的には、ETCの利用履歴（◆照

会例8-3参照）や、ポイントカードの使用履歴（◆照会例8-5）、出入（帰）国記録（◆照会例7-13参照）、交通系 IC カード乗車券の利用履歴（◆照会例7-12）によることが挙げられます。

　ただ、相手方の出入（帰）国記録について法務省出入国在留管理庁は、「これらの記録は、（中略）個人に関する情報であることから原則として非公開の取扱いとしています。ところで、弁護士法23条の 2 第 2 項の規定に基づく弁護士会からの照会については、その趣旨に鑑み、基本的には、照会対象者に係る出入（帰）国記録等に記録されている事項が訴訟上の争点等になるなど、事件性及び照会の必要性が認められると判断される場合に限り回答することとしています」としており、同記録について回答が得られる場合は限定的です。

◆照会例7-12　交通系 IC カード乗車券の利用履歴【※ 1】

照会先：
　○○鉄道株式会社○○課【※ 2】

照会理由【※ 3】：
　依頼者と相手方は夫婦ですが、相手方は○○年○月○日から翌○日まで、○○所在の不貞相手の自宅に出かけて宿泊し、その際、照会事項記載の IC カード乗車券を使用しています。依頼者は現在、相手方に対して不貞行為を理由として離婚及び慰謝料を請求していますが、相手方は不貞行為の事実を否定し、上記日は○○方面へ出張していたと主張しています。依頼者が相手方の不貞行為を立証するためには、上記日に相手方が出張ではなく不貞相手の自宅に宿泊したことを立証することが必要ですので、照会を求めます。

照会事項：
　下記の IC カード乗車券（名称（ないし愛称）○○）につき、○○年○月○日から翌○日までの、①利用年月日及び時刻、②利用先、③利用内容、④利用駅、⑤利用額について、ご回答願います。

記【※ 4】

　番　　号：○○○○○　○○○○　○○○○　○○○○
　名義人：甲野太郎
　　　　住　　所　○○県○○市○丁目○番○号

※ 1　不貞行為を立証するに際しては、相手方の行動履歴を把握する必要性は高いといえま

す。ただし、プライバシー保護の問題もあることから、他人名義の IC カード乗車券については、本人の同意を得られない限り回答を拒否されることが多いようです。事業者によっては指定の書式がある場合もあります。

※ 2 IC カード乗車券を発行している事業者です（鉄道やバスの事業会社とは限りません）。あらかじめ個別の IC カード乗車券ごとに、発行事業者（名称や住所）と担当部署を照会先に確認しておく必要があります。

※ 3 利用履歴を照会するときは、期間を特定する必要がありますので、当該期間について照会する理由を具体的に記載してください。

※ 4 カード特定のためにカード番号及び名義人の氏名等が必要です。

Ⅲ　渉外家事事件に関する照会

1　国際裁判管轄に関する照会

　人事訴訟法等の一部を改正する法律（平成30年法律第20号）が成立し、平成31年 4 月 1 日に施行されました。それ以前は、人事訴訟法及び家事事件手続法には、渉外的な要素を含む人事訴訟事件及び家事事件について国際裁判管轄を定める明文の規定がなく、条理により判断されていましたが、改正法では、次のような場合に日本の裁判所が審理・裁判をすることができると明記されました。

　（ 1 ）被告の住所（住所がない場合又は住所が知れない場合には、居所）が日本国内にあるとき（改正人事訴訟法 3 条の 2 第 1 号）

　（ 2 ）その夫婦が共に日本の国籍を有するとき（同条 5 号）

　（ 3 ）原告の住所が日本国内にあり、かつ、その夫婦の最後の共通の住所が日本国内にあるとき（同条 6 号）

　（ 4 ）原告の住所が日本国内にあり、かつ、被告が行方不明であるときなど、日本の裁判所が審理及び裁判をすることが当事者間の衡平を図り、又は適正かつ迅速な審理の実現を確保することとなる特別の事情があると認められるとき（同条 7 号）

　上記（ 1 ）を検討するにあたり、被告が既に日本を出国し、日本に住所がない可能性がある場合には、東京出入国在留管理局宛に出入（帰）国履歴を照会することが必要です。その場合、最終の出国日や再入国許可の有無、その期限について回答を得ることができます。

◆照会例7-13　出入国記録【※1】【※2】

照会先：

東京出入国在留管理局長

照会理由：

依頼者は、相手方の配偶者ですが、相手方に対し、離婚請求訴訟を提起すべく準備中です。

依頼者と相手方とは、○○年○月○日に別居を開始しており、依頼者には相手方の住所が不明であるところ、相手方が既に日本から出国して戻っていない可能性があります。離婚訴訟の国際裁判管轄が認められるかどうかを検討するにあたり、相手方の住所が日本国内にあるかどうかを確認する必要がありますので、本照会への回答を求めます。

照会事項：

国　　籍　○○○○

氏　　名　○○○○（アルファベット表記）【※3】【※4】【※5】

生年月日　○○年○月○日（西暦表記）

性　　別　男性

上記の者について、○○年○月○日（別居日）以降回答日現在までの出入国の記録の有無を御回答ください。仮に出入国の記録がある場合には、最終の出国日及び入国日をそれぞれ御回答ください。【※6】

※1　照会時の注意事項については、出入国在留管理庁から平成31（2019）年4月に「弁護士法第23条の2第2項の規定に基づく弁護士会からの照会について（案内）」の形で示されていますので（巻末資料16）、こちらを必ず参照してください。

※2　照会の封筒の宛先は次のとおりとなります。

〒108-8255　東京都港区港南5-5-30

東京出入国在留管理局調査企画部門第一システム担当

照会方法等の詳細については、次の電話番号に問い合わせてください。

TEL　03-5796-7111（内線4054）

※3　なお、不貞行為の相手も判明している場合は、照会対象者としてその者も挙げることにより、行動を共にしていたか否かを明らかにすることができる可能性もありますが、人違いではないことにつき照会先から補充資料を求められる等、回答が得られる場合が限定的です。

※4　本人の出入（帰）国記録であれば、行政機関が保有する個人情報保護に関する法律に基づいて開示請求することが可能です。この場合の開示請求の宛先は次のとおりです。

〒100-8977　東京都千代田区霞が関1-1-1

出入国在留管理庁総務課情報システム管理室出入国情報開示係
TEL　03-3580-4111（内線4448）
※5　照会対象者の特定のために必要な事項を記載してください。
日本人に関しては、旅券上の英字氏名または振り仮名を付してください。
　中国及び韓国・朝鮮人については漢字名及び可能な限りアルファベット名を、その他の国籍の外国人については英字氏名を記載してください。
※6　照会理由との関係で照会対象期間を限定してください。回答対象期間は、「調査日の過去5年間分及び当年の調査日の前日までのうち、照会対象として必要な期間」（巻末資料16）、とされています。この期間をさかのぼる期間の出帰国記録を照会する場合は、その必要性を具体的に記載する必要があります。

　次に、被告がすでに日本から出国していることが確認でき、上記（4）の「行方不明」に該当するか否かを検討するに際には、被告の本国の住所を確認し、本国の住所宛に郵便物が届くかどうかを確認したり、親族宛に被告の所在を照会したりすることが求められることもあります。被告の本国の住所は、平成24年7月8日以前に外国人登録された情報であれば、回収された外国人登録原票の記載事項を照会することにより確認ができます（第2部第1章Ⅻ2項参照）。

　さらに、外国人が日本に滞在中、在留期間の更新許可や在留資格の変更許可を受ける場合には、地方出入国在留管理局で申請手続をしており、その際、提出する申請書には「本国の住所」を記載することとされているため、申請書が提出された地方出入国在留管理局に対し、被告が過去に提出した申請書や添付資料に記載された本国の住所や連絡先を照会することができます。

2　親族関係把握のための照会

　外国人の相続事件では、被相続人の本国法が準拠法となりますが、相続人がすべて日本に居住している等、日本で紛争解決を図ることが求められることがあります。この場合、外国人については、日本で戸籍が編成されていないため、原則として本国発行の身分関係を証する資料により親族関係を特定することになりますが、被相続人が日本で出生しており、本国で身分事項が登録されていない場合や、登録されていても、その資料を取得することが困難であることがあります。その場合には、閉鎖された外国人登録原票に記載された世帯主の氏名、世帯主との続柄等の情報を照会する方法（第2部第1章Ⅻ2項参照）や、在留資格の手続において被相続人やその親族が、過去に地方出入国在留管理局に提出した資料の記載事項を照会することにより、立証資料の一つとすること

ができます。

◆照会例7-14　**在留関係書類の記載事項**

照会先：
　○○出入国在留管理局長
照会理由：
　依頼者は、相手方の配偶者ですが、相手方が行方不明であることから、公示送達の方法により離婚請求訴訟を提起すべく準備中です。
　依頼者は、公示送達の申立てを行う前提として、相手方の住所、居所等が知れないことにつき調査を尽くす必要がありますが、相手方の勤務先、本国の住所、親族の正確な氏名、連絡先等の情報を有していないことから、相手方が過去に在留期間更新許可申請を行った照会先に対し、相手方が提出した申請書等の書類に記載された事項について、本照会を行います。
照会事項：
　国　　籍　　　　○○
　氏　　名　　　　○○○○（アルファベット表記）
　生年月日　　　　○○年○月○日（西暦表記）
　性　　別　　　女性
　在留カード番号　○○○○○○○○○○
　上記の者は、○○年○月○日、貴局から在留期間更新許可を受けていますが、その申請の際に勤務先、本国の住所及び在日親族（氏名、生年月日、勤務先、在留カード番号）をどのように記載していましたか。回答に代えて、相手方から提出された申請書及び立証資料の写しを交付して頂ければ幸いです。

第8章 刑事事件

I 刑事弁護における証拠収集

　刑事弁護においては、まず、検察官請求証拠とそれ以外の開示証拠を丁寧に検討し、検察官の主張立証の不十分な点をみつけることが大切です。公判前整理手続に付された事件については、類型証拠開示（刑訴法316条の15）と主張関連証拠開示（刑訴法316条の20）を活用し、それ以外の事件についても、検察官請求証拠の閲覧・謄写で満足することなく、証拠意見を述べる前提として、検察官に対し任意の証拠開示を積極的に求めていくべきです。

　しかし、それと同時に、弁護人自ら積極的に証拠収集活動をしなければならない場面も多くあります。例えば、被疑者・被告人がアリバイを主張する場合には、それを裏づける客観的証拠にたどり着くことができないかを模索することになるでしょう。今や捜査機関はITを駆使して捜査していますので、弁護人もこれを大いに活用しなければなりません。例えば、被疑者・被告人の携帯電話の発信場所、パソコンのアクセスログ、SNSの書き込みや画像、防犯カメラの画像、プリペイドカード・クレジットカード・ポイントカード等の利用明細、ETCの利用履歴等、考えれば際限がありません。

　このような積極的な証拠収集のため、弁護士会照会が役に立つことがあります。確かに、これらの照会は、照会先から個人情報保護、通信の秘密、守秘義務等を理由に回答拒否されることが少なくありません。しかし、他に証拠収集の手段がない以上、照会の必要性・相当性を丁寧に記載することによって、少しでも回答を得られやすくする努力が求められます。

　刑事弁護の証拠収集に定型的なものは考えにくく、刑事弁護固有の照会はあまりありませんが、他の章の照会例も大いに参考にしていただければ幸いです。

Ⅱ　他の制度との関係

　刑事事件の証拠収集にあたっては、弁護士会照会以外の方法も併せて検討し、最も確実で迅速な方法を選択してください（第 2 部第 5 章もあわせてご参照ください）。

1　刑事確定訴訟記録の閲覧・謄写

　関連事件の刑事確定訴訟記録を入手したいときには、刑訴法53条 1 項、刑事確定訴訟記録法 4 条 1 項に基づき、当該被告事件について第 1 審の裁判をした裁判所に対応する検察庁の検察官（刑事確定訴訟記録法 2 条 1 項）に閲覧謄写申請をします。その際、被告人の氏名、事件番号、係属裁判所を調査しておく必要があります。

2　犯罪被害者等による公判記録の閲覧・謄写

　犯罪被害者等が公判記録の閲覧・謄写を申請する場合には、第 1 回公判期日後、犯罪被害者保護法第 3 条に基づく閲覧・謄写を申請することができます。
　なお、少年事件については、少年法 5 条の 2 に基づく閲覧・謄写を申請することができます。

3　公務所等照会

　裁判所は、検察官、被告人もしくは弁護人の請求によりまたは職権で、公務所または公私の団体に照会して必要な事項の報告を求めることができます（刑訴法279条）。民事訴訟における調査嘱託と類似の制度であり、これも弁護士会照会との優劣はないものというべきです。残念ながら、公務所等照会については、これに積極的でない裁判体も少なくないようですが、弁護人としては、弁護士会照会と公務所等照会のうちより効果的な手段を選択することになるでしょう。ただし、公務所等照会の場合、弁護士会照会と異なり、裁判所・検察官が照会の事実及びその内容を知ることになるため、被告人にとって有利な回答を得られる見込みに乏しい照会については、慎重な対応が必要といえます。

　なお、従前は第 1 回公判期日前の公務所等照会は認められないと解されていましたが、公判前整理手続に付された事件においては、その性質上当然、整理手続中の公務所等照会は認められるものと解されており、実際にそのような運用になっています。

4　記録の取寄請求

　別の裁判所にある記録については、係属裁判所に対しその記録の取寄を求めることができます。例えば、検察官送致された少年の刑事事件において、家庭裁判所から保護事件の記録を取り寄せるとき等に活用されています。これは裁判所の共助（裁判所法79条）に基づく手続です。

5　証拠保全

　被告人、被疑者又は弁護人は、あらかじめ証拠を保全しておかなければその証拠を使用することが困難な事情があるときは、第 1 回の公判期日前に限り、裁判官に押収、捜索、検証、証人の尋問または鑑定の処分を請求することができます（刑訴法179条）。民訴法234条以下と類似の制度です。

Ⅲ　国選弁護人の費用負担

　愛知県弁護士会においては、国選弁護活動の一環として弁護士会照会を申し出る場合、申請等負担金の減免を受けることができます（愛知県弁護士会負担金規程 6 条 1 項（ 1 ））。ただし、日本司法支援センターは、診断書の作成料、弁護士会照会の手数料、行政機関が発行する証明書の発行手数料（以上、被疑者国選と被告人国選の両方）及び判決書謄本の交付手数料（被告人国選のみ）については、 3 万円を限度としてこれを弁護人に支払います（国選弁護人の事務に関する契約約款別紙報酬及び費用の算定基準〔平成30年 2 月14日最終変更〕35条）。したがって、国選弁護人は、日本司法支援センターが支払わない部分について、上記減免申請をすることができます。

Ⅳ　照会例

1　被告人の病状

◆照会例8-1　**被告人の病状**

照会先：
　○○拘置所
照会理由：
　依頼者Aは、○○被告事件で現在貴所にて勾留中です。依頼者Aは、最近、○○の症状が悪化したことを理由に体調不良を訴え、当職としては、依頼者Aが外部の医療機関においてしかるべき医療を受けることができるように勾留執行停止を申し立てる準備をしています。そのためには、依頼者の症状を明らかにする必要があるので、本照会を求めます。
照会事項：
　A（○○年○月○日生）の病状に関し、以下の事項にご回答ください。
　　1　診断日
　　2　担当した医師の氏名・所属病院名
　　3　病名
　　4　具体的な治療内容
　　5　今後必要となる治療内容
　　6　治癒の見込み

2　被告人に対する面会状況

◆照会例8-2　**被告人に対する面会状況**

照会先：
　○○拘置所
照会理由：
　依頼者Aは、○○被告事件で現在貴所にて勾留中です。依頼者Aには婚約

者Bがいますが、保釈請求にあたって、その者の身元保証人としての適格性を明らかにする必要があるので、本照会を求めます。

照会事項：

　○○年○月○日から同年○月○日までの間、A（○○年○月○日生）に対しB（住所：○○市○○町……）は面会しましたか。面会した場合、その面会年月日をご回答ください。

3　ETC の利用履歴

◆照会例8-3　**ETC の利用履歴【※】**

照会先：

　○○○高速道路株式会社

照会理由：

　依頼者Aは、○○事件で起訴された被告人です。この事件では、依頼者Aが○○年○月○日から○○年○月○日までの間、自動車を運転してどこへ移動していたのかが争点となっています。そこで、依頼者Aの主張を裏づける客観的事実を明らかにするため、本照会を求めます。

照会事項：

　下記車両が、下記 ETC カードを用いて、○○年○月○日から○○年○月○日までの間、ETC 通信施設を通過した事実があるか、路線、料金所、車線種別（入口・出口の別）、処理時刻、計測車種、計測ナンバー情報、設定車種及び設定ナンバー情報をすべてお答えください。

記

　ETC カード番号　○○○○
　車　両　番　号　○○○　○○○あ○○○○

※　弁護士会照会を用いるほかに、「ETC 利用照会サービス」のホームページにおいて新規登録の上、ETC 利用証明書の発行を受けることもできます。

4　宿泊の有無

◆照会例8-4　**宿泊の有無**

照会先：
　○○ホテル
照会理由：
　依頼者Aは、○○事件で起訴された被告人です。この事件では、依頼者A
が○○年○月○日午後○時ころ、○○市内にいたか否かが争点となっていま
すが、依頼者Aは、この時間、Bと2人で○○ホテルに宿泊していたと主張
しています。そこで、この主張を裏付ける客観的事実を明らかにするため、
本照会を求めます。
照会事項：
　A（○○年○月○日生、住所○○市○○町○○番地）は、○○年○月○日、
貴所に宿泊しましたか。宿泊した場合、同伴者はBでしたか。また、チェッ
クイン及びチェックアウトの時刻をお答えください。

5　ポイントカードの使用履歴

◆照会例8-5　**ポイントカードの使用履歴**

照会先：
　○○株式会社カスタマーセンター
照会理由：
　依頼者Aは、○○事件で起訴された被告人です。この事件では、依頼者A
がCの意思に反してCを自宅に連れて行ったか否かが争点となっていますが
が、依頼者Aは、Cとともに自宅に戻る前、近所のコンビニエンスストアで
酒類、雑誌、歯ブラシ等を購入し、その際、Cがポイントカードを使用した
と主張しています。そこで、この主張を裏づける客観的事実を明らかにする
ため、本照会を求めます。

照会事項：

　貴社発行の下記ポイントカードの○○年○月○日から○○年○月○日まで
の間の使用履歴（使用時刻、使用店舗名及び購入物品名）をお答えください。

記

○○カード　　番号○○○○
名　義　人　　C

6　ICカード乗車券の利用記録

◆照会例8-6　ICカード乗車券の利用記録

照会先：

　○○鉄道株式会社○○係【※1】

照会理由：

　依頼者は、○○年○月○日午後○時○分頃、○○県○○市○○所在の○○
建設株式会社事務所内に侵入し、同事務所内で現金等在中の手提げ金庫等を
窃取した被疑事実で、現在○○県○○警察署に逮捕・勾留されている被疑者
であり、当職は依頼者の国選弁護人です。

　依頼者は、取調べの中で、現場事務所内に設置された防犯カメラの映像に
依頼者に酷似した人物が写っていたこと及び現場敷地内に設置された防犯カ
メラに、犯行の際に依頼者が所有する自動車と同車種の自動車が映っていた
ことにより上記建造物侵入、窃盗の疑いがかけられたと聞いています。被告
人は上記事件の時間帯は、勤務先である株式会社○○を退社して自宅に帰宅
中の時刻であるところ、同日の被告人の株式会社○○からの退社時間からす
ると、自動車等を使用せず公共交通機関を利用した場合、依頼者が上記犯行
時刻に犯行現場に到着することは不可能です。そして、被告人は、株式会社
○○の通勤には、基本的に徒歩と○○線○○駅－○○線○○駅間の鉄道を利
用しており、またその鉄道乗車の際には常に同鉄道会社が発行し取り扱う依
頼者名義のICカード乗車券○○○カードを使用していることから、本件の
日時にも同カードが使用され依頼者が同鉄道を使用していたことが明らかに
なれば、前記各防犯カメラに写っている人物や自動車は依頼者ないし依頼者

のものではなく、依頼者は無罪であることを証明できます。

　そこで、依頼者が主張するアリバイを立証するためには、依頼者が、○○年○月○日午後○時○分から同日午後○時○分までの間に、貴社が発行し、貴社が取り扱っている、依頼者名義の IC カード乗車券○○○カード（番号○○○）を使用して、○○駅から○○線に乗車して○○駅に移動中であった事実を立証する必要があります。

　よって、本照会を求めます。なお、本照会をすることについては、依頼者の同意を得ています【※2】。

照会事項：

　下記 IC カード乗車券○○○カードについて、○○年○月○日午後○時○分から同日午後○時○分までの間における、下記の利用履歴の具体的内容について、ご回答をお願いします【※3】。

記【※4】

　カード名義人：○○○○（住所：○○市○○区○○町○丁目○番○号）

　カード番号　：○○○

　1　利用内容

　2　利用先名

　3　年月日・時刻

　4　利用駅

　5　利用額

※1　IC カード乗車券を発行している事業者をあらかじめ確認しておく必要があります。◆照会例7-12【※2】参照。

※2　他人名義の IC カード乗車券については、本人の同意を得られない限り回答を拒否されることが多いようです。◆照会例7-12【※1】参照。

※3　期間をできる限り特定する必要があります。◆照会例7-12【※3】参照。

※4　カード特定のためにカード番号及び名義人の氏名等が必要です。

I はじめに

1 建築紛争の類型

建築紛争の類型としては、
① 契約解除・取消し（消費者被害）
② 業者から施主への建築工事代金の請求
③ 施主から業者等への瑕疵修補請求、損害賠償請求
のほか、
④ 第三者からの建築工事の差止請求（日照権、景観等を理由とする）
等が考えられます。

2 紛争の相手方に関する照会

　紛争の相手方について、建設業許可、建築士登録の有無等が問題となるケースがあります。また、許可を受けていても、その内容（例えば、一般建設業か、特定建設業か）が問題となるケースもあります。そのため、紛争の相手方について、これらの内容を確認する必要があります。

　建築士登録の有無については、建築士名簿の閲覧をすることにより確認をすることができます。一級建築士については日本建築士会連合会建築士登録部及び都道府県建築士会で、二級建築士・木造建築士については、愛知県においては公益社団法人愛知建築士会で、それぞれ閲覧可能です。また、これらの内容については、有料で書面での回答を得ることもできます。

　現時点において有効な建設業許可を有しているかについては、国土交通省のホームページの「建設業者・宅建業者等企業情報照会システム」（http://etsuran.mlit.go.jp/TAKKEN/）によって確認をすることができます。また、建設業の

許可を受けた者の申請書類や届出書類は、公衆の閲覧に供せられており、愛知県の場合は、建設業不動産課（自治センター2階）や各建設事務所で閲覧できる書類があります。

なお、現時点においてすでに廃業済み等で許可を有していない業者等については、このシステムにおいては検索ができませんので、弁護士会照会によることになります。

3 建築物等の内容に関する照会

また、建築業者に対して瑕疵修補請求をしたり、場合によっては、契約を取り消したりするために、契約内容と施工内容との食い違いを明らかにする必要があったり、第三者が建築途中の工事を差し止めるために、建築物を特定したりする必要があります。

建築物の内容を明らかにするにあたり、建築図面の取寄せ等を行うには、当事者ないし利害関係者として、行政に対して情報開示請求を行うこと等で情報が得られる場合があります。

（1）施主代理人の場合
①　建築確認申請の主体は施主であるため、建築確認申請の関係資料は、基本的には施主が所持しているはずですが、受領していない、見当たらないといった場合があります。この場合は、施主から指定確認検査機関に求めれば閲覧をすることは可能です。写しをもらえるかどうかは指定確認検査機関によりますので、個別に指定確認検査機関に確認をしてください。
②　指定確認検査機関が判明しない場合は、処分等の概要書を閲覧することで判明します（愛知県は、特定行政庁を除き、各土木事務所の土木課、特定行政庁分は各特定行政庁の担当課で閲覧可能です）。完了検査を受けているかどうかも、処分等の概要書を閲覧することで判明します。
　　書面での回答が必要な場合には、弁護士会照会によることになります。

（2）業者側・建築士側代理人の場合
建築確認申請書や添付図面の控えやデータ等を所持している場合が多いです。手元に存在しない場合には、指定確認検査機関において閲覧等することが考えられますが、対応が可能かも含め、個別に指定確認検査機関に確認をして

ください。

（3）それ以外の第三者の場合（近隣住民、建物の買主等）

①　建築計画概要書及び処分等の概要書（建築基準法施行規則1条の3）を、建築基準法93条の2、建築基準法施行規則11条の4に基づき、閲覧することで判明します（愛知県は、特定行政庁を除き、各土木事務所の土木課、特定行政庁分は各特定行政庁の担当課）。

建築計画概要書には、建築物の階数、高さ、建築面積、延べ面積、配置図等が記載されているため、それで事足りることも多いです。

書面での回答が必要な場合は弁護士会照会によることになります。

②　①で得られた情報以外の建築確認申請の内容について知りたい場合や、その他の情報（照会例に記載のある宅地造成規制法の許可内容等もこれにあたります）は、指定確認検査機関や行政に弁護士会照会をすることが考えられます。ただし、個人のプライバシーを理由に回答を拒絶されることがあります。

4　関係法令の行政解釈等の照会

その他、建築物の瑕疵にあたるか否かにつき、各自治体において定めている建築物に関する条例や指針等（例えば、構造設計指針）の解釈が問題となる場合があるところ、そうした条例等の解釈について、担当行政庁の行政解釈を知るために、弁護士会照会を利用する例もあります。

Ⅱ　照会方法

1　建設業の許可

建設業の許可を得るには、

①　1の都道府県の区域内のみに営業所を設置しているときは都道府県知事

②　2以上の都道府県の区域内に営業所を設置しているときは国土交通大臣の許可がそれぞれ必要となります。

　そのため、建設業の許可の有無、内容を明らかにするために照会する場合には、許可がどこでなされている業者であるかによって、照会先も異なります。

　なお、愛知県の場合、①は愛知県建設部建設業不動産課に、②は中部地方整備局建政部建設産業課に照会します。

◆照会例9-1　**建設業の許可**

照会先：
　○○県○○課
照会理由：
　依頼者は、照会事項記載の会社との間で建物建築請負契約を締結しましたが、同社が建設業の許可を受けていないとの疑いが生じました。依頼者が請負契約の解除または取消しをする前提として事実確認をするため、本照会を求めます。
照会事項：
　下記会社に関し、次の事項についてご回答ください。

記

○○市○○町○○番地
株式会社○○○○（代表取締役甲野太郎）
　1　上記会社は○○年○月○日から○○年○月○日までの間において、建設業法3条の「一般建設業」・「特定建設業」のいずれの許可を受けましたか。
　2　許可を受けた場合は、その許可年月日、許可番号、及び許可を受けた建設業の種類（建設業法3条、別表第一）を、廃業した場合は、抹消の年月日をご回答ください。

2　工事内容の確定・相手方の特定

　建築工事は、建築確認申請がなされ、建築確認を受けてから着工することになります。そのため、工事予定、工事中の建築物の内容を確認するため、建築確認申請書を照会する場合があります。以下では、第三者が建築物の内容を確

認することを前提とした照会例を記載します。

　ただ、前記のとおり、一般に閲覧が可能である建築計画概要書にも、建築主、設計者、工事監理者、施工者等の記載とともに、建築場所、敷地や建築物の面積等が記載されており、付近見取図、配置図も添付されているため、建築計画概要書を閲覧することによって事足りる場合も多いと思われます。

　また、指定確認検査機関によっては、施主であっても、回答を拒否することがありますので、事前に確認をしておくべきです。

　なお、◆照会例9-3は、宅地造成工事規制法に基づく許可申請の内容について照会を行う場合の例です。

◆照会例9-2　建築確認申請の内容

照会先【※】：
　当該建物について建築確認を行った指定確認検査機関ないし建築主事
照会理由：
　依頼者は、照会事項記載の建築物北側の建物に居住していますが、当該建築物の新築により日照、通風が著しく阻害されています。当該建築物は建築基準法等関係法規に違反している可能性が高いことから、当該建築物の建築基準法等関係法規への適合性を確認するため、本照会を求めます。
照会事項：
　○○市○○町○○番地に建築中の建物について、下記の事項にご回答ください。なお、回答に代えて、建築確認申請書及び主要添付図面の写し等を送付していただいても結構です。
　　1　建築確認申請及び確認の各年月日
　　2　建築確認申請の番号
　　3　建築主の住所・氏名
　　4　設計者の住所・氏名
　　5　工事監理者の住所・氏名
　　6　施工者の住所・氏名
　　7　上記建物の主要用途、構造、面積
　　8　その他建築確認申請書の記載内容

※　建築確認が民間開放されて以降は、建築確認は民間の指定確認検査機関に属する建築基

準適合判定資格者が行うことがほとんどです。建築確認を行った指定確認検査機関は処分等の概要書を閲覧することで判明します。

◆照会例9-3　**宅地造成等規制法の許可内容等**

照会先：
　○○市建築指導部開発指導課○○係

照会理由：
　依頼者は、宅地造成工事規制区域にある中古住宅を購入した者ですが、本件土地に築造されている擁壁が、宅地造成等規制法8条1項に基づく許可を受けたものと異なった形状となっており、現状が同法違反となっているおそれがあること、また、それゆえ、同法13条1項に基づく完了検査を受けていないおそれがあることが判明しました。

　そこで、売主に対する責任追及を検討しているところですが、そのためには、本件土地についてなされた宅地造成等規制法に基づく許可申請及び完了検査申請の有無、仮に、同申請がなされていたとすればその内容等を正確に把握する必要がありますので、本照会を求めます。

照会事項：
1　次の宅地造成等規制法8条1項に基づく許可についてなされた、許可申請の内容をご回答ください。なお、回答に代えて、宅地造成に関する工事の許可申請書一式の写しをお送りいただいても結構です。
　　①　許可番号：○指令土計第○－○○
　　②　許可申請日：○○年○月○日
　　③　宅地の所在及び地番：○○市○○区○○町○○○○
　　（上記①～③は、担当課に聞けば教えてくれます。）
2　前記1に係る工事について、宅地造成等規制法13条1項に基づく完了検査がなされたか否か、なされた場合には、完了検査申請及び完了検査の内容をご回答ください。回答に代えて、完了検査申請書一式及び検査済証の写しをお送りいただいても結構です。

第10章 消費者事件

I はじめに

（1）消費者被害の救済方法としては、

    ① 契約の拘束力からの解放を目指す方法

    ② 被害回復のための損害賠償請求

が考えられます。

  そして、

    ① 契約の拘束力からの解放を目指す方法としては、例えば、

      ア 公序良俗違反（民法90条）

      イ 錯誤無効（民法95条）

      ウ 詐欺取消（民法96条）

      エ 不当勧誘取消（消費者契約法4条）

      オ クーリング・オフ（特定商取引法等）

      カ 債務不履行解除（民法541条）

      キ 信義則を根拠とする請求権の否定・請求権行使の制限

    ② 被害回復のための損害賠償請求としては、例えば、

      ア 不法行為に基づく損害賠償請求（民法709条等）

      イ 役員等に対する損害賠償請求（会社法429条等）

      ウ 金融商品販売法に基づく損害賠償請求（同法4条）

等様々な方法が考えられますので、これらの中で、どのような手段を選択する
かを検討することになります。

  また、請求する相手方について、特に相手方が詐欺的業者（法人）の場合に
は、支払能力が十分でないケースも多く、関係者等（個人）から損害の回収を図
る必要があること、詐欺行為に関与した関係者等の責任を追及せずに放置する
ことは相当でないことから、取引相手である業者（法人）だけでなく、役員、勧
誘した従業員等の個人を請求の相手方とすることを検討する必要があります。

（2）そのため、これらの請求をするにあたっての準備として、

　　ア　取引の内容
　　イ　相手方業者・担当者（加害行為者）等の特定
　　ウ　同一被害状況に関する情報収集
　　エ　相手方業者の資産状況

等を調査する必要があります。そこで、本章では、上記アないしエに関する照会例を順に取り上げます。

Ⅱ　照会方法

1　取引の内容

　消費者事件の場合、勧誘内容、説明内容等の事実を明らかにした上で、その勧誘行為が不当勧誘に該当するのか、説明義務違反等の違法性が認められるのか等を検討することとなります。

　投資取引（商品先物取引や金融商品取引）で被害に遭った場合、当該顧客の取引の内容については、当該顧客自ら、または、代理人弁護士から、業者に任意開示を求めることが可能です（商品先物取引であれば、商品先物取引業者に、委託者別先物取引勘定元帳及び委託者別証拠金等現在高帳の開示を求め、金融商品取引であれば、金融商品取引業者に、顧客口座元帳等の開示を求めることができます）。

　当該顧客の取引の内容を超えて、相手方業者が行っていた取引全体に関する情報開示を求めたい場合には、取引所に照会をすることが有用です。

　ここでは、商品先物取引の取引所に対し、売買枚数や取組高等に関する情報の開示を求める照会例をあげます。

◆照会例10-1　**商品先物取引の内容**

照会先：
　株式会社東京商品取引所【※1】【※2】

照会理由：

　依頼者は、相手方に委託した商品先物取引（株式会社東京商品取引所・とうもろこし）で損害を被った者であるところ、相手方において、差玉向かいの事実及び利益相反関係が生ずる可能性の高いことの説明義務を負うか否かを判断するための基礎資料として、取引日における価格推移及び相手方の売買枚数並びに取組高を把握する必要があるため、本照会を求めます。

照会事項：

　貴取引所における○○株式会社（本店：○○市○○町○○番地）の下記期間中における下記銘柄の売買枚数、取組高、帳入値段、帳入差金及び約定差金を、限月、委託玉・自己玉の別、新規・仕切の別を明示してご回答ください【※3】。

記

　商品　とうもろこし　○○年○月限
　　　　とうもろこし　○○年○月限
　　　　とうもろこし　○○年○月限
　期間　○○年○月○日から○○年○月○日まで

※1　「株式会社東京穀物商品取引所」のコメ取引受入に伴い、平成25年2月、「株式会社東京工業品取引所」の商号が「株式会社東京商品取引所」に変更されました。
※2　商品取引所は、現在、「大阪堂島商品取引所」と「株式会社東京商品取引所」の2つに集約されています。
※3　東京商品取引所からは、回答を本件以外には使用しない旨の誓約書の差入れを求められることがあります。

2　相手方業者・担当者（加害行為者）等の特定

（1）相手方業者の特定方法

　相手方を特定する方法としては、第2部第1章Ⅱで取り上げた電話会社への照会等や、電話料金の決済に利用されている信販会社への照会、レンタル携帯電話事業者、電話受付代行業者、電話転送サービス事業者等への本人情報の照会が考えられ、振込先口座・凍結口座から本人特定を図る場合もあります（後記の◆照会例10-5参照）。

（2）相手方業者の特定

　近時、サクラサイト詐欺被害や情報商材被害、投資詐欺被害などの類型で、信販会社の加盟店になることができない悪質な EC サイト（Electronic Commerce・電子商取引サイト）が、クレジットの決済代行業者（Payment Service Provider）を介して加害行為を行う例が散見されます。契約書に表記されている住所では法人登記が取得できなかったり、EC サイト上の表記が偽名であるケースもあります。

　決済代行業者に対し、EC サイトの本人特定情報（法人名ないし個人名・住所）の任意開示を求め、開示が得られるケースもありますが、任意開示された情報では法人登記が取得できないケースもあります。

　ここでは、決済代行業者に対する本人特定情報の照会例をあげます。

◆照会例10-2　EC サイトの名称・住所等

照会先：
　○○株式会社（決済代行業者）

照会理由：
　依頼者は、○○年○月○日から○月○日にかけて、「○○」と称する情報商材の詐欺被害に遭いました。具体的には、「絶対に利益が出る」「9 か月で5000万円貯金できる」「月間報酬○○万円」と伝え、これを信じた依頼者から、金○○万円を騙取しました。

　現在、依頼者は、相手方らに対して、損害賠償請求訴訟を提起すべく準備中です。

　依頼者が被害金をクレジット決済した決済代行業者（照会先）に対し、相手方の名称及び住所の開示を求めたところ、法人名及び住所が任意開示されましたが、同法人名及び住所では、相手方の登記を取得することができませんでした。

　照会先に確認したところ、照会先では、相手方との契約時に、本人確認書類（法人登記や印鑑証明等）を取得・保管しているとのことです。

　このため、相手方の正式名称や住所を知る手がかりは、照会先保管の本人確認書類しかなく、相手方特定のため、取引開始時の本人確認資料等を確認する必要性は非常に高いものがあります。また、損害賠償請求のため、相手方法人だけでなく、相手方の取引に関与している個人も特定する必要があり

ます。

　さらに、(仮) 差押えのために、相手方が利用する預金口座についても照会する必要があります。

　よって、本照会を求めます。

照会事項：

　下記サイトに関して、貴社が締結した契約につき、以下の点についてご回答ください。

　サイト名：○○○○

　1　(1) 契約の相手方の氏名・名称（法人名または個人名）、住所・所在地、法人の場合は代表者氏名

　　　(2) 契約成立年月日・契約期間

　　　(3) 契約の内容

　　（なお、ご回答に代えて、申込書・契約書や、契約時の登記事項証明書・免許証・印鑑証明等の控え等、関係書類の写しをご送付いただければ幸いです。）

　2　上記サイトに係る取引代金の送金先口座全て

　　（金融機関名・本支店名・口座の種類・口座番号・口座名義）

（3）担当者（加害行為者）等の特定

　次に、相手方業者だけでなく、担当者（加害行為者）等の個人に対して損害賠償を請求する場合には、その個人を特定する必要があります。

　2（1）で述べたように、電話番号等から特定する方法もありますが、ここでは、日本商品先物取引協会を通じた登録外務員情報に関する照会例をあげます。

　なお、外務員の住所については、個人のプライバシー等を理由に回答がなされない場合が多く、現時点では、弁護士会照会だけで担当者（加害行為者）の特定をすることは困難です。しかし、提訴と同時に、日本商品先物取引協会を嘱託先とする調査嘱託の申立てを行う方法により、担当者（加害行為者）の特定を行うことは可能です。外務員の住所が不明のまま訴訟提起をした場合、住所調査のための調査嘱託に消極的な裁判所もありますので、回答拒否をもって調査嘱託の必要性を明らかにするためにも、弁護士会照会をした方がよいといえます（第2部第1章I参照）。

◆照会例10-3　商品先物取引登録外務員の住所・登録歴

照会先：
　日本商品先物取引協会
照会理由：
　依頼者は、○○年○月から○○年○月にかけて相手方○○株式会社に委託した商品先物取引で損害を被った者であり、相手方らである同社及び担当外務員らに対する損害賠償責任を追及する訴訟を準備中です。照会を求めた対象者は、本件取引当時、相手方○○株式会社の従業員であった者ですが、同人の住所、外務員登録履歴等が不明であるため、本照会を求めます【※1】。
照会事項：
　下記対象者は、○○年から○○年にかけて、○○株式会社の従業員であった者ですが、対象者についての外務員に関する登録内容について、それぞれ以下の点をご回答ください。
　（対象者の表示）
　　氏名　甲野太郎【※2】
　1　上記対象者は、過去に○○株式会社の外務員として登録されていましたか。登録されていれば、下記事項についてその登録内容をご回答ください。
　　①　雇入年月日
　　②　住所
　　③　所属する営業所の名称（登録後所属したすべての営業所を、所属した期間も含めてご回答ください）
　　④　登録年月日及び登録有効期限（初回から最終の登録までのすべて）
　2　○○株式会社以外で、他の商品取引員・商品先物取引業者の外務員として登録されていた事項または現在登録している事項がありますか（○○株式会社に勤務する以前及び勤務以後も含めて、現在に至るまでのすべての外務員登録歴及び住所をご回答ください）。

※1　本照会は、担当者（加害行為者）の特定に用いるだけでなく、外務員登録歴を調査し、相手方従業員らがほぼ同じタイミングで別の業者に移動することを繰り返しているなど、従業員間の関係性の強さから、相手方らの共同不法行為の主張の補強として活用したりする等、主張立証に用いることが考えられます。

※2　1人だけではなく、複数の外務員についてまとめて照会することが可能です。なお、調査対象者の漢字（例えば、渡邊と渡邉等）は、正確に書いていないと、回答が得られません。また、同姓同名の人物がいる場合には、対象者の氏名だけでは回答が得られないため、生年月日等、個人の特定に繋がる情報が分かるようであれば、付記しておくとよいでしょう。

3　同一被害状況に関する情報収集

　業者の勧誘手口（詐欺的勧誘・不当勧誘等）を明らかにしたり、被害者の属性（年代・性別等・職業等・地域ブロック・被害金額等）を明らかにすることによって、業者の勧誘ターゲット層や被害の深刻さを主張立証するため、同一被害状況に関する情報収集が有効な場合があります。

　その場合、
　　①　独立行政法人国民生活センター
　　②　都道府県・市町村（特別区を含む）にある消費生活センター（◆照会例10-4の【※1】【※2】参照）
に照会することが考えられます。

　独立行政法人国民生活センターは、国民生活の安定及び向上に寄与するため、総合的見地から、国民生活に関する情報の提供及び調査研究を行うとともに、重要消費者紛争について法による解決のための手続を実施する国の機関です。同センターでは、全国各地の消費生活センターに寄せられた相談・問い合わせ・被害事例等の情報をコンピュータで収集・集計しています（全国消費生活情報ネットワークシステム・PIO-NET）。

　ただし、独立行政法人国民生活センターでは、苦情相談が寄せられた「法人」に関する情報しか集約していません。このため、マルチ商法の勧誘者等、「個人」に対する苦情相談の内容等については、都道府県・市町村（特別区を含む）にある消費生活センター・県消費生活総合センター等に照会する必要があります。

◆照会例10-4　消費者トラブルに関する苦情相談の状況

照会先：
　独立行政法人国民生活センター【※1】【※2】
照会理由：
　依頼者は、○○年○月ころ、○○株式会社の従業員から、依頼者がＡ市に

所有していた別荘用土地につき、「○○万円で購入します」という勧誘を受けました。依頼者は、○○万円で売却できるならよい話だと思い、○○株式会社との間で、売買契約を締結しましたが、同時に、高齢の依頼者に全く気付かせないまま、○○株式会社からB市にある土地を購入する内容の契約書も作成されていました。依頼者は、従業員から、売買に係る手続費用○○万円の預託を求められたため、これに応じ、○○万円を預託しました。○○万円は、売買手続完了後、すぐに返還してもらえる約束でしたが、約束の期日が過ぎても返還がなされず、従業員とも連絡がつかなくなりました。本件は、いわゆる原野商法の二次被害と考えられるため、依頼者は、現在、○○株式会社、同社役員及び従業員に対する損害賠償請求訴訟を提起すべく準備をしています。そこで、○○株式会社について、他にも類似の相談事例がないかどうか確認するため、本照会を求めます。

照会事項：

1　○○株式会社（本店：○○市○○区○○町○○番地）に関する相談件数を、○○年○月○日から現在まで年度毎にご回答ください【※3】【※4】。

2　上記○○株式会社を相手方とする契約当事者の属性（年代・性別・職業・地域ブロック等）、相談内容（被害の金額を含む）、貴センターの対応及びその結果をご教示ください。なお、○○年○月○日以降現在までのPIO-NET情報にてご回答ください。

　勧誘時の具体的な勧誘文言について明らかにする必要があるため、具体的な相談内容についての出力を制限される場合には、起算日を○○年○月○日としてください。50件以上の相談件数があり、出力を制限される場合には、現在のものから50件としてください【※5】【※6】。

※1　県内市町村が設置している消費生活センターでの相談状況については、各消費生活センターに照会することができます。

※2　愛知県の場合、愛知県消費生活総合センター及び県内の市町村における消費生活相談窓口での相談状況については、「愛知県県民生活部県民生活部長」宛に照会することができます。

※3　当該年度と過去10年分（年度）を加えた期間の件数を照会することができます。

※4　相手方の事業者名につき、屋号や略称、通称など、様々な呼び方が考えられる場合や、漢字・カタカナ・アルファベットのいずれで情報登録されているか不明な場合には、正式な法人名と別途、いくつかの事業者名候補を併記しておくとよいでしょう。
　　また、本店所在地が移転している場合には、前本店所在地についても併記しておくと

よいでしょう。

※5　照会が可能な期間内の50件について、相談事例（内容）を照会することができます。この50件は、必ずしも直近の案件に限られるものではなく、依頼者の被害時期と同時期のものとするなど、照会申出会員の側で一定の期間を指定することもできます。

※6　1件の照会で、当該被害に関連する複数の業者に関する照会をすることもできますが、回答が得られる相談内容（最大50件）の割付が必要となります（例えば、業者Aについて40件、業者Bについて10件など）。具体的な相談内容の報告を多数得たい場合には、業者ごとに分けて照会を行うことが望ましいでしょう。

4　相手方業者の資産状況

　契約の無効・取消等を理由に支払った代金の返還を求めたり、損害賠償をしたりする場合に、相手方業者等が任意に支払に応じないときには、相手方業者等の財産を調査して、（仮）差押の手続を採ることが必要となります。

　そして、一般的な財産調査については、第2部第3章に記載したところですが、ここでは、犯罪利用預金口座等に係る資金による被害回復分配金の支払等に関する法律（以下「振り込め詐欺救済法」といいます）に基づく口座凍結手続を行った預金に関する照会例を取り上げます。

◆照会例10-5　**凍結預金に関する照会**【※1】

照会先：
　株式会社○○銀行○○支店
照会理由：
　依頼者は、スマートフォンに、アイドルグループのメンバーを騙る者から直接メッセージが届き、これに返信したところ、別のサイトに誘導され、その後メール交換を続け、そのたびにポイント購入をした結果、○○年○月○日から○○年○月○日までの間に合計○○回、総額○○万円を照会事項記載の口座に送金してしまいました。
　そこで、依頼者は、当該口座につき、サクラサイト詐欺を理由とする○○年○月○日付で口座凍結要請を行うと共に、相手方に対して、仮差押の申立て及び損害賠償請求訴訟を提起すべく準備中ですが、相手方を特定するために口座名義人の登録名・住所等を明らかにし、また、これらの手続により、相手方の資産からの回収が図れるかを検討するために、口座凍結の有無、口

座残高、相手方の他の口座の存在等を明らかにしたく、本照会を求めます。

照会事項：

　貴行に開設された下記預金口座について、次の点をご回答ください。なお、回答に代えて関係書類の写しをご送付いただければ幸いです。

記

○○銀行○○支店

普通預金　　口座番号○○○○

口座名義人　○○○○○○○○

　1　口座開設時の時期及び本人確認資料

　2　口座開設時の口座名義人の登録名称、届出住所、電話番号その他の届出事項の内容

　3　（口座名義人が法人の場合）口座名義人の代表者の氏名、生年月日、届出住所及び電話番号その他届出事項の内容

　4　口座開設後の届出住所、電話番号その他の届出事項の変更の有無、変更がある場合には、変更時期、変更内容

　5　口座凍結の有無、凍結日【※2】

　6　凍結時点の口座残高【※2】

　7　口座振替の依頼があれば、その内容

※1　金融機関が照会に応じるかどうかは、口座凍結の有無や警察への被害届の有無等によって異なる場合があります。

※2　凍結の有無・残高は、振り込め詐欺救済法に基づく公告のホームページをみると分かることがあります（口座凍結の手続の概要も掲載されています）。

Ⅰ はじめに

労働事件で、弁護士会照会が問題になる事例としては、以下のようなものが考えられます。

まず、労災事故等が発生したことにより労働基準監督署に対して労災の状況や労災給付金の内容を照会することが考えられます。しかし、労働基準監督署に弁護士会照会をする場合、行政の中立性を理由に回答を拒絶されることがよく見受けられます。この点、労働基準監督署は、裁判所による調査嘱託がなされた場合には回答します。

しかし、そもそも、弁護士会照会に対する回答義務について、「23条照会の制度は、弁護士が受任している事件を処理するために必要な事実の調査等をすることを容易にするために設けられたものである。そして、23条照会を受けた公務所又は公私の団体は、正当な理由がない限り、照会された事項について報告をすべきものと解される」との最判平成28年10月18日（第1部第1章裁判例❶）からすると、回答拒否は不当といわざるを得ません。特に、労災事故等の内容など、照会事項が労働者及び使用者双方にとって必要不可欠な情報に関するものであることからすれば、労働基準監督署が回答することは行政の適切な執行及び円滑な公務遂行を確保することに資することはあっても、訴訟当事者の一方の利益に偏するようなことになるものではないことは明らかであり、弁護士会照会でも回答はなされるべきものです。ただ、当事者本人は、行政機関の保有する個人情報の保護に関する法律に基づく開示請求によって労災事故の内容等についての開示は得られます。

また、労使間の紛争をめぐって労働者の経歴を調査するため、以前に勤務していた会社等に照会したり、残業代等の請求をする前提として労働基準監督署に対して就業規則の内容を照会することも考えられます。しかし、労働基準監督署については前記と同様に回答を拒絶されることがほとんどです。ただ、労

働者本人が労働基準監督署において直接閲覧を求めると、必要性を説明すれば個々の内容についての回答が得られるとされています。

　常時10人以上の労働者を使用する使用者は、必ず就業規則を作成し労働基準監督署に届出をする義務（労働基準法89条）があり、労働者に対する周知義務があります（同法106条、同法施行規則52条の２）。したがって、労働者が当該会社に勤務していた資料（給与明細書、保険証等）及び身分証明書（運転免許証などの写真付きのもの）を提示し、使用者がこの周知義務に違反している事情（使用者に開示を求めたが閲覧させてもらえないというやりとり）を説明すれば、必要性があるとして、労働者が知りたい個々の内容についての回答を得られます（就業規則自体を閲覧したり、謄写したりすることはできません）。なお、公文書等の管理に関する法律に基づき、保存期間が一般的に５年とされているので、注意を要します。

　労働基準監督署以外に対する照会としては、残業代の請求にあたって、会社側が労働時間管理を怠っているないしは勤務実績を開示しない場合に、勤務場所を管理するビル管理会社等に入退館の記録を照会することによりおおよその労働時間を把握できる場合があります。また、時間外労働の事実を立証するために、ETC の通行記録を照会したりすること（第２部第８章Ⅳ３参照）が考えられます。

　そのほか、労働者の経歴詐称等を立証するため、卒業した大学等に照会をすることも考えられます。

コラム　column　労働基準監督署への照会

　平成13年の民事訴訟法改正の際、文書提出命令の規定整備に関連して、厚生労働省労働基準局長から都道府県労働局長宛に、「裁判所等からの文書提出命令等に対する取扱いについて」（平成14〔2002〕年３月13日付け基発第0313008号）という通達が発出されました。この通達には、裁判所からの文書提出命令、調査嘱託、文書送付の嘱託の取扱いが書かれており、弁護士会照会に対する対応についても、「弁護士会からの照会に対しては、このような制度が法律上認められている趣旨をも踏まえつつ適切に対応すること」との記載があります。

　他方で、この通達には、「弁護士法に基づく弁護士会からの照会は、訴訟当事者の一方の弁護士が、その受任事件を契機として、当事者の立場からなされるものであり、訴訟当事者の一方の利益のためになされるという側面があることから、その対応に当たっては、…（中略）…十分な検討を行うこと。なお、弁護士はその受任事件が裁判所に係争した時点で、民訴法に基づき、裁判所に文書送付の嘱託の申立又は文書提出命令の申立ができるものであることに留意すること」との記載があります。

　このような記載により、労働基準監督署は、弁護士会照会に対し「訴訟当事者の一方の利益のためと看過されうる措置を差し控えます」等として、回答を拒否することが多くなっています。

　もっとも、労働災害の被災者が、行政機関の保有する個人情報開示の方法により開示を求めた場合には、労働局では、開示請求者以外の個人情報である等、法定の非開示情報に該当しない限りは、基本的に情報を開示することとされています。そのため、労働災害については、被災者の療養給付、休業補償、障害補償等に関する資料が開示されるほか、災害調査復命書等、労働基準監督署が作成した文書でも、非開示情報に該当する部分のみを非開示とし、その他の部分は開示されます。

　このような状況にかんがみれば、労働災害の被災者を依頼者とした弁護士会照会に対し、個人情報開示で開示する情報についてまで、行政の中立性を理由に回答を拒否する理由はありません。

　また、前掲通達の発出後、文書提出命令に関しては、最高裁判所平成17年10月14日第三小法廷決定を受け、取扱いが変更されています。同判例は、労災事故について作成される災害調査復命書等の文書が、それ以前は、「私人の秘密に関する情報等が渾然一体となって作成されていることから、対象となる文書から除外する」扱いとされていたところ、災害調査復命書等は、①調査担当者が職務上知ることができた事業場等にとっての私的な情報と、②行政内部の意思形成過程に関する情報に区別することができ、①については、一概に「その提出により公共の利益を害し、又は公務の遂行に著しい支障を生ずるおそれ」（民訴法220条4号ロ）があるとはいえないとしました。

　これを受け、前掲通達は改正され（平成18〔2006〕年11月22日付基総発第1122001号）、労働基準行政機関の職員が作成した復命書等についても、一律に非開示とするのではなく、文書作成者の同意の有無等を確認し、必要な部分を黒塗りして開示に応じるよう取扱いが改められました。

　さらに、情報公開や個人情報開示の手続では、非開示決定に対し、行政不服審査法に基づき、審査請求ができることから、審査請求があった場合には、審査庁が情報公開・個人情報保護審査会に諮問し、同審査会が処分庁と異なる意見を答申することもあります。このような場合には、その後の開示・非開示の取扱要領も変更されることがあり、現時点では開示されない運用とされていても、その状況が固定されている訳ではありません。

　上記のとおり、弁護士会照会に対しては、回答が拒否されることが多いのが実情ですが、回答の内容は、照会理由及び照会事項により、個別的に判断されるべきものであり、弁護士会としては、必要性の高い照会に対し、回答が得られるよう働きかけることも必要です。

Ⅱ　照会例

1　労働災害の状況

◆照会例11-1　**労働災害の状況【※】**

> **照会先：**
> 　○○労働基準監督署
> **照会理由：**
> 　依頼者は、○○年○月○日、○○市○○町○○番地○○株式会社○○工場において発生した労働災害により受傷し、相手方に対し損害賠償請求をする予定ですが、事故状況を確認するために本照会を求めます。
> **照会事項：**
> 　○○年○月○日○○市○○町○○番地○○株式会社○○工場において発生した労災事故について、○○株式会社から貴署に対して提出された労働者死傷病報告書の記載内容についてご回答ください。なお、回答に代えて報告書の写しを送付いただければ幸いです。

※　本人の場合であっても行政の中立性等を理由に回答を拒絶されることが少なくありませ

ん。依頼者が本人もしくは法定代理人であれば、行政機関の保有する個人情報の保護に関する法律に基づいて開示を求めることも可能です。

2　労災給付金の内容

◆照会例11-2　労災給付金の内容【※】

照会先：
　○○労働基準監督署

照会理由：
　依頼者は労災事故による受傷者です。依頼者が相手方に対し損害賠償を請求するにあたっては、損害賠償請求額から労働基準監督署より支払われた労災給付金を控除する必要があります。そこで、労災給付金について明らかにするため、本照会を求めます。

照会事項：
　（事故の表示）
　　事故発生年月日　　○○年○月○日
　　事故発生場所　　　○○市○○町○○番地　○○株式会社○○工場
　　事　業　者　　　○○工業株式会社
　　受　傷　者　　　甲野太郎
　上記労災事故に関し、次の事項をご回答ください。
　1　給付金の種類、金額
　2　療養補償給付もしくは休業補償給付がなされた場合、それぞれが支給された期間
　3　労災認定年月日
　4　障害等級認定年月日及び認定等級

※　本人の場合であっても、行政の中立性等を理由に回答を拒絶されることが少なくありません。依頼者が本人もしくは法定代理人であれば、行政機関の保有する個人情報の保護に関する法律に基づいて開示を求めることも可能です。具体的には、労災保険給付等支払証明書の交付を求めることができます。

3 就業規則の届出の有無・内容

◆照会例11-3 就業規則の届出の有無・内容【※】

照会先：
　○○労働基準監督署

照会理由：
　依頼者は相手方の従業員ですが、○○年○月○日、相手方より懲戒解雇処分の通知を受けました。依頼者はその処分の効力を争っていますが、相手方は就業規則の存在について明らかにせず、また従業員に対して就業規則の内容を開示していません。そこで、相手方の就業規則の届出の有無、並びに届出をしていた場合には届出年月日及び就業規則の内容を明らかにする必要がありますので、本照会を求めます。

照会事項：
　（事業所の表示）
　　名称　○○株式会社
　　所在　○○市○○町○○番地
　上記事業所に関して、下記事項についてご回答ください。
　1　上記事業所は労働基準法89条に基づき就業規則の届出をしていますか。
　2　届出をしている場合は、届出年月日、解雇を定めた規則の内容及び関連する事項の内容をご教示ください。なお、就業規則の内容の回答に代えて、就業規則の写しをご送付いただければ幸いです。

※　本人の場合であっても、行政の中立性等を理由に回答を拒絶されることが少なくありません。なお、本人が労働基準監督署に赴いて、会社が周知義務を尽くしていないことによる必要性を説明した上、就業規則の内容を確認することができる場合があります（平成13年4月10日付基発第354号「届出事業場に所属する労働者等からの就業規則の開示要請の取扱いについて」）。

4 解雇予告に関する除外認定の申請

◆照会例11-4 **解雇予告に関する除外認定の申請**【※】

> **照会先：**
> 　〇〇労働基準監督署
> **照会理由：**
> 　依頼者は、〇〇年〇月〇日、相手方から懲戒解雇されましたが、その処分の有効性を争っています。相手方は、貴署に対し、解雇予告に関する除外認定の申請をしたと主張していますが、それが事実だとすれば、同申請書には懲戒事由が記載されているものと思われます。そこで、本照会を求めます。
> **照会事項：**
> 　1　相手方は、依頼者を懲戒解雇するにあたり、貴署に対し、労働基準法20条1項但書、同条3項、同法19条2項所定の認定の申請をしましたか。
> 　2　申請をした場合は、その時期及び解雇理由をご教示ください。回答に代えて、申請書の写しをご送付いただければ幸いです。

※　本人の場合であっても、行政の中立性等を理由に回答を拒絶されることが少なくありません。依頼者が本人もしくは法定代理人であれば、行政機関の保有する個人情報の保護に関する法律に基づいて開示を求めることも可能です。

5 労働時間の適用除外に関する許可（労働基準法41条3号）の有無

◆照会例11-5 **労働時間の適用除外に関する許可の有無**【※】

> **照会先：**
> 　〇〇労働基準監督署
> **照会理由：**
> 　依頼者は、相手方において守衛の職務に従事していましたが、過重労働が原因でうつ病に罹患した結果、退職を余儀なくされました。依頼者は、相手方に対し、安全配慮義務違反を理由に損害賠償請求訴訟の提起を準備してい

ます。相手方が「監視又は断続的労働に従事する者」について労働時間等の適用除外の許可（労働基準法41条 3 号）を受けていたか否かを確認する必要があるため、本照会を求めます。

照会事項：

1　相手方（商号：○○株式会社、本店所在地：○○市○○区○○町○○番地）は、○○年○月○日から○○年○月○日までの間、貴署に対し、労働基準法41条 3 号所定の許可を申請したことがありますか。

2　上記申請をしたことがある場合、貴署はその許可を与えましたか。許可を与えた場合、許可申請日、貴署の許可日をご回答ください。複数ある場合は、すべてについてご回答ください。

※　本人の場合であっても、行政の中立性等を理由に回答を拒絶されることが少なくありません。依頼者が本人もしくは法定代理人であれば、行政機関の保有する個人情報の保護に関する法律に基づいて開示を求めることも可能です。

6　就業場所の入退館の記録

◆照会例11-6　**就業場所の入退館の記録【※】**

照会先：

ビル管理会社など

照会理由：

依頼者は、相手方において○○の職務に従事していましたが、所定労働時間を大幅に超えて勤務をしていたにもかかわらず、相手方から労働時間に応じた残業代が支払われていません。依頼者は、相手方に対し、未払の残業代を請求するため訴訟提起の準備をしています。

しかし、相手方はその支払いを拒むだけでなく、残業時間の根拠資料となる依頼者の勤務実績を開示しません。

依頼者は、出社・退社の際に照会先のカードキーを使用して就業場所の解施錠を行っていたことから、依頼者の入退館の時間が判れば、依頼者のおおよその労働時間が把握できると考えられます。そこで、依頼者の残業時間を立証するため本照会を求めます。

照会事項：

　貴社発行の下記カードキーを使用して、対象場所の解施錠が行われた時間をご回答ください。

記

　カードキー No.：○○○○○－○○○
　対象場所　　：○○市○○区○○町○○番地○○ビル（○○階）
　調査対象期間　：○○年○月○日〜○○年○月○日

※　照会先としてビル管理会社のほかに警備会社も考えられます。

7　大学在籍の有無

◆照会例11-7　**大学在籍の有無**

照会先：

　○○大学

照会理由：

　依頼者は、相手方を技術者として雇用していますが、現在、相手方との間で雇用関係の継続を巡り係争中です。依頼者は、相手方が入社当時に依頼者に提出した履歴書に「○○年４月○○大学工学部に入学、○○年３月○○大学工学部卒業」と事実と異なる記載をしたことを雇用継続を拒否する理由の一つに挙げていますが、相手方はこの点を争っています。そこで、相手方が履歴書に記載した内容が事実か否かを明らかにするため、本照会を求めます。

照会事項：

　下記の者につき、以下の事実についてご回答ください。

　１　下記の者が○○年４月に貴大学工学部に入学した事実はありますか。
　２　下記の者が○○年３月に貴大学工学部を卒業した事実はありますか。

　氏　　　名　　　甲野太郎（こうのたろう）
　性　　　別　　　男
　生年月日　　　　○○年○月○日
　在籍当時の住所　○○市○○町○○番地

第12章 医療・介護事故

I はじめに

（1）医療事故の被害者は、診療を行った医療機関での診療内容や患者の状況等を把握するために、カルテや検査結果などの診療記録の内容について調査をする必要があります。また、介護事故の被害者も、事故が発生した経緯や介護施設利用者の状況等を把握するために、介護施設における介護記録やケアプラン、介護サービス計画書などを調査する必要があります。

（2）患者と医療機関、施設利用者と介護施設との間には準委任契約が成立していますので、診療内容等については、顛末報告義務の履行として説明を求めることができます（民法645条、656条）。

そして、診療記録については、「診療情報の提供等に関する指針」（厚生労働省）、「診療情報の提供に関する指針」（日本医師会）等の各種指針にも、診療記録を原則として開示しなければならない旨が定められているほか、個人情報保護法によっても、診療記録や介護記録の開示が義務づけられていると認められます。

また、死亡事故の場合の遺族への診療記録の開示についても、上記指針等において、開示が求められています。

（3）紛争の相手方となる医療機関や介護施設に対して、弁護士会照会を行うことは、紛争の相手方に対する照会となることから、これを認めるべきか否かについては議論のあるところです。

愛知県弁護士会としては、弁護士会照会を受けた照会先には回答をすべき法的義務が発生することに鑑み、紛争の相手方に対する照会については、原則として不可とする取扱いをしておりますので、ご注意ください。

なお、相手方となる医療機関や介護施設の診療記録・介護記録を入手する方

法としては、上記（2）の指針をふまえた任意の開示手続によるか、改ざん等のおそれがある場合は裁判所の証拠保全手続によるのが適当です。

Ⅱ 照会例

1 前医・後医の診療記録

　診療記録については、前記のとおり、任意の開示手続にて取り寄せることが可能ですが、一部の医療機関において診療記録の任意開示に難色を示したり、開示手続が煩雑であるなどの理由で、開示が事実上困難な場合もあります。
　そのような場合に、前医・後医の診療記録に関して、弁護士会照会を行うことが考えられます。

◆照会例12-1　前医・後医の診療記録

> **照会先：**
> 　○○歯科医院
> **照会理由：**
> 　依頼者は、相手方の開設する○○歯科クリニックにおいて、左下567のインプラント手術を受けましたが、独自の術式による手術を選択したため、インプラント体が生着せず、上顎洞炎等も併発したため、その後の歯科治療が遷延しました。
> 　依頼者は、損害の立証等のため、転院後の歯科治療の状況を明らかにする必要がありますので、本照会を求めます。
> **照会事項：**
> 　○○年○月○日から○○年○月○日までの下記患者の診療内容をご教示ください。なお、回答に代えて、診療記録の写し（電磁的記録を含む）をお送りいただけますと幸いです。
>
> 　　　　　　　　　　　　　記
>
> 　氏　　名：甲

住　　所：○○県○○市○○町○丁目○番地○号

生年月日：○○年○月○日

2　医薬品に関する情報

　医薬品が関係する医療事故は多いですが、医薬品の添付文書や医学文献を検討するほか、製薬会社等に医薬品の副作用等の情報、添付文書の記載の詳細等を弁護士会照会することで、有用な情報を得られることもあります。

　なお、医薬品、医療機器の副作用・不具合等の情報については、独立行政法人医薬品医療機器総合機構（PMDA）においても情報収集され、同機構のホームページ（https://www.pmda.go.jp/index.html）で多くの情報提供がなされておりますので、あらかじめ同ホームページや製薬会社のホームページ等を調査の上で追加の情報が必要な場合に弁護士会照会を検討することになります。

◆照会例12-2　**医薬品に関する情報**

照会先：
　○○製薬会社

照会理由：
　依頼者は、相手方の開設する○○レディースクリニックにおいて、分娩介助契約を締結しましたが、子宮収縮薬○○○の投与による過強陣痛にて、死産となりました。

　子宮収縮薬投与中の分娩監視義務について争点となっているところ、医薬品の添付文書の記載内容等を正確に理解する必要があるため、○○○を製造販売する照会先に対して、本照会を行います。

照会事項：
　貴社の子宮収縮薬○○○の添付文書に関して、以下の事項にご回答ください。

　　1　過強陣痛のおそれがあるため十分な分娩監視を行い慎重に投与する必要がある旨の記載がありますが、十分な分娩監視とは、原則として分娩監視装置による連続監視を想定されていますでしょうか。

　　2　過強陣痛は、点滴開始初期に起こることが多いとの記載について、点

滴開始から何分以内に過強陣痛が発生する確率は何パーセントという統
計がありましたらご教示ください。

3　ごく少量による投与開始を推奨されていますが、点滴速度1時間単位
15ミリというのは、これに該当しますでしょうか。

4　他の薬剤○○○を投与後、十分な時間が経過していなければ投与でき
ない旨の記載がありますが、十分な時間とは、どのくらいの時間を想定
されていますか。

5　○○○と他の子宮収縮薬を前後して投与した症例の副作用情報につい
てご教示ください。

3　医療機器による有害事象

医療機器の使用方法、不具合等が問題になる医療事故はよくみられますが、
医薬品と同様に、製造会社等に医療機器の不具合等の情報、添付文書の記載の
詳細等を弁護士会照会することで、有用な情報を得られることもあります
（PMDA においても情報提供がなされているのは医薬品と同様です）。

◆照会例12-3　**医療機器による有害事象**

照会先：
　株式会社○○製作所
照会理由：
　貴社の医療機器○○○に関して、以下の事項にご回答ください。
　依頼者は、相手方の開設する○○病院において、胸腔鏡下肺切除術を受け
ましたが、術中に○○○という器具が使用されていたところ肺動脈が損傷し、
大量出血を招いたことによって、高次脳機能障害等の後遺障害が残存しまし
た。
　血管の損傷のおそれがある場面で使用すべきでない○○○が用いられたと
いう注意義務違反を基礎づける事実を明らかにする必要がありますので、本
照会を求めます。
照会事項：
　貴社の手術器具○○○に関して、以下の事項にご回答ください。

1　器具を使用中は、器具の先端の温度はおよそ何度になりますでしょうか。
2　器具が肺動脈等の血管について触れてしまうと熱損傷等により、血管損傷が発生することはありえますでしょうか。
3　胸腔鏡下手術で器具を使用中に発生した血管損傷の報告症例がありましたら、症例の内容をご教示ください。
4　器具について、不具合の報告事例がありましたら、その内容をご教示ください。
5　器具の○○部の耐用年数は何年を想定されていますでしょうか。

4　輸血用血液の発注・発送・到着時刻等

　輸血の遅れが問題となる医療事故では、当該医療機関における輸血用血液の手配状況等が重要な事実となります。自院で輸血用血液を保管しておらず、必要に応じて血液センターから取り寄せている医療機関の場合には、血液センターに照会することで、輸血用血液の発注時刻等を正確に把握できることがあります。

◆照会例12-4　**輸血用血液の発注・発送・到着時刻等**

照会先：
　○○血液センター
照会理由：
　依頼者の父である甲は、相手方の開設する○○病院において出血性胃潰瘍に対する内視鏡的止血術を受けていましたが、その途中で出血性ショックに陥り、その後死亡しました。
　本件では、出血性ショックに対して速やかな輸血等が実施されたか否かが争点になっています。速やかな輸血等の実施の有無を判断するためには、○○病院の医師が輸血用血液等を血液センターに発注した時刻や、輸血用血液等が○○病院に到着した時刻を明らかにする必要がありますので、本照会を求めます。
照会事項：
　○○年○月○日に、○○病院から輸血用血液等の発注を受けたことに関し

て、次の点をご回答ください。なお、発送等の経過が台帳等の形式でまとめられている場合には、回答に代えて、その写しをお送りいただけますと幸いです。

1 発注を受けた事実の有無
2 発注を受け付けた時刻
3 発注内容の詳細
4 発注を受けて実際に発送した輸血用血液等の種類・数量・製造番号
5 ○○病院に到着した時刻

5 診療報酬の支払先

何らかの特別な事情によって患者が受診していた医療機関が不明の場合、健康保険組合に対して診療報酬の支払先を照会することで受診先医療機関が判明することがあります。

◆照会例12-5 **診療報酬の支払先**

照会先：
　○○健康保険組合
照会理由：
　依頼者の父である甲は、○○年○月○日、受診したＡ病院にて進行胃がんとの診断を受け、その後、抗がん剤治療等を受けたものの、○○年○月○日に胃がんで死亡しました。
　甲は、Ａ病院受診以前にも幾つかの医療機関を受診していたようですが、家族にはその旨を話しておらず、Ａ病院のカルテにも具体的な医療機関名は記載されていません。
　依頼者は、Ａ病院以前に受診していた医療機関において胃がんの発見遅れがあったのではないかと考えていますが、これを確認するためには、甲が受診していた医療機関名を明らかにし、その診療記録を入手する必要があることから、本照会を求めます。
照会事項：
　○○年○月○日から○○年○月○日の間に行われた下記患者の診療に関す

る診療報酬について、その支払先をご回答ください。

　氏　　名：甲

　住　　所：○○県○○市○○町○丁目○番地○号

　生年月日：○○年○月○日

6　救急活動記録

　医療事故の場合でも、交通事故と同様に、救急搬送時の記録の取り寄せが有用なことがあります。医療事故において、相手方病院の診療録の記載内容に疑義がある場合には、救急活動記録によって患者の客観的な症状などを確認する意義があります。なお、弁護士会照会以外に、個人情報保護条例に基づいて、開示請求を行うという方法もあります（取扱いは自治体によって異なります）。

◆照会例12-6　**救急活動記録**

照会先：

　○○消防署長

照会理由：

　依頼者は、○○年○月○日に死亡したＡの妻です。

　依頼者は、Ａが死亡したのは、Ａが救急搬送された相手方の開設するＢ病院において、脳梗塞の見落としがあったことが理由であるとして、損害賠償を請求すべく調査中です。

　本件につき、相手方の過失や因果関係（結果回避可能性）の有無を検討するにあたっては、Ａが訴えていた症状、発症時刻、救急搬送中の状況等が重要な事実となります。そこで、この点について明らかにすべく、本照会に及びます。

照会事項：

　○○年○月○日に、貴署の救急車にて、○○市○○区○○町○丁目○番地から、Ｂ病院に救急車にて搬送されたＡ（○○年○月○日生）について、後記の点をご回答ください。

　なお、回答に代えて救急出動報告書等の記録の写しをお送りいただけますと幸甚です。

1　以下の各時刻
① 救急搬送依頼の架電
② 現場到着
③ 接触
④ 車内収容
⑤ 現場出発
⑥ 病院到着
2　接触時のAの主訴、症状、意識レベル、バイタルサインの状況、実施された処置の内容、それに対するAの反応等
3　搬送中のAの主訴、症状、意識レベル、バイタルサインの状況、実施された処置の内容、それに対するAの反応等
4　搬送先がB病院とされた理由
5　搬送中に貴署ないし救急隊がB病院との間で行った連絡の有無、その内容（医師ないし看護師からの指示等）
6　その他、救急出動報告書、救急隊活動記録票に記載された内容

7　介護事故報告書

　介護施設において事故が発生した場合には、介護施設は各市町村に対して事故報告書を提出することになっています。そのため、各市町村役場の介護保険課に対して事故報告書の内容について弁護士会照会を行うと、事故の状況を調査することができる可能性があります。

◆照会例12-7　**介護事故報告書**

照会先：
　○○市役所介護保険課
照会理由：
　依頼者の父である甲は、○○が運営する介護保健施設「○○」に入所していましたが、○○年○月○日の午後○時ころ、施設3階のベランダから転落して死亡しました。
　依頼者は、施設を運営する○○に対して損害賠償を請求する予定ですが、

そのためには事故の発生状況（入所中の甲の様子や事故当時の職員の勤務体制、ベランダの柵の形状等）を把握する必要があることから、本照会を求めます。

照会事項：

　○○が運営する介護保健施設「○○」において、○○年○月○日に発生した転落事故について、貴庁は、○○より事故報告書や関連資料の提出を受けていますか。受けている場合には、同報告書ないし資料に記載されている事故の発生状況等についてご回答ください。なお、回答に代えて、事故報告書や関連資料等の写しをお送りいただけますと幸いです。

column 診療記録の開示に関わる費用

　照会先からの回答にあたって、回答費用、記録の開示費用等の名目で、手数料を請求されることがあります。

　医療機関からの診療記録の開示にあたっては、開示に関する費用の請求は医療機関によって様々ですが、中には、予想外に高額の金額の請求を受ける場合があります。

　個人情報保護法33条2項では、個人情報取扱事業者が情報の開示請求にあたって手数料を徴収する場合には、「実費を勘案して合理的であると認められる範囲内」においてその額を定めるものとしており、具体的な基準は示されているわけではありませんが、高額の請求がなされることは制度の趣旨を没却することになり適切ではありません。

　厚生労働省の「診療情報の提供等に関する指針の策定について」（平成15〔2003〕年9月12日付医政発第0912001号）においても、診療記録の開示費用について個人情報保護法と同様の定めとなっておりますが、具体的な費用の算定・請求については、上記を踏まえた各医療機関での判断に委ねられています。

　この点、厚生労働省が2017年、高度な医療を提供する特定機能病院など計87病院を調べたところ、開示手数料として、白黒コピー1枚であっても5000円以上の手数料を徴収するところが16％、3000円以上だと31％を占めたと報

告されており、少なくない医療機関において、高額の手数料が一律に請求されているという実態が明らかとなっています。

　このような実態を踏まえ、厚生労働省は、「診療情報の提供等に関する指針について」（平成30年 7 月20日付医政医発0720第 2 号）を作成し、「診療記録の開示に要する費用は、実際の費用から積算される必要があるが、個々の申立てに応じその費用が変わり得るところ、開示に要する費用を一律に定めることは不適切となる場合がある」として、診療記録の開示を妨げるような事実上の制約がないように注意喚起しています。

　したがって、弁護士会照会によって開示を得られた診療記録等について高額な請求がなされた場合には、上記を踏まえて、照会先と協議し、開示費用を合理的な範囲に抑える努力が必要と考えられます。

Ⅰ　はじめに

　不法行為の被害者が加害者に対して損害賠償請求をする場合、いくつかの課題をクリアする必要があります。まず、そもそも加害者が誰であるかが分からない場合には、加害者の身元を特定する必要があります。また、基本的には、被害者の側で違法行為の内容、加害者の過失、損害等を裏づける事実を立証しなければなりません。

　そこで、本章では、不法行為における様々な課題をクリアするための弁護士会照会の活用例を取り上げます。

Ⅱ　加害者の身元の特定

1　住所・氏名の特定

　交通事故で加害者が逃走した場合、所有地に何者かの自動車が放置された場合、振り込め詐欺の被害や商品先物取引などの投資被害にあった場合等には、加害者に対して法的措置をとる前提として、加害者の住所や氏名等を調査する必要があります。そのような場合、加害者の利用していた自動車やバイク（第2部第1章Ⅳ参照）、加害者の開設していた銀行口座（第2部第1章Ⅳ参照）等を手がかりに弁護士会照会を利用するとよいでしょう。

　また、振り込め詐欺等の被害者が、金融機関に振込先口座開設者の情報について弁護士会照会を行えば、仮に金融機関が守秘義務等を理由に回答を拒否した場合であっても、被告名をカナ氏名（口座名義）、住所地を「住所不詳」として訴訟提起をすると同時に、裁判所に銀行に対する口座名義人の漢字氏名・住

所の調査嘱託を行えば、裁判所は調査嘱託等をすることなく訴状を却下することは許されないとされているので（名古屋高金沢支決平成16年12月28日〔公刊物未登載〕）、訴訟提起前に弁護士会照会を行っておくことには重要な意義があります。

　なお、殺人、強盗、強制性交、強制わいせつ、全治1か月以上の傷害を負った傷害事件などの身体犯被害者、ひき逃げ事件、交通死亡事故、危険運転致死傷罪等の被害者については、被害者連絡実施要領（警察庁平成29年7月12日付「被害者連絡実施要領の改正について」）に基づく「被害者連絡制度」によって、事件担当の捜査員から、被疑者の住所、氏名、年齢等の情報提供を受けることもできます。

2　外貌の確認

　銀行の通帳やカードを窃取され、預金を引き出される被害などに遭った場合、加害者が預金を引き出した場所（銀行の支店、コンビニエンスストアのATM等）が分かれば、その場所に設置されていた防犯カメラの映像内容を調査することで、その外貌を確認できる可能性があります。

　なお、コンビニエンスストアには、コンビニエンスストアの防犯カメラだけでなく、ATMを設置している銀行独自の防犯カメラが設置されている場合がありますので、どの防犯カメラの設置者に対して照会を求めるのかを検討する必要があります。

◆照会例13-1　ATMの防犯カメラ映像【※】

照会先：
　株式会社○○銀行○○支店
照会理由：
　依頼者甲野太郎は、○○年○月○日、貴行○○支店の普通預金のキャッシュカードを窃取され、○○年○月○日○時○分頃、貴行のATMにおいて、貴行○○支店の依頼者名義の普通預金口座（口座番号○○○○）より金○○万円を出金される被害に遭いました。そこで、貴行に設置されている防犯カメラに写っている出金者の外貌を確かめ、人物を特定する必要があるため、本照会を求めます。

照会事項：
　○○年○月○日○時○分頃、貴行○○支店の ATM コーナーより、貴行○○支店の依頼者名義の普通預金口座（口座番号○○○○）からキャッシュカードを利用して金○○万円を出金した人物の外貌をご回答ください（性別、年齢、身長、その他特徴）。
　なお、回答に代えて、貴行○○支店の ATM コーナーに設置している防犯カメラに記録された出金者の映像のデータ、プリントアウトされた画像等をご送付いただければ幸いです。

※　事前に金融機関に対して弁護士会照会によって回答がなされるのか否か確認しておくとよいでしょう。

3　加害者の素性について

　近時、政府の指針（平成19〔2007〕年 6 月19日「企業が反社会的勢力による被害を防止するための指針」）や各地方公共団体における暴力団排除条例の施行などを受けて、企業は、反社会的勢力からの不当要求を拒絶するとともに、反社会的勢力との一切の関係を遮断することが求められています。
　また、警察庁は、平成25年12月19日付通達「暴力団排除等のための部外への情報提供について」により、暴力団情報を提供する際の判断基準を示し、暴力団犯罪の被害者の被害回復訴訟において組長等の使用者責任を追及する場合や、暴力団事務所撤去訴訟等暴力団を実質的な相手方とする訴訟を支援する場合には、特に積極的な情報提供を行うことが示されています。
　ただし、相手方が暴力団関係者か否かについての弁護士会照会に対して、警察が文書により回答をするケースは多くないのが現状です。

◆照会例13-2　**暴力団関係者か否かの照会**

照会先：
　○○警察署長
照会理由：
　依頼者は、○○市○○町○○番地で、スナック「○○」を経営しています

が、○○年○月○日、甲野太郎と名乗る人物より、同人が「○○組」に所属する暴力団員であることを告げられた上で、「みかじめ料」として金○万円を脅し取られる被害に遭いました。

依頼者は、甲野太郎と名乗る人物及び同人の使用者に対して損害賠償請求を準備していますが、その前提として、同人が暴力団関係者であるか否かを確認するとともに、同人や同人の使用者の身元を特定する必要があるため、本照会を求めます。

照会事項：

1 ○○組という名称の暴力団組織はありますか。

2 ○○組という暴力団組織がある場合、○○組の本部事務所の所在地、○○組の組長の住所・氏名を教えてください。

3 甲野太郎（こうのたろう）と名乗る人物は、○○組の暴力団組員または暴力団準構成員に該当しますか。

Ⅲ 違法行為の内容、加害者の過失及び損害等を裏付ける事実関係

1 刑事事件の内容に対する照会（警察・検察）

不法行為が刑事事件として扱われる等、警察や検察が事件処理に関与している場合には、関係各所に対し以下のような弁護士会照会を行うことにより、事実関係についての裏付資料を得ることができる場合があります。

① 110番通報、相談受付内容に関する照会

② 刑事事件記録に関する照会（第1部第5章Ⅱ参照）

また、犯行現場付近に防犯カメラが設置されている場合には、犯行状況が録画されている可能性がありますので、防犯カメラの管理者を確認した上で、当該管理者に対して、防犯カメラに記録された映像について照会を求めることを検討してもよいでしょう。

◆照会例13-3 110番通報の内容【※】

照会先：
　○○警察署長

照会理由：
　依頼者は、○○年○月○日午後○時ころ、○○市○○町○○の路上で、酒に酔った相手方2名と口論になり、同2名より暴行を受けて負傷しました。ところが、依頼者が、相手方2名に対して、損害賠償請求をしたところ、相手方らは暴行の事実を否定しました。そこで、事件直後に依頼者が110番通報をした状況を明らかにするため、本照会を求めます。

照会事項：
　1　貴署は、○○年○月○日午後○時ころ、依頼者甲野太郎（こうのたろう）より、男性2名より暴行を受けた旨の110番通報を受けましたか。
　2　通報を受けた場合、その際、貴署が記録した通報内容をご教示ください。なお、回答に代えて、通報を受けた際に作成した資料等の写しをご送付いただければ幸いです。

※　110番通報や相談をした本人であれば、各警察署に対する情報開示請求により、自己の110番通報や相談に関する記録の開示を求めることもできます。

2　火災事故に関する照会（消防署）

①　出火原因に関する照会（第2部第6章Ⅱ参照）
②　消防検査（指導内容）に関する照会
　火災事故が建物管理者の管理状況に問題があったと思われる場合に、消防署に対して過去に行われた建物の立入検査の状況について弁護士会照会を行えば、建物管理上の問題点を明らかにすることができる場合があります。

◆照会例13-4 消防の立入検査

照会先：
　○○消防署長

照会理由：
　依頼者は、○○市○○町○○番地所在のビルに入居していましたが、○○年○月○日、ビル１階の飲食店「○○」より出火し、依頼者の居室も罹災しました。そこで、依頼者は、出火元である飲食店の管理者に対し、損害賠償を請求するにあたり、相手方の飲食店の管理状況に問題があったか否かを明らかにするため、本照会を求めます。

照会事項：
1　貴署は、○○市○○町○○所在のビルの１階にある飲食店「○○」について、立入検査をしたことがありますか。
2　立入検査をしたことがある場合、直近で検査をした日時をご回答ください。
3　前項の検査をした際、貴署が相手方に対し指摘した事項はありましたか。指摘した事項があれば、その内容についてご回答ください。なお、回答に代えて、立入検査結果通知書等の写しをご送付いただければ幸いです。

3　受刑者の懲罰内容に関する照会（刑務所）

　刑務所内で収容者から暴行等の被害を受けた場合、加害者の懲罰内容についての弁護士会照会を行えば、事実関係を明らかにすることができる場合があります。

◆照会例13-5　**受刑者の懲罰内容等**

照会先：
　○○刑務所
照会理由：
　依頼者甲は、○○刑務所において○○年○月○日発生した暴行事件の被害者です。依頼者は、加害者である受刑者乙に対し、損害賠償請求訴訟を提起する予定ですが、その加害内容を特定するため、上記暴行事件についての懲罰内容を明らかにする必要がありますので、本照会を求めます。
照会事項：
　貴所において○○年○月○日発生した受刑者甲（生年月日：○○年○月○

日）と同乙（生年月日：○○年○月○日）間の暴行事件について、次の事項をご回答ください。

　　1　当事者に対し懲罰はなされましたか。懲罰がなされた場合、被懲罰者及びその処分年月日及び内容をご回答ください。

　　2　上記事件で受傷した者があった場合、その氏名、受傷の部位及び受傷の程度をご回答ください。

4　学校事故に関する照会（学校）

　学校において、いじめ被害に遭った場合や体育授業で事故に遭った場合、当該学校が公立学校であれば国家賠償請求、私立学校であれば不法行為に基づく損害賠償請求をすることが考えられます。

　この点、公立学校における学校事故の場合は、責任主体は国または地方公共団体となるため、公立学校に対する弁護士会照会は認められる余地がありますが、前記のとおり、私立学校における学校事故の場合には、責任主体は私立学校や同学校の教職員となるため、私立学校に対する弁護士会照会は相手方に対する照会として、原則として不可とする扱いになります（第1部第3章Ⅱ3参照）。

　なお、公立学校における学校事故の場合は、被害者自身に関する情報であれば、個人情報保護条例に基づき、教育委員会等に対して情報開示請求をすることも可能です。

5　横領事件に関する照会（金融機関・保険会社等）

　預金や生命保険を無断で解約等して受け取った金員を着服横領したと疑われる相手方に対して、不法行為責任を追及する場合には、解約や出金手続の内容を調査するため、以下のような弁護士会照会を行うことが考えられます。

　①　金融機関の取引履歴、払戻請求書、登録印影に関する照会（第2部第7章Ⅰ3（1）参照）

　②　生命保険契約の解約手続に関する照会（第2部第7章Ⅰ3（3）参照）

6 名誉毀損に関する照会（インターネットサービスプロバイダ）

　インターネット上で名誉やプライバシーを侵害する投稿により被害を受けた場合は、投稿者の身元を特定するために、IPアドレスやドメイン名を手がかりに弁護士会照会を行うことが考えられます。

　ただし、このような照会については、照会先は、通信の秘密を理由に回答を拒否することが多く、「特定電気通信役務提供者の損害賠償責任の制限及び発信者情報の開示に関する法律」（いわゆる「プロバイダ責任制限法」）が施行されて以降も、①開示請求をする者の権利侵害が明らかであること、②発信者情報が開示請求をする者の損害賠償請求権の行使のために必要のある場合、その他発信者情報の開示を受けるべき正当な理由があるとき、との要件を厳格に判断して回答を拒否するケースが多く見受けられます。

◆照会例13-6　IPアドレスの利用者

照会先：
　〇〇株式会社

照会理由：
　依頼者は、〇〇年〇月〇日ころ、貴社の管理するインターネット上の掲示板において、何者かによって、「〇〇…」との内容で依頼者の名誉を侵害する投稿をされる被害を受けました。依頼者は、前記投稿者に対して、損害賠償請求を準備していますが、そのためには投稿者の身元を確認する必要があります。投稿者の手がかりとなる情報は、投稿の際に用いたIPアドレスしかないため、本照会を求めます。

照会事項：
　貴社の管理するインターネット掲示板〇〇に〇〇年〇月〇日午後〇時〇分〇秒、IPアドレス「〇〇．〇〇」を利用した者の住所及び氏名をご回答ください。

7　文書偽造に関する照会（役所・金融機関等）

　私文書偽造等により、本人に無断で預金の払戻し、不動産売買等がなされた場合には、作成された文書の筆跡や印影を確認するために、金融機関に対する預金払戻請求書等の開示請求（◆照会例7-2参照）や、役所に対する印鑑登録の状況や印鑑登録証明書の発行状況についての照会（第 2 部第 4 章Ⅱ参照）を行うことが考えられます。

8　行為者の技能に関する照会（技能検定実施者）

　行為者の技能不足が原因で、事故が発生した場合には、その者の有する資格について、各資格の認定機関に照会するほか、各資格のための試験実施機関に対して、弁護士会照会をすることが考えられます。

◆照会例13-7　電気工事士試験の合格の有無等

> **照会先：**
> 　一般財団法人電気技術者試験センター
> **照会理由：**
> 　相手方は、依頼者からの発注に基づき、依頼者倉庫における電気空調設備の設置工事を請け負ったところ、○○年○月○日、同設備の配線ショートにより火災が発生し、倉庫内の備品等が損傷しました。
> 　そこで、依頼者は、相手方に対して、損害賠償請求を準備していますが、前記設置工事を担当した甲野太郎が電気工事士の資格を有しているのか否かにつき疑義があるため、同担当者が電気工事士の試験に合格しているかどうか及びその内容について調査するために、本照会を求めます。
> **照会事項：**
> 　甲野太郎（生年月日　○○年○月○日、住所　○○市○○町○○番地）は、貴センターが実施した第一種電気工事士または第二種電気工事士の試験に合格したことがありますか。もし、合格したことがある場合には、合格した試験の種類・名称及び合格年月日についてご回答ください。

9 損害額に関する照会

　損害額について争いがある場合には、それぞれの損害項目に関する照会先に弁護士会照会を行うことが考えられます。例えば、休業損害、逸失利益等であれば勤務先等、物損であれば取引価格、修理費用についてそれぞれの関係する照会先に照会を行うことになります。休業損害、逸失利益に関しては、交通事故に関する第２部第５章ⅩⅢを参照ください。

資　料

資料目次

資料1

弁護士会照会手続規則 （愛知県弁護士会）

制定　平10・2
改正　平18・2　平22・10　平26・12

（目的）
第1条　この規則は、弁護士法（昭和24年法律第205号）第23条の2に基づく公
　　務所又は公私の団体（以下「公務所等」という。）に対する照会手続の適正な
　　運用を図ることを目的とする。

（照会手続）
第2条　会員（外国特別会員を含む。以下同じ。）は、弁護士法第23条の2に基
　　づいて、本会に対し、受任事件について公務所等に照会して必要な事項の報
　　告を求めることを申し出ることができる。
2　本会は、前項の申出を受けたときは、速やかに次条及び第4条の審査基準
　　に基づき審査のうえ、適当と認めるときは、速やかに公務所等に照会の手続
　　をとり、その回答書を照会申出会員に交付する。

（照会の申出手続）
第3条　会員が前条の申出をするには、本会に対し次に掲げる事項を記載した
　　本会所定の申出書を提出しなければならない。
　（1）会員の氏名（職務上の氏名を使用している者については、職務上の氏名
　　　をいう。以下この号において同じ。）、事務所所在地及び電話番号（弁護士
　　　法人会員にあっては、法人名称、事務所の名称、事務所所在地、電話番号、
　　　代表権を有する社員の氏名及び受任事件が指定事件であるときは指定社員
　　　の氏名）
　（2）照会を求める公務所又は公私の団体の名称及び所在地
　（3）受任事件の表示
　（4）照会を求める事項
　（5）照会を求める理由
　（6）申出年月日

2　受任事件の表示は、裁判所係属の場合は、係属官庁、事件番号及び当事者の氏名又は名称、裁判所未係属の場合は、事件の種類、当事者の氏名又は名称及び受任内容を明示してこれを記載しなければならない。

3　照会を求める事項は、明確かつ限定的にこれを記載しなければならない。

4　照会を求める理由は、照会を求める事項と要証事実との関連及び照会の必要性を具体的かつ簡潔に記載しなければならない。

（審査基準）

第4条　照会申出の審査基準は、別に規則をもって定める。

（照会申出の審査）

第5条　本会は、第3条の照会申出があった場合、速やかに審査し、当該申出が同条所定の要件又は前条の審査基準に適合していないときは、照会申出会員に対し、相当の期間を定めてその補正を求めることができる。

2　本会は、照会申出会員が補正に応じない場合、又は要件の不備、基準の不適合が補正できないときは、当該申出を理由を付して拒絶する。

3　本会は、照会申出が適当と認められるときは、本会所定の様式による照会書及び「受任事件及び照会を求める理由」と題する書面（以下「照会理由書」という。）を公務所等に送付して報告を求める。

4　照会申出会員が前条の照会申出に当たり、特に理由を示して公務所等に対する照会理由書の不送付を求め、かつ、本会が右申出を相当と認める場合は、本会は、公務所等へ照会理由書を送付する方法に代えて適当な方法で報告を求めることができる。

5　本会は、照会申出会員に対し、必要に応じ、当該申出について釈明を求め、又は疎明資料、委任状、同意書等の提出等を求めることができる。

（異議等）

第6条　照会の申出を拒絶された会員は、本会に対し、拒絶の通知を受けた日から1か月以内に異議を申し立てることができる。

2　前項の異議申立てがあったときは、本会は、これを常議員会の議に付さなければならない。

3　常議員会が異議申立てに理由がある旨議決したときは、本会は速やかに照会の手続をしなければならない。

4　常議員会の議決に対しては、不服申立てができない。

（無報告及び報告拒否に対する処置）

第7条　本会は、照会後相当期間を経過しても報告がないときは、公務所等に対し、適宜の方法によって速やかに催告するものとする。

2　本会は、公務所等が報告を拒否し、又は報告をしなかったときは、必要に応じて文書、電話、面談等による照会の趣旨を説明し、報告するよう説得することができる。

3　前項の説得によってもなお報告が得られず、かつ、それが著しく不当と見られる場合は、本会は、公務所等に対して抗議文書の送付等適宜の処置をとることができる。

（費用等）

第8条　会員は、照会の申出をするには、負担金規程（会規第20号）に定める申請等負担金及び郵送料等必要な実費を本会に納付しなければならない。

2　本会は、次の各号に該当するときは、会員に対しその費用を負担させることができる。

　（1）公務所等が、報告するにつき特に費用を要するとき。

　（2）前条の処置等をするにつき費用を要するとき。

3　第1項の手数料及び実費は、返還しない。ただし、本会が照会書を発送する前に照会が取り下げられたとき、又は本会が第5条第2項により照会申出を拒絶したときは、この限りでない。

4　照会先から請求のあった費用の額若しくはあらかじめ通知のあった費用の額が特に不相当なとき、又はそれらの額に会員より不服の申出があるときは、本会は、その額を査定する。

5　前項の査定を受けた会員は、本会に対し、その通知を受けた日より1か月以内に異議を申し立てることができる。

6　前項の異議申立てがあったときは、本会は、これを常議員会の議に付さなければならない。

7　常議員会は、異議申立てに理由ある旨議決したときは、妥当な額を示さなければならない。

8　常議員会の議決に対しては、不服申立てができない。

（費用の減免）

第9条　本会は、次の各号の一に該当するときは、費用を減免することができる。

　（1）外国特別会員を除く会員が、国選弁護、法律扶助その他弁護士法第24条により正当な理由がなければ辞することのできない事項を行うについて照会を申し出るとき。

　（2）外国特別会員が、法律扶助その他外国弁護士による法律事務の取扱いに関する特別措置法（昭和61年法律第66号）第50条第1項において準用する弁護士法第24条により正当な理由がなければ辞することのできない事項を行うについて照会を申し出るとき。

　（3）その他相当の理由があるとき。

2　負担金規程第6条第1項又は前項により負担金又は費用の減免を受けようとするときは、負担金又は費用減免申請書を提出しなければならない。

（報告の目的外使用禁止）

第10条　会員は、照会により得られた報告を慎重に取り扱わなければならず、第3条第3号及び第5号の規定するところによって定まる当該照会申出の目的以外に使用してはならない。

附　　則

（施行期日）

1　この規則は、日本弁護士連合会の承認を得て、平成10年4月1日から施行する。（平成10年2月20日承認）

（廃止規則）

2　弁護士照会申出規則（規則第67号）は、この規則の施行と同時に廃止する。

（経過措置）

3　この規則の施行前に申出を受けた照会については、なお従前の例による。

附　　則

　第5条第2項、第7条第3項、第8条第4項及び第9条第1項の改正規定は、日本弁護士連合会の承認を得て、平成18年4月1日から施行する。（平成18年2月16日承認）

　附　　則

　　第 3 条第 1 項第 1 号の改正規定は、日本弁護士連合会の承認を得て、平成22年12月 1 日から施行する。（平成22年10月19日承認）

　附　　則

　　第 1 条、第 2 条第 2 項、第 3 条第 1 項第 2 号、同条第 2 項及び第 4 項、第 5条、第 6 条第 2 項から第 4 項まで、第 7 条（見出しを含む。）、第 8 条第 1 項、第 3 項、第 4 項及び第 6 項から第 8 項まで並びに第 9 条の改正規定は、日本弁護士連合会の承認があった日から施行する。（平成26年12月19日承認）

弁護士会照会申出審査基準規則 （愛知県弁護士会）

制定　平10・2
改正　平27・11

（目的）
第1条　この規則は、弁護士会照会手続規則（規則第116号。以下「手続規則」という。）第4条に基づき、照会申出の審査基準を定めることを目的とする。

（申出人の資格）
第2条　照会の申出をすることができる者は、本会の会員（外国特別会員を含む。以下同じ。）に限る。ただし、業務停止の懲戒処分を受け業務停止中の会員は、この限りでない。

（照会先の適否）
第3条　照会先は、次の各号に定める者を含めた公務所又は公私の団体とする。
　（1）弁護士、弁理士、司法書士、行政書士、公認会計士、税理士、土地家屋調査士、不動産鑑定士、社会保険労務士、海事補佐人、中小企業診断士などの各事務所
　（2）個人経営の医院及び診療所
　（3）個人経営の探偵事務所、興信所、商店、飲食店及び工務店
　（4）前3号のほか1個の組織体として社会的機能を営むと認められる団体

（受任事件の内容）
第4条　照会申出には、照会申出をする会員が事件を受任していること（以下「受任事件」という。）を要する。
2　本会は、受任事件に属するか否かについて、次の各号を基準として判断する。
　（1）法律相談のみの場合も受任事件に属するものとするが、単なる企業の従業員の採用の可否の判断資料を依頼者に提供することを目的とするなど弁護士の職務と無関係な場合は、受任事件に属するものとは認めない。

（2）破産、会社更生、民事再生事件等の管財事務等は、受任事件に属するものとするが、各種行政委員会、審査会等の委員としての事務処理は、受任事件に属するものとは認めない。

（照会を求める事項）
第5条　照会事項が照会先の所轄事項でない場合であっても、照会先が資料を有していて報告が可能である等の場合は、照会の申出ができるものとする。
2　意見や判断を求める照会申出は、不適当とする。ただし、照会先において容易に判断できる法律解釈や医学的意見等についての照会申出については、この限りでない。

（照会を求める理由）
第6条　照会を求める理由は、単に「裁判所に提出するため」、「受任事件の調査のため」等では足りず、その趣旨が理解できる程度に具体的に記載しなければならない。

（個人情報の保護との関係）
第7条　手続規則第3条第4号に定める照会を求める事項が個人の高度な秘密事項に関わるときは、次の点を総合的に考慮して照会申出の必要性及び相当性を判断しなければならない。
（1）当該秘密の性質、法的保護の必要性の程度
（2）当該個人と係争当事者との関係
（3）報告を求める事項の争点としての重要性の程度
（4）他の方法によって容易に同様な情報が得られるか否か

附　則
　この規則は、日本弁護士連合会の承認を得て、平成10年4月1日から施行する。（平成10年2月20日承認）

附　則
　第1条から第4条まで、第5条第2項、第6条及び第7条の改正規定は、日本弁護士連合会の承認があった日から施行する。（平成27年11月19日承認）

調査室	可	不可

照会番号（第　　　　号）

令和　　年　　月　　日

愛知県弁護士会会長　殿

事務所住所　〒

事務所名
事務所電話番号(　　　)　　－
ＦＡＸ番号(　　　)　　－
弁護士　　　　　　　　　印
（担当弁護士　　　　　　　）

照　会　申　出　書

　　別紙のとおり依頼者から事件の受任を受けましたが、事件の処理上必要ですので、下記のとおり、弁護士法第２３条の２により照会されたく申し出ます。
　　なお、照会先より請求のあった費用については、連絡のあり次第お支払いします。

記

１．照会先（所在地）　〒

　　（名　称）

２．照会を求める事項　　　　　　　別紙のとおり（３通添付）
３．受任事件及び照会を求める理由　別紙のとおり（２通添付）
４．「受任事件及び照会を求める理由」を照会先へ送付することについて希望しない
　　場合は、下記に理由を記載して下さい。

　　　送付を希望しない理由：

※ただし、理由不送付の場合、回答を得られない可能性が高くなります（本書第１部第３章Ⅴ
　参照）。

資料3－2

受任事件及び照会を求める理由

1．受任事件
　（1）受任事件の表示 ＿＿＿＿＿＿＿＿＿＿＿＿＿＿＿＿＿＿＿＿＿＿＿ 事件
　　　　裁判所係属の場合 ＿＿＿＿＿＿＿ 裁判所　　支部・令和　年（ ）　　号
　　　　裁判所未係属の場合　　a．示談交渉　b．調査　c．その他（　　　　　）

　（2）当事者の表示（カッコ内は原被告等の立場）
　　　　依頼者名 ＿＿＿＿＿＿＿＿＿＿＿＿＿＿＿＿＿＿＿＿＿＿（　　　　　）
　　　　相手方名 ＿＿＿＿＿＿＿＿＿＿＿＿＿＿＿＿＿＿＿＿＿＿＿

2．照会を求める理由　　以下のとおり

　（照会事項と要証事実との関連及び照会の必要性を具体的かつ簡潔に記載して下さい。）

249

照会を求める事項

資料４－１

受任事件及び照会を求める理由

１．受任事件
　　(1) 受任事件の表示　　＿＿＿＿＿＿＿＿＿＿＿＿＿＿＿＿＿＿＿＿事件
　　　　裁判所係属の場合　　＿＿＿＿裁判所　　支部・令和　　年（　）　　号
　　　　裁判所未係属の場合　　a．示談交渉　　b．調査　　c．その他（　　　　）

　　(2) 当事者の表示（カッコ内は原被告等の立場）
　　　　依頼者名＿＿＿＿＿＿＿＿＿＿＿＿＿＿＿＿＿＿（　　　　　）
　　　　相手方名＿＿＿＿＿＿＿＿＿＿＿＿＿＿＿＿＿＿

２．照会を求める理由　　　以下のとおり

　　　　（照会事項と要証事実との関連及び照会の必要性を具体的かつ簡潔に記載して下さい。）
　　依頼者は、別紙交通事故証明書記載の交通事故（以下、「本件事故」といいます。）の
　　　　□　事故当事者
　　　　□　事故車両の所有者（保有者）
　　　　□　事故当事者を被保険者または事故車両を被保険自動車とする自動車保険契約の
　　　　　　保険会社（被保険者又は被保険自動車　　　　　　　　　　　　）
　　　　□　事故当事者の相続人
　　　　□　その他（　　　　　　　　　　　　　　　　　　　　）
　　であり、相手方は、
　　　　□　事故当事者
　　　　□　事故車両の所有者（保有者）
　　　　□　事故当事者を被保険者または事故車両を被保険自動車とする自動車保険契約の
　　　　　　保険会社（被保険者又は被保険自動車　　　　　　　　　　　　）
　　　　□　事故当事者の相続人
　　　　□　その他（　　　　　　　　　　　　　　　　　　　　）
　　です。
　　本件事故について、事故当事者の過失の有無、内容等（保険契約上の免責事由の有無）
　　を調査するため、本照会を求めます。

照会番号（第　　　　　号）

照会を求める事項

　別紙交通事故証明書記載の交通事故（以下、「本件事故」といいます。）について、下記事項をご回答下さい。

記

　1　本件事故について、交通事故証明書記載の各当事者を被疑者として検察官送致をしましたか。
　2　送致済みの場合、すべての被疑者について、次の事項をご回答下さい。
　　①　送致日
　　②　送致番号
　　③　送致先検察庁
　　④　被疑罪名（特別法違反の場合、罰条もご回答下さい。）
　　⑤　簡約特例事件に該当するか。
　3　本件事故について、送致未了かつ送致の予定がない場合、本件事故について、事故当事者は、事故当時、事故状況についてどのように説明していたかご回答ください。事故当事者の説明内容の回答に代えて、物件事故報告書の写しをご送付いただければ幸いです。

※送致予定があり、現在未送致であれば、送致後にご回答いただきますようお願いします。

資料 4 － 3

照会を求める事項

1　照会対象
（1）照会対象建物の所在地

【　　　　　　　　　　　　　　　　　　　　　　　　　　　　　】

　　※　集合住宅の場合には部屋番号まで特定すること。
　　※　建物を不法占拠されている事案については、照会対象建物が特定できる位置図
　　　　（住宅地図に建物の場所をマーカーしたもの等）を添付すること。

（2）照会対象者の氏名

【　　　　　　　　　　　　　　　　　　　　　　　　　　　　　】

　　※　契約（使用）名義人を1人に特定できない場合は、名義人となっている可能性が
　　　　ある者を複数記載することも可。
　　※　建物を不法占拠されている事案については、「氏名不詳」と記載することも可。

2　上記照会対象建物、対象者についての水道供給契約につき、下記チェック事項につき
ご回答下さい。
　<u>※「照会を求める理由」中に、各事項につき照会を求める必要性を明確に記載すること。</u>

　□　契約（使用）の有無

　□　使用開始日

　□　使用中止日

　□　契約（使用）名義人の氏名、装置住所（水道供給契約をしている建物の場所）

　□　使用水量・汚水排出量

　□　水道料金・下水道使用料

　□　料金未納情報（支払方法を除く）

　□　その他

　　【　　　　　　　　　　　　　　　　　　　　　　　　　　　】

処分調査票（乙）（弁護士会用）
受付番号　年度　号

回答事項		
回答年月日	年　月　日	
被疑者（被告人）氏名等	T S H　年　月　日生	
罪名	□過失運転致傷　□過失運転致死　□道交法違反　□業務上過失傷害　□業務上過失致死　□自賠責任法違反　□車両法違反　□その他（　）	
事件番号	検察庁　年検　号	
処分結果等	裁判日（一番）名古屋地裁・名古屋簡裁　春日井簡裁・瀬戸簡裁　津島簡裁　年　月　日（控訴番）高等裁判所　年　月　日（上告番）最高裁判所　年　月　日　確定日　年　月　日	
記録番号	検察庁　年　号　番	
申請日	担当者　印	

------切　取　線------

名古屋地方検察庁記録係　御中　（送付先FAX 052-951-1695）

処分調査票（甲）（弁護士会用）
受付番号　年度　号

照会事項		
照会年月日	年　月　日	
照会弁護士	TEL	
被疑者（被告人）氏名等	T S H　年　月　日生	
罪名	□過失運転致傷　□過失運転致死　□道交法違反　□業務上過失傷害　□業務上過失致死　□自賠責任法違反　□車両法違反　□その他（　）	
送致警察署	愛知県　警察署	
送致年月日	第　号　年　月　日	
送致検察庁	検察庁　年検　号	
調査結果	□名古屋家裁送致　□現在捜査中　□現在保管手続末了　□名古屋家裁送致へ移送	
事件番号	検察庁　年検　号	
申請区分		
記録番号	年　号　番	

※ 照会事項欄の事件特定箇所については必ず記入されないと回答できません。
※ 太枠で囲んだ部分を記入してください。

資料6

可	否

保存記録閲覧謄写申請書

年　　　月　　　日

検察庁
保管検察官　　殿

申請者　住　　所
　　　　職　　業
　　　　氏　　名　　　　　　　　　　印
　　　　　　　　　　（年齢　　歳）

下記により保存記録を閲覧・謄写したく申請します。

記

被　疑　事　件

被疑者氏名

罪　　　名　　過失運転致死　　過失運転致傷　　道路交通法違反
　　　　　　　業務上過失致死　　業務上過失傷害
　　　　　　　自動車運転過失致死　自動車運転過失傷害
　　　　　　　その他（　　　　　　　　　　　　　　　　　）

事故年月日　　　　　　年　　　　月　　　　日

送致警察署　　　　　　　　　警察署

閲覧・謄写部分

　　1　保存記録中の実況見分調書（プライバシー部分を除く）
　　2

委 任 状

年　　月　　日

住　　所 〒

事務所名
電　　話

甲　　　　　　　　　　　　　　　印

（　　　　　　弁護士会所属）

乙　　　　愛知県弁護士協同組合

甲は乙に対し下記事項を委任します。

記

被疑者　　　　　　　　　　　　　　に関する
実況見分調書等の閲覧・謄写の権限
（但し、関係者のプライバシー部分を除く）

※記録中にカラー部分がある場合、（該当に○）
・全て白黒コピー希望
・カラー部分は全てカラーコピー希望
・写真部分のみカラーコピー希望

資料8－1

照会番号　　　　年度　　　号
令和　年　月　日

御中

〒460-0001
名古屋市中区三の丸一丁目4番2号
愛知県弁護士会

会　長　　鈴木　典行　印

弁護士法第23条の2による照会書

　当会所属弁護士　　　　　　　より弁護士法第23条の2第1項に基づき照会依頼の申出がありました。
　当会は、この申出の審査をし、必要性、相当性があると判断したうえで、同条第2項に基づき照会致しますので、誠にお手数ですが、速やかにご回答下さいますようお願い申し上げます。

（弁護士法抜粋）
第23条の2　　　弁護士は、受任している事件について、所属弁護士会に対し、公務所又は公私の団体に照会して必要な事項の報告を求めることを申し出ることができる。申出があった場合において、当該弁護士会は、その申出が適当でないと認めるときは、これを拒絶することができる。

　　2.　　　弁護士会は、前項の規定による申出に基づき、公務所又は公私の団体に照会して必要な事項の報告を求めることができる。

（お願い）
　ご回答の際は、同封いたしました回答用紙と返送用封筒をご使用下さい。

※なお、この照会は、個人情報の第三者提供制限の例外規定である個人情報の保護に関する法律第23条1項1号や行政機関が保有する個人情報の保護に関する法律第8条第1項に規定する「法令に基づく場合」に該当するものです。

　　　　愛知県弁護士会　　23条の2照会　　TEL　052-203-0724（直通）

弁護士法第23条の2による照会について
（ご説明）

愛 知 県 弁 護 士 会

◇　弁護士会照会は、基本的人権の擁護、社会正義の実現という弁護士の使命の公共性を基礎とし、事件を適正に解決することにより国民の権利を実現するという公益を図る制度です。

　　この制度に関し、最高裁判所は、「条照会を受けた公務所または公私の団体は、正当な理由がない限り、照会された事項について報告すべきもの」と判示しています。

　　弁護士会は、弁護士の申出を受けて審査し、事件を適正に解決し国民の権利を実現するためには照会先の回答を得ることが必要であり相当であると判断した照会について、照会先に照会書をお送りしています。

◇　なお、「個人情報の保護に関する法律」、「行政機関の保有する個人情報の保護に関する法律」、「独立行政法人等の保有する個人情報の保護に関する法律」、」地方公共団体の個人情報保護条例等には、本人の同意を得ないで個人データを第三者に提供することを禁止する規定がありますので、照会に回答をしても大丈夫だろうかとの心配があるかもしれません。しかし、同時に、これらの法律等では、「法令の基づく場合」には、その例外となることが定められており、本人の同意は必要ではありません。もちろん、今回の照会は、弁護士法23条の2に基づいて弁護士会がしているものですから、「法令に基づく場合」に該当します。したがって、今回の照会への回答に何らかの個人データが含まれている場合でも、上記の禁止規定に触れることはありません。

◇　この照会書に応じて弁護士会に回答をしていただくことは、基本的人権を擁護し社会正義を実現するために重要なことですので、照会への回答について、ご理解とご協力をお願い致します。

資料9

照会番号　令和　　年度　　　　号

令和　　年　月　　日

愛知県弁護士会長　　殿

回答者

氏　名

_____　㊞
（担当　　　　　　　　　　）

回　答　書

　貴会所属弁護士　　○○　　○○　　氏からの申出による弁護士法第23条の2による照会につき、下記のとおり回答します。

記

（回答）　□以下のとおり
　　　　　□別紙のとおり（添付資料名と枚数は以下のとおり）

※この回答用紙を使用しない場合は、回答書中に<u>照会番号</u>と<u>申出弁護士名</u>を明記して下さい。また、ご回答に代えて書類の写し等を添付される場合には、<u>添付資料名</u>と<u>添付枚数</u>を明記して下さい。

令和　　年　月　日

弁護士　　　　　　　様

愛知県弁護士会
２３条照会係

ご　連　絡

　先に申し出のありました弁護士法２３条の２による照会の回答が、照会先より届きましたのでご連絡致します。
　つきましては、下記の受領書をご記入の上、**必ず** 弁護士会事務局２３条照会係までご提出下さい。

以　上

３１０６　２３９８

受　領　書

　下記の弁護士法２３条の２による照会の回答を受け取りました。
　<u>回答については、関係者のプライバシーに配慮して慎重に取り扱い、みだりに第三者に開示しません。また、弁護士会照会手続規則第１０条に従い、目的外使用はしません。</u>

記

令和　　　年度　　　　　　　照会番号　　　号

年　　月　　日

弁護士　　　　　　　　　　　　　印

☆ **必ず**、弁護士会事務局２３条照会係までご提出下さい。
☆切り取らないで送信下さい。ＦＡＸ：（０５２）２０４－１６９０
ファックスで送信いただく場合、高画質でのＦＡＸ送信が可能な機種をお使いの方は、できる限り高画質のモードで送信いただけますと幸いです。

資料11

弁護士法による照会の件

拝啓　益々ご清祥のこととお慶び申し上げます。

　さて、令和　　年　　月　　日付照会番号第　　号による弁護士法第２３条の２に基づく照会の件につき、まだ回答をいただいておりませんので、ご多用中誠に恐縮とは存じますが、早速お調べのうえご回答賜わりたくお願い申し上げます。

　なお、回答できない場合もお手数ですが理由を添えてその旨ご連絡願います。

　文書行き違いの節はご了承願いたく存じます。

敬　具

　　令和　　年　　月　　日

℡460-0001 名古屋市中区三の丸一丁目四番二号

愛知県弁護士会（照会係）

☎052（203）○○○○

調査室	可	不可

負担金・費用減免申請書

愛知県弁護士会
会長　　　　殿

令和　　年　　月　　日

愛知県弁護士会所属

弁護士　　　　　　　　㊞

（受任事件名）

（依頼者名）

　私は、弁護士法23条の2により照会の申し出をするに際し、負担金規程第6条第1項、弁護士会照会手続規則第9条にもとづき下記の通り申請等負担金・費用の減免の申し出をいたします。

申 出 の 趣 旨	1．申請等負担金等の減免 2．その他（　　　　　　　　　　　　　　　　）
減 免 の 事 由	1．　国選弁護事件であって、法テラスからの実費支給額（3万円）を超えている。 2．　法律扶助事件であって、法テラスからの弁護士会照会に関する実費支給額（5000円）を超えている。 3．　その他（該当事由を具体的に記載してください。なお、記載欄が不足する場合には別紙に記載してください。） 〔　　　　　　　　　　　　　　　　　　　　　〕
疎 明 書 類	□　弁護人選任書 □　援助決定書 　→弁護士会への申請（　　　）回目（※原則5回まで） □　その他（　　　） ※　上記疎明書類のほかに、後日、法テラスからの実費支給額を超えたことを疎明する資料を追加提出してください。

1．　上記の申請を認め

　　申請等負担金を　①　金　　　　　　円に減額　②　免除　　する。

　　費用を　①　金　　　　　　円減額　②　免除　　する。

2．上記の申請を却下する。その事由は別紙の通りである。

令和　　年　　月　　日

愛知県弁護士会　会長　　　　　　　　印

資料13

通信事業者に対する照会一覧（令和 2 年 2 月現在）

NTT 西日本（固定電話番号から契約者に関する照会）

照会申出書の宛名	照会のための封筒の宛名	問い合わせ先
NTT 西日本　設備本部 相互接続推進部長	〒902-0064 沖縄県那覇市寄宮1-3-37 NTT 西日本　情報開示センタ 管轄支店 （近畿）大阪支店　和歌山支店　京都支店　奈良支店　滋賀支店　兵庫支店 （東海）名古屋支店　静岡支店　岐阜支店　三重支店 （北陸）金沢支店　富山支店　福井支店 （中国）広島支店　島根支店　岡山支店　鳥取支店　山口支店 （四国）愛媛支店　香川支店　徳島支店　高知支店 （九州・沖縄）福岡支店　佐賀支店　長崎支店　熊本支店　大分支店　鹿児島支店　宮崎支店　沖縄支店	098-851-8011

※照会申出書の宛名は、調査する電話番号の管轄支店の支店長宛です（支店名ではないので注意）。
　例えば、愛知県の場合、名古屋支店長宛としてください。

NTT 東日本（固定電話番号から契約者に関する照会）

照会申出書の宛名	照会のための封筒の宛名	問い合わせ先
東日本電信電話株式会社 電話加入権等証明責任者	〒010-0001 秋田県秋田市中通4-12-4 明治安田生命秋田ビル 6 階 NTT 東日本　照会・開示センタ長	018-825-5627

ソフトバンク
（携帯電話番号から契約者に関する照会、メールアドレスから携帯電話番号及び契約者に関する照会）

照会申出書の宛名	照会のための封筒の宛名	問い合わせ先
ソフトバンク株式会社 コーポレートセキュリティ 部　部長	〒105-7313 東京都港区東新橋1-9-1　東京汐留ビルディング ソフトバンク株式会社　コーポレートセキュリティ部 法令照会 1 課	03-6889-0816

NTT コミュニケーションズ

照会申出書の宛名	照会のための封筒の宛名	問い合わせ先
（フリーダイヤル・ＩＰ電話の番号等から契約者に関する照会）		
ＮＴＴ コミュニケーションズ株式会社　総務部長	〒100-8019 東京都千代田区大手町2-3-1 大手町プレイスウエストタワー34F ＮＴＴ コミュニケーションズ株式会社　総務部 リスクマネジメント担当	0570-034050

※返信用封筒には84円＋320円（簡易書留料金分）の郵券の貼付が必要です（令和元年10月1日改訂後料金）。

NTT ドコモ

照会申出書の宛名	照会のための封筒の宛名	問い合わせ先
（携帯電話番号から契約者に関する照会、氏名・住所・生年月日から携帯電話番号の照会）		
株式会社 NTT ドコモ フロント支援部長	〒170-0013 東京都豊島区東池袋3-16-3 アーバンネット池袋ビル 3 階 ビジネスエキスパート株式会社 ドコモ業務支援センター	03-5954-0737
（メールアドレスから携帯電話番号の照会、携帯電話番号からメールアドレスの照会）		
株式会社 NTT ドコモ サービス運営部長	〒108-0075 東京都港区港南2-1-65　NTT ドコモ品川ビル 株式会社ドコモCS オペレーション企画担当部門　設備運営担当	03-6718-1249

※調査するメールアドレスは、字体により判別が付きにくい場合があるので、必ず仮名を付記します。
※メールアドレスがあった日（年月日）の記載がないと調査ができません。
　なお、「頃」「使用開始日から」「現在まで」「保管期間全て」等の曖昧な特定では受付してもらえません。
※メールアドレスのデータの保存期間は、照会到着日を含めて180日間であり、それ以前の調査はできません。
※携帯電話番号からの契約者照会で、照会事項において必ず照会すべき「必須項目」があります（本書71頁参照）。

KDDI
（固定電話番号・au 携帯電話番号・メールアドレス（インターネット・携帯電話を含む）から契約者に関する照会）

申出書の宛名	照会のための封筒の宛名	問い合わせ先
KDDI 株式会社 情報管理センター長	〒163-8502 東京都新宿区西新宿2-3-2　KDDI ビル KDDI 株式会社　情報管理センター 情報照会グループ	03-6670-3555

※インターネットのメールアドレスによる照会は、それが存在していた時期（○年○月ころ登録）の記載が必要です。
※携帯電話のメールアドレスによる照会について調査可能な範囲は、KDDI における調査日の 3 ヶ月前の同日から照会書作成日までです。
　（照会書作成日が 7 月20日、調査日が 8 月20日の場合、5 月20日から 7 月20日までが調査可能範囲）調査期間の指定がない場合は照会書作成日時点の情報が調査されます。
※照会項目は「契約者氏名」「契約者住所」等、具体的・明確にする必要があり、不明確な照会項目については回答されない可能性があります。

資料14

ゆうちょ銀行貯金事務センター一覧（2020年1月4日時点）

口座記号の上2桁目及び3桁目の数字		都道府県	担当貯金事務センター
口座記号の上1桁目が1〜9の口座	口座記号の上1桁目が0の口座		
00、01、13	01、03	東京	株式会社ゆうちょ銀行 東京貯金事務センター 〒330-9794 埼玉県さいたま市中央区新都心3-1
02〜10、14	02、04	茨城・栃木・群馬・ 埼玉・千葉・ 神奈川・山梨	株式会社ゆうちょ銀行 横浜貯金事務センター 〒224-8794 神奈川県横浜市都筑区茅ヶ崎中央38-1
11、12	05、06	新潟・長野	株式会社ゆうちょ銀行 長野貯金事務センター 〒380-8794 長野県長野市緑町1657-1
20〜24	08	岐阜・静岡・ 愛知・三重	株式会社ゆうちょ銀行 名古屋貯金事務センター 〒469-8794 愛知県名古屋市中区丸の内3-2-5
31〜33	07	富山・石川・ 福井	株式会社ゆうちょ銀行 金沢貯金事務センター 〒920-8794 石川県金沢市尾山町10-2
40〜47	09〜11	滋賀・京都・ 奈良・和歌山・ 大阪・兵庫	株式会社ゆうちょ銀行 大阪貯金事務センター 〒539-8794 大阪府大阪市天王寺区城南寺町9-8
51〜55	12〜15	鳥取・島根・ 岡山・広島・ 山口	株式会社ゆうちょ銀行 広島貯金事務センター 〒730-8794 広島県広島市東区光町1-15-15
61〜64	16	徳島・香川・ 愛媛・高知	株式会社ゆうちょ銀行 徳島貯金事務センター 〒770-8794 徳島県徳島市南前川町2-5
70	−	沖縄	株式会社ゆうちょ銀行 沖縄エリア本部　貯金事務管理部 〒900-8794 沖縄県那覇市東町26-29
71〜79	17〜20	福岡・佐賀・長崎・ 熊本・大分・ 宮崎・鹿児島	株式会社ゆうちょ銀行 福岡貯金事務センター 〒812-8794 福岡県福岡市中央区大名2-5-1
81〜86	21〜25	青森・岩手・ 宮城・秋田・ 山形・福島	株式会社ゆうちょ銀行 仙台貯金事務センター 〒980-8794 宮城県仙台市青葉区一番町1-3-3
90〜99	26〜28	北海道	株式会社ゆうちょ銀行 小樽貯金事務センター 〒047-8794 北海道小樽市入船5-3-1

※「口座記号の上2桁目及び3桁目の数字」とは、貯金通帳、貯金証書等の「記号」5桁の2桁目及び3桁目の数字のことです。例：通常貯金の場合「10120-87654321」⇒この場合、「01」になります。
※貯金残高、取引履歴等の全店照会については、どの地域の貯金事務センターに照会することでも、回答が得られます（調査対象者の住所地の担当貯金事務センターに照会する必要はありません）。

資料15

かんぽ生命保険サービスセンター一覧

名称	住所・電話番号	管轄区域
仙台契約サービスセンター	〒980-8792 宮城県仙台市青葉区上杉3-2-7 022-216-8933	北海道、青森、岩手、宮城、秋田、山形、福島
東京契約サービスセンター	〒109-8792 東京都品川区北品川5-6-1大崎 BT 8階 03-6455-6434	茨城、栃木、群馬、埼玉、千葉、東京、神奈川、新潟、山梨、長野
岐阜契約サービスセンター	〒502-8792 岐阜県岐阜市鷺山 1769-3 058-215-6536	富山、石川、福井、岐阜、静岡、愛知、三重
京都契約サービスセンター	〒606-8792 京都府京都市左京区松ヶ崎横縄手町8 075-712-2026	滋賀、京都、大阪、兵庫、奈良、和歌山、鳥取、島根、岡山、広島、山口、徳島、香川、愛媛、高知
福岡契約サービスセンター	〒812-8792 福岡県福岡市中央区大濠公園1-1 092-715-2270	福岡、佐賀、長崎、熊本、大分、宮崎、鹿児島、沖縄

資料16－1

平成31年４月
出入国在留管理庁

弁護士法第23条の２第２項の規定に基づく弁護士会からの照会について（案内）

　出入国在留管理庁では、日本人及び外国人の出入（帰）国記録等の記録を保管していますが、これらの記録は「出入国の公正な管理を図ること」を目的として保有しているものであり、個人に関する情報であることから原則として非公開の取扱いとしています。

　ところで、弁護士法第23条の２第２項の規定に基づく弁護士会からの照会については、その趣旨に鑑み、基本的には、照会対象者に係る出入（帰）国記録等に記録されている事項が訴訟上の争点等になるなど、事件性及び照会の必要性が認められると判断される場合に限り回答することとしています。

　このため照会に当たっては、次の点に御留意願います。

１　照会窓口等
（１）照会の宛先
　　　　宛名　東京出入国在留管理局長
　　　　宛先　〒108-8255
　　　　　　　東京都港区港南5-5-30
　　　　　　　東京出入国在留管理局調査企画部門第一システム担当
　　　　照会方法等の詳細については、次の電話番号に問い合わせてください。
　　　　　TEL　03-5796-7111（内線4054）
（２）照会の対象となる記録
　　①　日本人出帰国記録
　　②　外国人出入国記録
　　③　外国人登録記録
　　④　外国人登録原票の写し
　　⑤　在留カード記録・特別永住者証明書記録
　　⑥　在留カード記録・特別永住者証明書記録の顔写真

⑦　出入国管理及び難民認定法第19条の16及び第19条の17の規定による届
　　出に係る記録

2　照会に当たっての留意事項
（1）照会対象者の身分事項等を明記してください。
　ア　国籍・地域（必ず記載してください。）
　イ　氏名（日本人については旅券上の英字氏名又は振り仮名、中国人及び
　　韓国・朝鮮人については英字氏名及び漢字氏名、その他の国籍の外国人
　　については英字氏名を記載してください。）
　ウ　生年月日（西暦）
　エ　性別
　オ　その他参考事項（判明している場合は、住所、旅券番号、在留カード
　　番号、旧外国人登録番号等）
（2）受任している事件であることを明記してください。
　ア　事件の内容（事件名、裁判所に係属している場合は裁判所名及び事件
　　番号、未係属の場合はその状態等）
　イ　当事者（依頼者名・相手方名、原告・被告の別等照会対象者との関係）
（3）照会事項及び照会対象期間並びにそれらの事項を必要とする理由につ
　　いて具体的に記載するとともに、他の立証方法がないことや訴訟等におけ
　　る主張・立証の経過から照会が不可欠であることを明記してください。な
　　お、照会を受け付けても、個人情報保護等の観点から回答を差し控えるこ
　　ともあるので、あらかじめ御承知おきください。

3　回答事項
　電算入力事項等に基づいて回答するため、回答事項は次のとおりとなります。
これ以外に回答を必要とする事項がある場合は、当該項目及び期間並びにそれ
らの回答を必要とする理由について具体的に記載願います。記載のないとき又
は必要性が判然としないときは、回答を控えさせていただく場合があります（一
部の項目について回答を控えさせていただく場合もあります。）。
（1）日本人出帰国記録
　ア　回答項目
　　　①氏名（旅券上の英字氏名）、②生年月日（西暦）、③性別、④旅券番
　　号、⑤出帰国年月日、⑥出帰国港、⑦使用航空機便名及び乗降機地

（注）⑦は、保有している場合のみの回答となります。
　イ　回答対象期間
　　　調査日の過去５年間分及び当年の調査日の前日までの期間のうち、照会対象として必要な期間
　（注）上記期間をさかのぼる期間の出帰国記録を照会する場合は、その必要性を具体的に記載願います。
（２）外国人出入国記録
　ア　回答事項
　　　①国籍・地域、②氏名、③生年月日（西暦）、④性別、⑤住居地、⑥出入国年月日、⑦出入国港、⑧使用航空機便名及び乗降機地
　（注）⑧は、保有している場合のみの回答となります。
　イ　回答対象期間
　　　調査日の過去５年間分及び当年の調査日の前日までの期間のうち、照会対象として必要な期間
　（注）上記期間をさかのぼる期間の出入国記録を照会する場合は、その必要性を具体的に記載願います。
（３）外国人登録記録
　ア　回答項目
　　　①国籍・地域、②氏名、③生年月日（西暦）、④性別、⑤外国人登録番号、⑥居住地、⑦在留資格、⑧在留期限、⑨世帯主の氏名及び世帯主との続柄
　イ　回答対象期間
　　　外国人登録記録の電算入力期間は、1981年10月１日から2012年７月８日までとなります。また、外国人登録法廃止後は、外国人登録記録は更新されませんので、御注意願います。
（４）外国人登録原票の写し
　　　最後に作成された外国人登録原票の写し
　（注）　回答項目が少ない場合には、その項目だけを抜き出して回答する方法で回答させていただく場合があります。照会書において提供を求められていない項目や、照会書に記載いただいた照会理由及び必要性についての説明では、当方で照会の根拠となる法令の趣旨に沿って検討した結果、その必要性があると判断することができない項目については、その項目についてマスキングした写しを作成し、回答させてい

ただく場合があります。

（5）在留カード記録・特別永住者証明書記録

①国籍・地域、②氏名、③生年月日（西暦）、④性別、⑤在留カード等番号及び期限、⑥住居地、⑦在留資格、⑧在留期間（満了日）

（6）在留カード記録・特別永住者証明書記録の写真　※16歳未満の者に係る顔写真は保管していません。

①在留カード記録等に係る当局記録保管の最新の写真、②国籍・地域、③氏名、④生年月日、⑤性別、⑥番号

（7）出入国管理及び難民認定法第19条の16及び第19条の17の規定による届出に係る記録

ア　出入国管理及び難民認定法第19条の16（所属機関等に関する届出に係る記録）

①国籍・地域、②氏名、③生年月日（西暦）、④性別、⑤在留カード等番号及び期限、⑥住居地、⑦在留資格、⑧在留期間（満了日）、⑨届出年月日、⑩届出事由、⑪事由発生年月日、⑫所属機関、⑬所在地

イ　出入国管理及び難民認定法第19条の17（所属機関による届出に係る記録）

①国籍・地域、②氏名、③生年月日（西暦）、④性別、⑤在留カード等番号及び期限、⑥住居地、⑦在留資格、⑧在留期間（満了日）、⑨届出年月日、⑩届出事由、⑪事由発生年月日、⑫所属機関

資料16－2

【別　紙】

年　　　月　　　日

愛知県弁護士会　　　　　会長　　　　　殿

次のとおり、回収された外国人登録原票の照会を申請します。

氏名　　　　　　　　　（職印）
登録番号
電話番号

照会に係る者の身分事項等 [1]	国籍		性別	
	氏名 [2]			
	生年月日	西暦　　　年　　　月　　　日		
	原票の回収区分	□　閉鎖　　□外登法廃止　　□その他（　　　　　　　　）		
	閉鎖時又は回収時の登録居住地			
	閉鎖日	閉鎖日　　　年　　　月　　　日　　　閉鎖事由		
	外国人登録証明書番号			
	在留カード又は特別永住者証明書番号			
通常記載事項（〇をつけてください）		氏名　・　生年月日　・　性別　・　国籍　・　世帯主の氏名 国籍の属する国における住所又は居所　・　世帯主との続柄 居住歴（□　請求期間：　　　年　　　月　　　日〜　　　年　　　月　　　日 　　　　□　存在するものすべて 　　　　□　その他（　　　　　　　　　　　　　　　　　　　）[3]）		
上記通常記載事項以外の特に開示を必要とする事項の請求 [4]		照会事項		
利用目的（依頼者について該当するものにチェック）		□　依頼者の権利を行使し，又は依頼者の義務を履行するために外国人登録原票の記載事項を確認する必要がある者 □　国又は地方公共団体の機関に提出する必要がある者 □　その他，外国人登録原票の記載事項を利用する正当な理由がある者		
利用目的の具体的内容				

[1]　国籍，氏名，性別及び生年月日は必ず記載すること。その他の事項については判明している場合は記載するとよい。

[2]　中国人及び韓国・朝鮮人は漢字，その他の外国人は英字で記載する。

[3]　「その他」には，たとえば「〇〇市内のもののみ」など，限定事由等を記載すること。なお，多数のものを請求すると時間がかかることがある。

[4]　上記通常記載事項以外の事項とは，在留の資格，在留期間等旧外国人登録法4条1項1号，2号，8号から14号及び18号から20号までに挙げるものをいう。これらの事項を照会する場合には，できるだけ詳細に利用目的の内容を記載する。

不起訴事件記録の開示について

1　被害者等の方々に対する不起訴記録の開示に関する従来の運用について

　不起訴記録については、これを開示すると、関係者の名誉・プライバシー等を侵害するおそれや捜査・公判に支障を生ずるおそれがあるため、刑事訴訟法第47条により、原則として、これを公にしてはならないとされています。

　しかし、法務省においては、平成12年2月4日付けで被害者等の方々に対する不起訴記録の開示について、平成16年5月31日付けで民事裁判所から不起訴記録に関する文書送付嘱託がなされた場合の対応について、それぞれ全国の検察庁に指針を示しており、検察庁においては、刑事訴訟法第47条の趣旨を踏まえつつ、被害者等の保護等の観点と開示により関係者のプライバシー等を侵害するおそれや捜査・公判に支障を生ずるおそれの有無等を個別具体的に勘案し、相当と認められる範囲で、弾力的な運用を行ってきたところです。

2　新たな方針について

　近時、被害者等の方々からは、被害を受けた事件の内容を知りたいとの強い要望がなされているところであり、このような要望にこたえ、被害者等の方々の保護をより十全なものとするため、従来の指針に加え、刑事訴訟法第316条の33以下に規定された被害者参加の対象事件（以下「被害者参加対象事件」という。）の不起訴記録については、被害者等の方々が、「事件の内容を知ること」などを目的とする場合であっても、客観的証拠については原則として閲覧を認めるという、より弾力的な運用を図るのが相当であると考え、平成20年12月1日から実施することとして、同年11月19日付けで、全国の検察庁に通達を発出しました。

　従来の指針が適用される部分も含めた不起訴記録の開示に関する全体的な方針の概要は、下記のとおりです。

＊　　＊　　＊

第1　不起訴記録の開示について

1　被害者参加対象事件について閲覧請求がなされた場合

（1）閲覧請求の主体

被害者参加対象事件、すなわち

ア　故意の犯罪行為により人を死傷させた罪

イ　刑法第176条から第178条まで、第211条、第220条又は第224条から第227条までの罪

ウ　イに掲げる罪のほか、その犯罪行為にこれらの罪の犯罪行為を含む罪（アに掲げる罪を除く。）

エ　アからウに掲げる罪の未遂罪

に係る事件の被害者等若しくは当該被害者の法定代理人又はそれらの代理人たる弁護士については、後記(2)以下の基準に従って閲覧を認めることとする。

また、被害者が死亡した場合又はその心身に重大な故障がある場合におけるその配偶者、直系の親族又は兄弟姉妹の方々についても、後記(2)以下の基準に従って閲覧を認める。

（2）閲覧目的

従来は、不起訴記録について被害者等の方々に閲覧等を認めるのは、民事訴訟等において被害回復のための損害賠償請求権その他の権利を行使する目的である場合に限っていたが、今後は、前記(1)の被害者参加対象事件の被害者等の方々については、このような場合に限らず、「事件の内容を知ること」等を目的とする場合であっても、原則として閲覧を認める。

（3）関係者の名誉に対する配慮等

ア関係者の名誉・プライバシー等にかかわる証拠の場合、イ関連事件の捜査・公判に具体的な影響を及ぼす場合、ウ将来における刑事事件の捜査・公判の運営に支障を生ずるおそれがある場合などは、閲覧を認めず、又は当該部分にマスキングの措置を講ずる。

（4）閲覧の対象となる不起訴記録

実況見分調書や写真撮影報告書等の客観的証拠について、原則として、代替性の有無にかかわらず、相当でないと認められる場合を除き、閲覧を認める。

2　被害者参加対象事件以外の事件について閲覧・謄写請求がなされた場合

（1）閲覧・謄写請求の主体

ア　被害者参加対象事件以外の事件の被害者等の方々若しくは当該被害者の法定代理人又はそれらの代理人たる弁護士について、後記(2)以下の基準に従って閲覧・謄写を認めることとする。

　　閲覧・謄写を認めることとする被害者の親族の方々の範囲については、前記1(1)と同様である。

イ　被害者等以外の者から、閲覧・謄写請求がなされた場合でも、例えば、過失相殺事由の有無等を把握するため、加害者側が記録の閲覧・謄写を求めるような場合には、正当に被害回復が行われることに資する場合も少なくないので、相当と認められるときには、閲覧・謄写に応じる。

　　さらに、損害保険料率算出機構、財団法人交通事故紛争処理センター、全国共済農業協同組合連合会及び財団法人自賠責保険・共済紛争処理機構からの照会については、後記第2の民事裁判所からなされた不起訴記録の文書送付嘱託に関し、客観的証拠の送付に応じる場合と同様に取り扱う。

　　これらの被害者等以外の者から閲覧・謄写請求がなされた場合の取扱いについては、前記1(1)記載の被害者参加対象事件の場合も同様である。

（2）閲覧目的

　　民事訴訟等において被害回復のための損害賠償請求権その他の権利を行使する目的である場合に閲覧を認める。

（3）関係者の名誉に対する配慮等

　　前記1(3)と同様である。

（4）閲覧の対象となる不起訴記録

　　客観的証拠であって、当該証拠が代替性に乏しく、その証拠なくしては、立証が困難であるという事情が認められるものについて、閲覧・謄写の対象とし、代替性がないとまではいえない客観的証拠についても、必要性が認められ、かつ、弊害が少ないときは、閲覧・謄写を認める。

第2　民事裁判所から不起訴記録の文書送付嘱託等がなされた場合

　1　不起訴記録中の客観的証拠の開示について

　前記第1、2、(4)にいう必要性が認められる場合、客観的証拠の送付に応じる。

　2　不起訴記録中の供述調書の開示について

　　次に掲げる要件をすべて満たす場合には、供述調書を開示する。

（1）　民事裁判所から、不起訴記録中の特定の者の供述調書について文書送付嘱託がなされた場合であること。

（2）　当該供述調書の内容が、当該民事訴訟の結論を直接左右する重要な争点に関するものであって、かつ、その争点に関するほぼ唯一の証拠であるなど、その証明に欠くことができない場合であること。

（3）　供述者が死亡、所在不明、心身の故障若しくは深刻な記憶喪失等により、民事訴訟においてその供述を顕出することができない場合であること、又は当該供述調書の内容が供述者の民事裁判所における証言内容と実質的に相反する場合であること。

（4）　当該供述調書を開示することによって、捜査・公判への具体的な支障又は関係者の生命・身体の安全を侵害するおそれがなく、かつ、関係者の名誉・プライバシーを侵害するおそれがあるとは認められない場合であること。

　3　目撃者の特定のための情報の提供について

　次に掲げる要件をすべて満たす場合には、当該刑事事件の目撃者の特定に関する情報のうち、氏名及び連絡先を民事裁判所に回答する。

（1）　民事裁判所から、目撃者の特定のための情報について調査の嘱託がなされた場合であること。

（2）　目撃者の証言が、当該民事訴訟の結論を直接左右する重要な争点に関するものであって、かつ、その争点に関するほぼ唯一の証拠であるなど、その証明に欠くことができない場合であること。

（3）　目撃者の特定のための情報が、民事裁判所及び当事者に知られていないこと。

（4）　目撃者の特定のための情報を開示することによって、捜査・公判への具体的な支障又は目撃者の生命・身体の安全を侵害するおそれがなく、かつ、関係者の名誉・プライバシーを侵害するおそれがないと認められる場合であること。

（法務省ホームページから引用）

照会先別照会例の索引

事項索引

【執筆者一覧】

橋本修三（弁護士）
　　1987年弁護士登録（39期）、橋本法律事務所

伊藤倫文（弁護士）
　　1988年弁護士登録（40期）、伊藤倫文法律事務所

石川恭久（弁護士）
　　1997年弁護士登録（49期）、石川恭久法律事務所

石川真司（弁護士）
　　1997年弁護士登録（49期）、弁護士法人中京法律事務所

上田敏喜（弁護士）
　　1998年弁護士登録（50期）、弁護士法人あおば法律事務所

服部　郁（弁護士）
　　2000年弁護士登録（52期）、服部豊法律事務所

廣瀬　誠（弁護士）
　　2000年弁護士登録（52期）、名古屋ユナイテッド・パートナーズ法律事務所

福本　剛（弁護士）
　　2000年弁護士登録（52期）、福本総合法律事務所

鬼頭治雄（弁護士）
　　2000年弁護士登録（53期）、弁護士法人鬼頭・竹内法律事務所

川本一郎（弁護士）
　　2001年弁護士登録（54期）、藤が丘法律事務所

富田隆司（弁護士）
　　2001年弁護士登録（54期）、富田法律事務所

深津　治（弁護士）
　　2001年弁護士登録（54期）、深津治法律事務所

眞下寛之（弁護士）
　　2002年弁護士登録（55期）、佐藤綜合法律事務所

梶田　晋（弁護士）
　　2003年弁護士登録（56期）、野浪・梶田法律事務所

水野　功（弁護士）
　　2003年弁護士登録（56期）、鶴見法律事務所

宮田智弘（弁護士）
　　2003年弁護士登録（56期）、安井・宮田法律事務所

尾関信也（弁護士）
　　2004年弁護士登録（57期）、尾関法律事務所

鈴木愛子（弁護士）
　　2004年弁護士登録（57期）、鈴木法律事務所

横山貴之（弁護士）
　　2004年弁護士登録（57期）、増田・横山法律事務所

夏目久樹（弁護士）
　　2006年弁護士登録（59期）、オリンピア法律事務所

大坂恭子（弁護士）
　　2007年弁護士登録（60期）、ラヴィーダ法律事務所

木村俊昭（弁護士）
　　2007年弁護士登録（60期）、木村俊昭法律事務所

平野憲子（弁護士）
　　2007年弁護士登録（60期）、あかり総合法律事務所

磯貝隆博（弁護士）
　　2007年弁護士登録（60期）、磯貝・宇佐美法律事務所

林　友梨（弁護士）
　　2007年弁護士登録（60期）、中村・林法律事務所

諸岩龍弥（弁護士）
　　2007年弁護士登録（60期）、山岸・諸岩法律事務所

今泉麻衣子（弁護士）
　　2008年弁護士登録（61期）、弁護士法人中京法律事務所

事件類型別　弁護士会照会　第2版

2014年 9 月20日　第 1 版第 1 刷発行
2020年 4 月30日　第 2 版第 1 刷発行

編　者　愛知県弁護士会

発行所　株式会社日本評論社
　　　　〒170-8474　東京都豊島区南大塚3-12-4
　　　　電話　03-3987-8621（販売）　　-8592（編集）
　　　　FAX　03-3987-8590（販売）　　-8596（編集）
　　　　振替　00100-3-16　　https://www.nippyo.co.jp/
印刷所　精文堂印刷
製本所　難波製本
装　幀　銀山宏子
検印省略　　©　愛知県弁護士会
ISBN 978-4-535-52470-5　　Printed in Japan